国家"十二五"出版规划重点图书

丛书主编　徐光兴　申荷永

心理学与中国文化丛书

GUOSHUHUN
Zhongguo Wushu de Jingshen Shijie

徐光兴 ◎ 著

武术，强身健体；
心理学，提升心灵；
跟随心理学，走进武术中蕴藏的精神世界。

◀ 中国武术的精神世界

全国百佳图书出版单位
时代出版传媒股份有限公司
安徽人民出版社

图书在版编目(CIP)数据

国术魂:中国武术的精神世界/徐光兴著.—合肥:安徽人民出版社,2015.10
ISBN 978－7－212－08391－5

Ⅰ.①中… Ⅱ.①徐… Ⅲ.①武术—研究—中国 Ⅳ.①G852

中国版本图书馆CIP数据核字(2015)第252675号

国术魂:中国武术的精神世界

徐光兴 著

出 版 人:胡正义
责任编辑:张 旻 郑世彦   责任印制:董 亮   装帧设计:宋文岚

出版发行:时代出版传媒股份有限公司 http://www.press-mart.com
　　　　安徽人民出版社 http://www.ahpeople.com
　　　　合肥市政务文化新区翡翠路1118号出版传媒广场八楼
　　　　邮编:230071
　　　　营销部电话:0551-63533258　0551-63533292(传真)
制　　版:合肥市中旭制版有限责任公司
印　　刷:合肥市欣艺印务有限公司

开本:710×1010　　1/16　　印张:14.5　　字数:200千
版次:2015年12月第1版　2015年12月第1次印刷

标准书号:ISBN 978－7－212－08391－5　　定价:36.00元

版权所有,侵权必究

丛书序言一

人，生活在文化中。文化锻冶了我们的心理和行为。品味一种人生的文化，就是要在那片覆盖厚厚的土壤中，寻找有可能逝去或行将消失的文明宝藏，从而发掘生命的意义、价值的取向和人性的美好。

中华文化源远流长，其内涵博大精深，用心理学这把利器进行挖潜，可以使其不断地显现出充盈活泼的生命力，让人产生丰富的情感体验和生活，这是具有何等现代能量的事业。如果心理学是一把开启大门的钥匙，中华文化中的各种矿藏，就可能成为天光一泄的智慧精灵，是具有诗性特征的闪烁星辰，也是铺垫在永恒的生命河流中的沙粒，它有可能成为现代人理解、处理某些窘迫的社会困境时，所开凿的一窗深邃微明的天窗。

我们编写的这套丛书涉及了中国传统文化中佛学、禅学、汉字、梦文化、武术和古典民族音乐等各个领域，是现代心理科学与中国传统文化的一次次精彩的碰撞，我个人觉得它可以给广大读者带来意想不到的惊喜和新的省思。因此这套丛书也可称之为是一种"新国学"的展示。

通过对儒家学说的心理分析，让人从中学习一种积极的正能量，多一点志向去济世济民；通过对道家、易学等的心理学研究，使人可以多一点自找修炼，修身养性，提高生活的质量；现代人容易精神困惑，心理压力又日趋增大，通对佛学、禅宗的心理学阐述，让我们做自己的"心理医生"，多一点洒脱去"救心"，让个体的生命意义更具光彩；中国的古典音乐和武术，让我们提高审美情趣，使我们达到一种心平德和、修身正己的目的。

因此，这套丛书从精神领域出发，将中国传统文化精髓和人类直观的生活世

界，与心理科学互为交融，让我们更好地感受生活，活在当下，把握过程，其主旨是继承了中国人自古以来珍视生命的优秀文化传统。

人，活着，是需要智慧的。智慧，就蕴含在我们的文化之中，就像鱼儿在海水中一样，海在你的外面，也在你的里面。鱼离不开海水，人的智慧和存世感也离不开文化。

当我坐在绿树芳草成荫的庭园中，听着周围湖水的呢喃声，并在古色古香的书斋中写作这篇小序时，清心寡欲，真气充盈，就深切地感受到这种文化和智慧的存在。此所谓观体象而悟道，融妙理于常序，是以作序谨记，并为天下识者智者荐之。

徐光兴

2013年夏日于连明湖畔沐心斋

丛书序言二

"心理学与中国文化"具有多重的意义。对于中国学者来说,要真正理解"心理学"的意义,必然要考虑心理学的文化因素,犹如"心—理—学"之汉字的寓意和内涵。实际上,若要真正发挥心理学的作用,实现心理学的意义,也必然要将其与文化密切结合。

西方心理学史的学者们,认为心理学的第一个故乡在中国。这是基于对心理学本来意义的一种深度理解。中国的《易经》,中国的儒学,中国的道家,东方的佛学,便是心理学的源泉与宝藏,包含着对心理学极为重要的启发。即使是从纯科学的角度来说,对于物理学、化学、数学,以及对于科学技术的发展,中国文化也都具有不可限量的作用。这在李约瑟的《中国科学技术史》以及卡普拉(Fritjof Capra)《物理学之道》等著作中都有详尽的阐述。许多当代科学都能从中国文化中汲取灵感和启迪,又何况具有更多人文元素、以认识自己和服务人类事业为宗旨的心理学呢!

作为心理分析师,我一向认为,当面对心理疾病及其背后原因,以及面对深层无意识内容时,最为重要的不是诸多外来的理论,而是我们自己的文化基础。弗洛伊德认为,博大深厚的中国文化对于人类理解自身具有无可比拟的作用。荣格曾把汉字称为可读的原型,把中国的《易经》视为足以动摇西方心理学基础的"阿基米德点"。他与泡利[1]合作的论"共时性"(synchronicity)专著,正是对《易经》的原理在科学与心理学中的发挥。我们与国际分析心理学会(IAAP)合作,组织与主持了连续五届的"心理分析与中国文化国际论坛"(1998—2012),便是要继续发扬中国文化对于当代深度心理学的意义。

---

[1] 泡利(W. Pauli),1945年诺贝尔物理学奖得主,曾作为荣格的"病人",接受荣格的心理分析。

很多年以前,我曾在《光明日报·学术理论版》撰文评价"心理学与中国文化"的意义(1997年3月1日),记得当时是用这样一段文字开始的:"心理学与中国文化有着内在的联系,有着丰富的内涵。在我们的理解中,中国文化本身便是一种充满了心理学意义的文化,心理学的意义也正是中国文化的突出特色。因此,当代心理学的发展,应该注重中国文化中这种心理学的意义。心理学与中国文化有着双重的内涵,有着双向的作用,因为从心理学的角度,也将能够帮助我们增加对于中国文化的理解。"

数年后,我们又用"中国文化与心理学"为标题,同样在《光明日报·学术理论版》发表文章(2000年7月25日)。其主要内容涉及三个方面,以回应心理学与中国文化以及中国文化与心理学的思考:(1)为心理学提供智慧;(2)为智者提供灵感;(3)为心理学立心。在我看来,通过诸多西方心理学家的努力,当代心理学已经有了一个较为完整的躯体,并且五官俱全,也有了一个注重认知的头颅。但是其所缺少的,正是一颗"心"。而在"心理学与中国文化"的主题中,或者说我们中国文化心理学,所蕴含的也正是这种"心"的意义。

后来有了《中国文化心理学心要》(人民出版社2001年版)。我之所以为其取名为"心要",实际上包含了这样三种寓意。首先,"心要"之"要"为钥匙之"钥",在我看来,中国文化是打开西方深度心理学的一把钥匙;同时,西方深度心理学也是打开中国文化中心理学意义的钥匙。其次,是"药物"之"药";我认为当代的中国心理学是有病的,具有贫血、冷漠和分裂等症状;于是,需要从文化中获取营养并进行医治。最后,是"要领"之"要",犹如"要"之本义,身中之枢纽,要领其节奏。在随后的《心理分析:理解与体验》(三联书店2004年版)中,更是将"医心与心理治疗""安心与心理教育""明心与自性发展"作为心理分析与中国文化之重要意义的表达,阐释"心理"之文化寓意,以及"理心"之化育与转化。

我想,这也能说明《心理学与中国文化》丛书所包含的意义。"学"之寓意为觉悟,本身便是中国文化对心理学的启发。心中之学,理化为觉;寓心所悟,中心愿也。以此作为序言。

申荷永
2013年9月于洗心岛

目　　录

丛书序言一 …………………………………………………………… 001
丛书序言二 …………………………………………………………… 003
前　言 ………………………………………………………………… 001

第一编　武学的诞生

一、武术的文化渊源 ………………………………………………… 003
　　武学理论的建立与来源 / 004　　《易经》：武学智慧的宝藏 / 007
　　太极拳的哲理与魅力 / 009　　"五行"与"八卦"对武学的影响 / 013

二、江湖侠义的传奇文化 …………………………………………… 019
　　侠客的出现与活动 / 020　　武功技术的神奇化 / 024
　　刺客与游侠创造的历史 / 028　　墨侠的侠义精神 / 032
　　传奇女侠聂隐娘 / 037

三、武学的艺术化 …………………………………………………… 044
　　剑胆琴心觅知音 / 045　　江湖侠士的音乐迷 / 049
　　武功与棋艺 / 054　　书画侠义道 / 059　　酒醉的武功 / 062

四、中国武术的分类与基本特质 …………………………………… 067
　　"武艺"与"功夫"的缘起 / 068　　徒手格斗：内家拳与外家拳 / 071
　　以弱胜强的"神拳" / 074　　奇门格斗的秘技 / 079

第二编　武术世界的主导

一、天下武功汇少林 ………………………………………………… 087
　　佛教理论对武学的促进 / 088　　命运转折的十字路口 / 091

天下对手,教会武僧 / 097　　少林武功的基本特质与类别 …… 101

二、以柔克刚的武当精神 ………………………………………… 106
　　《黄帝内经》和道教学说的影响 / 107　　张三丰和武当玄功 / 109
　　武当功夫的基本特征与内涵 / 112　　行云流水武当剑 / 115

三、刚柔相济天地广 ……………………………………………… 119
　　峨眉武功的神秘面纱 / 120　　峨眉独门绝技与特色 / 124
　　诞生于内忧外患中的南拳 / 127　　火烧少林寺与南拳传奇 / 133

四、丐帮的真实与虚构 …………………………………………… 139
　　丐帮组织的创建 / 140　　江湖面目和帮会行规 / 143
　　丐帮武功的虚与实 / 148　　俗而能雅的文化艺术贡献 / 152

第三编　武学的职业化与衰落

一、武科举制度的盛衰 …………………………………………… 161
　　中国武科举制度的创设 / 162　　武举的变革:军事理论修养 / 166
　　清朝武科举的再变革与废止 / 172　　军战武术的搏杀精神 / 175

二、镖局的保镖生涯 ……………………………………………… 180
　　镖局的起源与消亡 / 181　　镖师的业务与武功 / 185
　　黑白两道的镖行天下 / 190　　保镖生涯中的传奇人物 / 196

三、国术和冷兵器的遗产 ………………………………………… 202
　　未来的非物质文化遗产——"国术" / 203　　从打擂台到竞技武术 / 207
　　称霸江湖、驰骋疆场的兵器 / 211　　奇门迭出的杂兵器 / 217

前　言

世上有识之士皆言"武"者,是"止戈"之意也。即武术的最高境界是不武,和平。这话既正确也有谬误之处。不武,追求和平的境界有多种策略和途径,一味"止戈",则"武"也就没有存在的意义了。

我以为"武"字的正确解读,应该是"正戈"。这个"正"字内涵丰富,包含着正义、公平、德行、真理、善良、品格等,用武是为了维护这些"正"的东西,否则就是邪恶的暴力,是破坏的武力。"正戈"还有"枕戈"的谐音含义在内,即提高警惕,睡觉时枕着枪,以预防敌人的侵犯。

从中国历史上封建王朝的军队,到江湖上的各派武林盟主,以及当今世界的许多军事强国都有一种追求独霸天下、一统天下的"大武魂"或"强军梦"。一个"大"字,包括了上下五千年的武术历史和纵横江湖的各种武术文化流派之魂魄。武的"止戈"时代远没有到来,一个民族、一个国家放弃了"武魂",则意味受辱或消亡的日子即将来临了。

中国的武术,如果从学问研究体系构成上讲,可称之为"武学";如果从应用技术上看,可称之为"武术"、"武艺",习武达到了一定的境界和造诣,称之为"武功";练武人的技术传承、技术含量等流派和组织管理不同,称之为"武林门派",它也代表了中国武术在民间江湖中的宗派、团体和"山头"。武侠小说和影视剧,则称之为"武侠文艺"。

近年来国人重文轻武,特别是年轻人沉溺在手机、网络上,忽视了精神和体魄的锻炼。少年儿童又在应试教育的逼迫下,忙于成为一架合格的"考试

机器",缺乏体育锻炼的时间。长此以往,国民的精神和体质令人担忧。

中国武术中的技击之术,是中国传统文化中的精华,是非物质文化遗产,也是华夏民族特有之长技。个人练之,非但可以强身健体,延年益寿,还可以改变精神气质和心理素质,有益身心。强国必先强军,强军必先强兵。中国固有之武术,又称为"国术"。如果我们能像提倡"国学"那样,也来提倡"国术",一个既掌握了"国学"又掌握了"国术"的中国人,辅之以现代科学技术和经济文化实力,我们民族的强大和复兴便指日可待了。

中国的武术文化源远流长,内涵博大精深,有很强的"心学"特征。编写本书的目的也是为了抢救遗产,提倡"国术",不要让中国的武术过早地进入博物馆。传承千年的武学,重振民族的精神体魄,是时代的需要,也是历史的期待。

同时,也衷心祝愿非物质文化遗产的中国武术能申遗成功!

徐光兴

二〇一五年秋

[一]
武学的诞生

三十年来寻剑客，
几回落叶又抽枝。
自从一见桃花后，
直至如今更不疑。

——唐代·灵云志勤《悟道偈》

一、武术的文化渊源

> 句义纵横那畔彰,
> 五千余卷总含藏。
> 如何不觅根头意,
> 空看枝边木叶黄?
>
> ——宋代·龙门清远《示看经僧》

在中国的历史文化长河中,有三种学术众所周知,并为人津津乐道,各种研究典籍也是汗牛充栋,它们就是儒学、佛学和道家学说。然而,中国还有一大文化遗产学术体系被人渐渐遗忘,或被轻视为仅仅是一种技艺、格斗术或街头杂耍似的健身、防身活动,它就是现在总称为"武术"或"武艺"的武学体系。

"武学"也可称为"武术科学"(the science of martial arts)。在任何的民族文化中,都有格斗、刺杀技巧或广义的武术存在,但只有中国文明体系中,武术的发展才不只是停留在单纯的格斗技艺上,而是上升到学术、科学理论的层面,并且仅只有在中国的文明体系中,才得到突飞猛进的发展。在其他古代文明和民族文化中,如古埃及文明、印度文明、古希腊文明中却没有发展出相类似的高等学问。这是为什么呢?我们有必要做一些仔细的考察和分析。

——中国武术的精神世界

武学理论的建立与来源

中国武术最令人着迷的地方,是一些神秘的引起江湖纷争的"武功秘籍",它们是记录中华武功发展到高级阶段的珍贵历史资料。这些秘籍也就是人们俗称的武功心法、格斗技术和兵器冶炼图谱的口诀和规律总结,相当于现在一种学问体系中的研究论文和经典著作,代表着一种学科体系发展的最高理论成果。

许多人的习武梦想是从这些神秘的古籍开始的。在武侠文学中,这些神秘的图画和文字是绿林侠客舍身拼争的无价之宝,是江湖争斗的永恒主题。因为他们认为,只要熟练这些拳脚动作就掌握了超人的功夫武艺。有了它,可以让一个凡夫俗子在一夜之间修炼成绝世奇功,获得号令江湖一统天下的至尊地位。这些武侠文学影视作品描写的传奇武功或许早已充斥在现代人的想象中。那么,《九阴真经》《葵花宝典》《独孤九剑》《降龙十八掌》《吸星大法》这些充满文学想象力的神奇功法是否真的存在?飞来飞去的掌法和剑法令人神往,却让人半信半疑。如号称天下第一的"葵花宝典"神功则是需要用最极端的方式修炼才能获得。听来很荒诞,习练者需要自宫以断绝阳刚之气外泄才能修炼成功。这样的神功秘籍当然是小说家的奇思妙想。但真实的武林秘籍到底有没有呢?初习武术者能否靠它来指点迷津呢?

武功秘籍是记载武学理论的论文和著作,其实它们却源自于中国的国学和宗教经典著作和学术体系,如《黄帝内经》《太平经》《周易八卦》等,它们的学说对太极拳理论、八卦擒拿术和点穴格斗术理论形成有莫大的影响。例如著名的少林武功秘籍《易筋经》《洗髓经》等,与佛教经典著作《楞伽经》渊源很深。

武术要成为一门科学,必须对人体科学、医学以及心理活动有深入的了解,然后才能理解武术中人的生命活动规律和思维方式。例如《黄帝内经》是中国现存医学文献中最早的典籍,它比较全面地论述了中医学的基本理论和学术思想,为中医学的发展奠定了基础。中医学发展史上出现的许多著名医家和医学流派,从其学术思想的继承渊源来说,基本上都是在《黄帝内经》理论体系的基础上发展起来的。因此,历代医家非常重视《黄帝内经》内容,尊之为"医家之宗"。《黄帝内经》所揭示的生命活动规律及其思维方式,对当代及未来生命科

第一编 武学的诞生

学的研究和发展也有一定的启示作用。

《黄帝内经》对历代练武者、武学大师影响最深的有"阴阳五行学说""天人合一思想"以及"形神统一论"和"四气调神说"等观点。

阴阳五行是中医学认识世界的基本框架。《黄帝内经》认为阴平阳秘是生命存在的前提,古人认为作为天地万物本源的气,具有运动化生的本性。气的运动展开为阴阳五行,整个世界就是以气为内在本质,以阴阳五行为外在形态,表现了静动态统一的系统。万事万物通过阴阳五行联系为一个统一的整体。阴阳学说属于中国古代哲学的范畴,《黄帝内经》将其引入医学领域,用以阐释人体生命活动过程和现象中相对独立而又统一的两个方面,并指导对疾病病理

中华民族始祖黄帝像(甘肃清水)

的认识、诊治和预防。阴阳和平是中医学最高的价值追求。追求宇宙万物的和谐是中华民族的永恒价值观。人之所以生病,根本原因就是气血阴阳的紊乱失调,所以中医的具体治疗原则虽然很多,但都以平调阴阳气血为最后目的。在养生上,调和阴阳,达到和同经脉、气血皆从、内外调和是最终目标。

而"天人合一思想"则认为天地万物由一气所化。中国古人认为气是宇宙和生命的本源,人与天地万物都由气所化生。天与人之所以存在着相应的关系,源于天人 气。气是沟通天人万物的中介。气是人与万物生死存亡的根据,是生命的本质。在气论自然观的宇宙图景中,整个宇宙是一个人生命体,是由气所推动的大化流行过程。就人来说,生命取决于气,保气、养气、调气是养生和治病的根本要求。《黄帝内经》基于人与自然、社会的密切联系,构建了天地人"三才"医学模式,使《黄帝内经》医学理论能够真实反映人体生命活动的客观过程。

此外,重神轻形是中医区别于现代医学的基本特征。古人认为,天地万物由气所化,具体来说,是由在天之气(阳气)和在地之气(阴气)和合而成。就人来

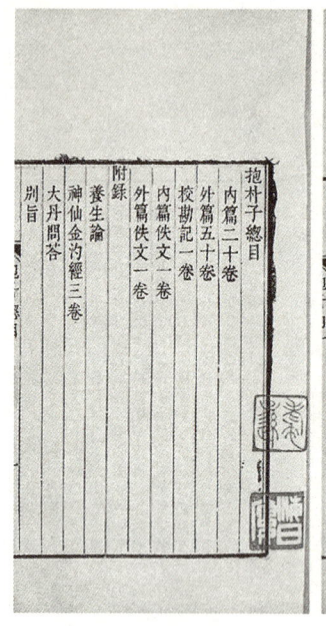

道家修炼内丹的经书

说则是形神合一。神是气之功能的极致表现，神本质上也是气。人的生命活动虽然是以形体为依托，但终究以气为本质，气在生命存，气去生命亡。所以不少武学大师和习武秘籍的生命观和武功观在于重气轻形，无形的精神和生命之气的运动远远胜于有形的格斗技术运动。精神和气的充沛与否，在武侠小说中常常决定了一场格斗的胜负，外形格斗技巧再高再精准，却不敌"气"的冲击和摧毁之力。

中国古代的学问并不像源自西方的现代学术那样有明显的学科划分，而是存在一个普遍的大道贯穿于一切学术之中。不同的学术都是这一大道的显现。古人把包括人在内的整个宇宙看成是一个大生命的流行化育过程，一切学问都是对这一大生命流行化育的揭示，医学和其他学术之间并不是外在的关系，而是内在统一的，都是关于生命的学问。所以我们看到中国古代不少武功高深的大师，一定是精通医学或人体经络学的。一个悬壶济世的医家，可能就是一个深藏不露的武功高手，就像电影《黄飞鸿》中的主角一样。

《易经》:武学智慧的宝藏

《易经》是我国最古老的一部占筮书,同时也是一部凝结着远古先民睿智卓识的哲学著作。它以阳爻和阴爻为基本符号,组成八卦以及六十四卦,通过这些卦象阐述了万事万物生成变化的法则。

《易经》是一个蕴藏无穷奇珍异宝的宝藏,它是经典中的经典,哲学中的哲学,智慧中的智慧。内容以太极八卦、河图洛书、阴阳五行学说为基础,旁及天文、地理、兵法、哲学、算术、医学,并渗透到几千年中国社会的政治、经济、军事、科技、文化、教育和心理学等领域。

瑞士心理学家尤尔古斯塔夫认为,《易经》"是一个取之不尽用之不竭的智慧源泉"。东西方文化结合的心理学权威荣格说:"谈到世界唯一的智慧宝典,首推中国的《易经》。在科学方面我们所得到的定律常常是短命的,或被后来的事实所推翻。唯独中国的《易经》,亘古常新,相传六千年之久,依然具有价值,且与最新原子物理学有颇多相同的地方。"

葛洪炼丹图

易学据说是从古天文学发展而来,自诞生的那一刻起,地球经历了几十亿年的变迁。天上斗转星移,大地上则季节更替。大自然的气候变化,影响着自然界所有生命的生存状态,这就是中国古书上所说的天道。

伏羲发明的八卦,成为中华民族的文化之根。从此以后,古圣人效法天地,将八卦理论视为"与天地准"的世界观与方法论,应用于各个领域。所以,一个人不读《易经》,就根本进不了国学之门,管他看多少古文书籍都没有用。同样,一个武学之人,要想在武学上有所深造,不懂《易经》,他就无法了解中国武术中

的精妙深奥之处,也不会学到更上乘的武功。至少,他对于太极拳、八卦掌等之类的内家武功是门外汉,我们在下文中将详细论述。

后世往往有"三古、三圣、三易"的说法,其实这是针对《周易》成书而言的。意即上古时代的伏羲始创八卦,中古时代的周文王作卦辞,近古时代的孔子整理了《周易》的辅助读物《易传》(又名《十翼》),所以此三人被列为对易学极有贡献的"三圣"。但需要明白的是,这三位圣人所传之易各不相同:伏羲之易属于先天八卦系统,长于自然地理及节气验证;周文王之易属于后天八卦系统,长于各种人事之占验;孔子之易属于对散失易学文献的整理,孔子传易重在文化教育。

易学理论认为,世间万物皆源自于无极和太极。然而,我们必须知道的是,古人对无极与太极有着两种不同的认识。一种认为,无极即太极;一种认为,无极与太极是两个不同的概念,太极源自于无极。而明末清初时期的王阳明对太极的总结是:

(1)太极是元气,即阴阳浑沦未分之气,其具有至尊性;

(2)混沦于太极中的阴阳二气因其清浊、虚实、大小的不同而分开,形成鲜明的阴阳二气;

(3)太极中包含阴阳二气,阴阳二气形成一太极,太极与阴阳是体用关系,两者互相包含。

而传说中的武功秘籍《九阳真经》,其理论依据主要就是来自这种太极学说。

其实,真正的易学理论,一直保存在道家或道教典籍中。老子说:"道生一,一生二,二生三,三生万物","万物生于有,有生于无",其"道"、"无",指的便是无极。易学理论中,万物的本原是无极,这是我们今天必须弄懂的概念。而太极,指的是阴阳相和的状态。

在许多武功秘籍的格斗术、人体练功术以及兵器的使用术的图谱中,都会标有类似太极的图式。古今太极图式有多种,有坎离匡廓图,有将圆图分割为八块配先天八卦以表示月象消息的古太极图,有与古太极图相似的先天太极图(陈抟所传易图之一),有与陈抟无极图大同小异的太极先天图、周氏(周敦颐)太极图、明来知德的来氏太极图、明张景岳的景岳太极图、明左辅的左辅太极后图、清胡渭的地承天气图、清胡煦的循环太极图、清端木国瑚的端氏太极图,及今人研易所绘制的封闭、开放式的连环螺旋太极图。

目前普遍流行的太极图则是根据陈抟先天太极图绘制而成,该图绘制得更加工整,图中有两条鱼形头部的小圆。其中白色一边小圆呈黑色,黑色一边小圆呈白色,白象征阳,黑象征阴,以示阴中有阳,阳中有阴。有趣的是,当代自然科学发现世界的模式在太极图中得到了最好的表达,如宇宙大爆炸的学说及恒星的形成,其漩涡的形式就是一个太极图;另外还有,现代新神经生物学的研究成果表明,人的大脑结构也是一个太极图。

当然,对于太极图的研究,相信今后还会有更大的突破。不过目前,作为一种基础知识必须明白的是,太极图代表阴阳相合为一的状态。因为古人认为阴阳和合,相交为一,才是最完美的结合、最完美的均衡、最完美的状态。太极合一,顺"人道",则可生两仪,产四象,进而化生成物;此太极,去"人道",返本归元则可成仙道,返还虚无之原始状态。

目前,在临床心理学的理论和实践中,也可以看到太极的影子,例如罗夏墨迹图版测验中呈现的黑与白、阴影与色彩、图版的正反上下等。此外,情感障碍中的抑郁与躁狂、性格的内向与外向,精神分析学中里比多(能量)的增长与消退、两性的差异与相互吸引,荣格学说中的男性中的女性化(阿尼玛)、女性中的男性化(阿尼姆斯)等,特别是在沙盘疗法与家庭疗法系统中,这种太极学说的影子表现得更为明显。

太极拳的哲理与魅力

太极拳是中国武术的主要拳种。"太极"一词源出《周易·系辞》,"易有太极,始生两仪",含有至高、至极、无穷大之意。太极拳种这个名称的取义是因为太极拳拳法变幻无穷、含义丰富,而用中国古代的"太极""阴阳"这一哲学理论来解释和说明。

太极拳虽受戚继光《拳经三十二势》影响,但有其独特的风格和作用。创始人陈王廷研究了道家的《黄庭经》,将太极拳中的手法、眼法、身法、呼吸和动作密切合为一体,这就使太极拳成为内外统一的拳术运动,太极拳运用传统中医经

络学说,拳势动作采用螺旋缠绕式的伸缩旋转方法,要求以腰为轴,内气发源于丹田,通过意念引导,到达任督两脉和周身,从而达到"以意用气,以气运身"的境界。因此在国际上知名度也越来越高,被誉为"古朴的金刚""东方的芭蕾。"

然而,要深研太极拳的奥秘,就必须从《易经》开始。春秋战国时道家的"丹士",根据《易经》的理论,演绎出"炼丹术",追求长生不老,认为"人可以与日月同寿,人可以与自然融为一体,达到天人合一"。

到汉代,道家思想进一步发展,他们把《易经》阐述宇宙起源和发展的观点看成是"易有太极,太极生两仪,两仪生四象,四象生八卦",称之为"道"。这与道家老子提出的"道可道,非常道"的思想完全统一,认为道是"宇宙变化运转"的规律,并认为"天地万物"无不有道的产生,人的一切活动也无不遵循"道"的规律。

到了宋代,周敦颐将《书经》中的五行(金、木、水、火、土)与《易经》中的"象""数"之理结合推演出"阴阳之变而生五行"的道理。于是一部影响极大的《太极图说》问世了,一幅包含"无极"而"太极","太极"而"五行"的"太极图"制定而出。这是用图解形式说明《易经》中的"太极"的深刻含义的重大发明。

到明、清,阴阳五行之说极为流行,上至官府,下至平民百姓的各个角落,可谓达到了鼎盛时期。这时的"太极图"已完善成今天我们见到的样子,即黑、白相间,阴中有阳,阳中有阴,阴阳互变,形象运动。太极形象的图形,展现了深奥的哲学思想。随后"太极图"便成了"图腾",在社会上成为民众敬奉的神灵。宫廷、庙宇、牌位、古玩、雕刻、衣冠、服饰,无处不有"太极图"。代表这种思想的图案能如此普及和深入民心,是任何一种哲理和形式都替代不了的。在这样一个阴阳"太极"席卷神州大地的时代,以阴阳学说为其思想核心,突出动静、开合、刚柔、虚实、内外、方圆、进退、起伏等深奥哲学思想基础的"太极拳"就应运而生。所以说太极拳是中国哲学史上的一个重要产物。它具有深层的哲学意义,体现了古代哲学思想发展的伟大成果和宇宙观。

太极拳不仅以"太极"命名,同时以"太极"学说作为解释拳理的依据。把太极拳的义理,置于一个博大精深的中国古老的传统文化之中。它也是人类寻求健康长寿的法宝之一。

在各种太极拳练习的典籍中,都能见到一个个太极图式,即使在一个个太极拳的格斗技术中,也万变不离其宗,都是太极图的化身。

太极图由三个相互关联的内容组成,古人用状若两条鱼重叠而成的图形符号表示。白方表示阳,黑方表示阴;白方中黑点表示阳中有阴,黑方中白点表示阴中有阳;外周之圆表示无极。

太极的含义有三个层次的解释。第一层次是指天、地、人,白方示天,黑方示地,两部交接之处示人。黑方中白圈为天之中点,示静极而动,阴极生阳;白方中黑点为地之极点,示动极而静,阳极生阴;天地气交则进化出人类,故人属中部。第二层含义还包括精、气、神,白方为神,黑方为精,中部为气;白方之黑点示神静而生精,动极而静则精产,神静则精固。黑方白圈示精盛生神,精固而盛则神全。第三层含

太极图(道家陈图南传)

义是指练功中的具体法则,言动静、松紧、刚柔、虚实等必须相合一体,符合天地运化万物之规律,所谓"静而与阴同德,动而与阳同波",顺应四时而摄生,即《内经》所言"提挈天地,把握阴阳"。只有法规自然,符合生命运动及天地化育万物的规律,才能利于生命。

太极拳是在传统养生法"引导术"和"吐纳术"的基础上发展起来的独特武术运动。主张"以意导气""以气运身",又具有内气调心的功效。强调意识、呼吸和动作的密切结合,练意、练气、练身的内外统一;始而意动,继之内动,再之外动,是一种刚柔相济、快慢相间、蓄发互变、以内动为统驭的独特的拳法,是健身强体的至宝。

太极拳运动时特别注重天人合一、形神合一、动静结合、动中求静,具有以静御动和虽动尤静的特点,因而更符合运动适度的健身原则。同时太极拳法的心静用意,更易入静,更易调配炽烈七情对气血的干扰和影响,从而护卫"元神",正常发挥其调控人体身心健康的功能。临床心理学研究发现,太极拳对现代人的抑郁症、神经症、焦虑和压力等健康问题具有极好的疗效。

太极拳粗具雏形以后,经过历代的演变发展,以及无数前辈名家的不懈追求和研究,刻苦磨炼,延传至今,逐渐形成了广为流传的六大门派,即:陈式太极拳、

杨式太极拳、武式太极拳、孙氏太极拳、吴式太极拳和赵堡太极拳。

陈式太极拳创立者陈王廷(约1600—1680年),字奏庭。明末武庠生,清初文庠生。自幼随先辈习文练武。他天资聪颖,勤奋好学,在长期刻苦锻炼中肯钻研、勤切磋,深得家传武术精髓,而且熟读诸子百家,涉猎经史子集,堪称"文事武备,卓越于时"。他在家传拳术的基础上,博采各派之优,应用太空星球运动哲理,把"吐纳""引导""阴阳"变化融汇一体,创造了陈式太极拳,并总结撰写了有关论述。后来由于天长日久,屡遭天灾人祸,这些宝贵资料多已失散,今传下来的仅剩《拳经总歌》和《长短句》。陈王廷的《拳经总歌》(七言二十二句)如下:

纵放屈伸人莫知,诸靠缠绕我皆依。
劈打推压得进步,搬撂横采也难敌。
钩棚逼揽人人晓,闪惊巧取有谁知?
佯输诈走谁云败,引诱回冲致胜归。
滚拴搭扫灵微妙,横直劈砍奇更奇。
截进遮拦穿心肘,迎风接步红炮捶。
二换扫压挂面脚,左右边簪庄跟腿。
截前压后无缝锁,声东击西要熟识。
上笼下提君须记,进攻退闪莫迟迟。
藏头盖面天下有,攒心剁肋世间稀。
教师不识此中理,难将武艺论高低。

回顾上述《易经》和太极文化的产生历史过程,我们知道,太极拳承受过历代痛苦的煎熬和抉择,又经历过呕心沥血的锻打和改造,经受了中国古代哲学、武学、医学、美学等的洗礼,才逐步形成独具民族风格的太极拳练功方法和运动形式。太极拳长期繁衍,历久不衰,乃是它具备了由高深的中华民族文化内涵积淀而成的魅力所致。

"五行"与"八卦"对武学的影响

我国古代五行说认为,宇宙万物都是由木、火、金、水、土五种基本物质的运行(运动)和变化所构成。随着这五个要素的盛衰,大自然产生变化,它不但影响到人的命运,同时也使得宇宙万物循环不已。而五行最完美的状态,则应当是势均力敌的均衡。

(1)五行特性

"木曰曲直",意思是木具有生长、升发、条达、舒畅的功能;代表生长、升发、条达、舒畅的功能,在人体为肝。

"金曰从革",意思是金具有肃杀、变革的特性;代表沉降、肃杀、收敛等性质,在人体为肺。

"水曰润下",意思是水具有滋润、向下的特性;代表滋润、下行、寒凉、闭藏的性质,在人体为肾。

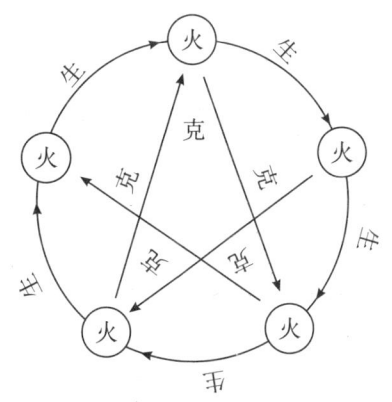

"土爱稼穑",意思是指土具有种植庄稼,生化万物的特性;代表生化、承载、受纳等性质,在人体为脾。

"火曰炎上",意思是指火具有温热、上升的特性;代表温热、升腾的功能,在人体为心。

(2)五行相生相克

金生水,水生木,木生火,火生土,土生金。

金生水,是因为金属熔化后成为液体状态;水生木,是因为水可养树,树为木;木生火,是因为木柴可以生火煮饭;火生土,是因为物质燃烧后留有灰烬;土生金,是因为金属物质皆产自地下土中。

金克木,木克土,土克水,水克火,火克金。

金克木,是因为金属做成的刀器可以用来砍伐树木;木克土,是因为古人用木制的工具耕种土地;土克水,是因为土可止水之流淌;水克火,是因为水能灭

火;火克金,是因为火能熔化金属。需要说明的是,我国古代人对朝代更替也有五德终始的说法。即朝代更替是按照五行相生相克的顺序,如伏羲氏木德→神农氏火德→黄帝土德;或者周火德→秦水德→汉土德。一般而言,太子登基,则顺五行相生之数;改朝换代,则顺五行相克之数。

(3) 五行相见与相乘

金见金,木见木,水见水,火见火,土见土。

五行相见,一般可增加相见五行的势力,使其更旺盛。

五行相乘,也称五行亢乘,指克者对被克者克制太过而造成的失衡现象。"乘"有以强凌弱、乘虚侵袭的意思。或者因为克者太强,或者因为被克者太弱,皆会导致相乘的发生。例如,强木克土、木克弱土或强木克弱土,皆为相乘。

(4) 五行相侮与反克

五行相侮也称为"五行反侮",指被克者过于强盛而反克克者。打比方说,主欺弱奴,为乘;奴欺主,为侮。一般克者过弱或被克者过强,皆会出现相侮的现象。例如,弱木反受强土之反克,为强土侮弱木。

天下万物皆在生克之中达到动态平衡,生到极点或是克到极点都会向相反的方向转化。例如:

  金赖土生,土多金埋;土赖火生,火多土焦;火赖木生,木多火炽;木赖水生,水多木漂;水赖金生,金多水浊。

  金能生水,水多金沉;水能生木,木盛水缩;木能生火,火多木焚;火能生土,土多火晦;土能生金,金多土散。

  金能克木,木坚金缺;木能克土,土重木折;土能克水,水多土流;水能克火,火炎水热;火能克金,金多火熄。

  金衰遇火,必见销熔;火弱逢水,必为熄灭;水弱逢土,必为淤塞;土衰遇木,必遭倾陷;木弱逢金,必为砍折。

  强金得水,方挫其锋;强水得木,方泄其势;强木得火,方化其顽;强火得土,方止其焰;强土得金,方制其重。

中国武学理论中显然是引进了这一套学说体系,在不少的武术拳种以及格斗技巧中,都运用了这些概念,如"五行拳"、形意拳的拳理;再如少林拳法中的

第一编 武学的诞生

"闭五行",就是讲究"闭己之五行,克人之五行",做到武若相争,先闭五行,又称达到四两拨千斤之高超武功的境地。

而《易经》中的八卦,古人认为是世界形成的最初八大元素,它们包罗天地万象,也是自然和社会变化的规律,被称为"八经卦"。其形成解释如下:

太阳上面加一阳爻,便是乾卦;加一阴爻,则为兑卦。少阴下面加一阳爻,则为离卦;加一阴爻则为震卦。少阳下面加一阳爻则为巽卦;加一阴爻则为坎卦。太阴上面加一阳爻,则为艮卦;加一阴爻,则为坤卦。这样,乾一、兑二、离三、震四、巽五、坎六、艮七、乾八,便是先天八卦的次序;天、泽、日(火)、雷、风、月(水)、山、地,便是世界最初形成的八大元素。这种由三个爻象组成的八个卦象,也称为八卦经。为了便于记忆,古人根据卦象的特点,还编成了《八卦取象歌》(宋版《易经》第四首卦歌),即:乾三连,坤六断,震仰盂,艮覆碗,离中虚,坎中满,兑上缺,巽下断。

八经卦有先后之别。先天八卦一般认为是伏羲所创,演绎的是世界初始的状态。后天八卦主要用于后天诸事际关系的占验,相传为文王所创。这样,先天为体,后天为用,先天八卦与后天八卦相辅相成,成为古人演绎天地造化的完美符号。

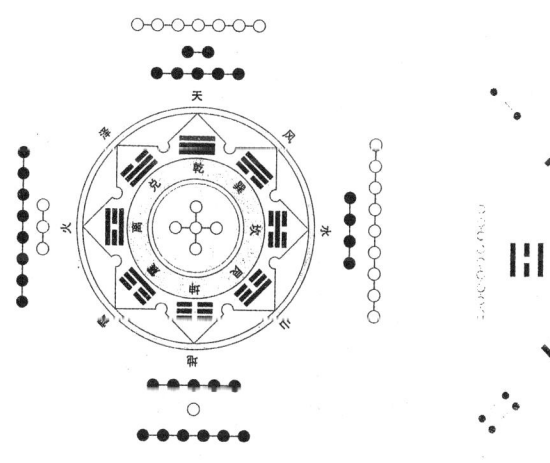

先天八卦与河图相配

后天八卦与洛书相配

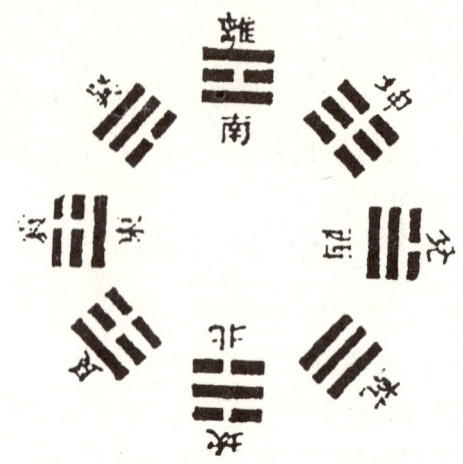

后天八卦方位图

"八经卦"的学说直接衍生出武学产物,就是著名的拳种"八卦掌"。关于八卦掌的起源,据考证为清代河北文安县人董海川在江南游历时,得到道家修炼的启示,结合武术而创。董海川曾在清朝肃王府做拳师,故八卦掌首先在北京一带流传。

八卦掌与其他武术拳种相比,有三个最显著的特点:一是八卦掌的运动形式可分为转圈和换式,这两种运动形式既有内在联系,而又明显不同;二是从外侧向内中心攻击;三是八卦掌的功理是遵循道家的阴阳学说而创编的。而转圈的含义就是根据《易经》的"太极八卦"图式来进行的。

八卦掌拳理是按八卦原理来解释动与静,乾、坎、艮、震、巽、离、坤、兑这8个字在人身体上的位置是:

乾:乾为天,有居上之象,故以头顶为乾;

坎:水有润下,腹下为坎;

艮:山有下覆,项为艮;

震:雷有如盂,臀为震;

巽:风有下断,双腿为巽;

离:火中有虚,前胸为离;

坤:地有六断,胯脚为坤;

兑:泽上缺,膀肩为兑(见八卦掌人体动静方位图)。

第一编 武学的诞生

人在运动时或在技击中方位是随着动而变化,随时寻找方向找出攻击对手的破绽,因此攻击点也是在不停地变化着。而无论人怎样变换位置或在动中寻找出击方向,其在人体上的8个部位八卦原理始终是不变的。

按照八卦掌习武典籍,当人在练功时,他的躯体是动的;在未换式或发力时是静的。这个静是从动中产生出来的,是通过意念带动的。例如在擒拿或反擒拿过程中,在未拿住对手时是动的,而一旦将对手拿住,就是不动的,就是瞬间的静,这个静也是从动中产生出来的。这就是八卦掌的运动原理,它的运动从始至终是动中有静,静中有动,动静结合。

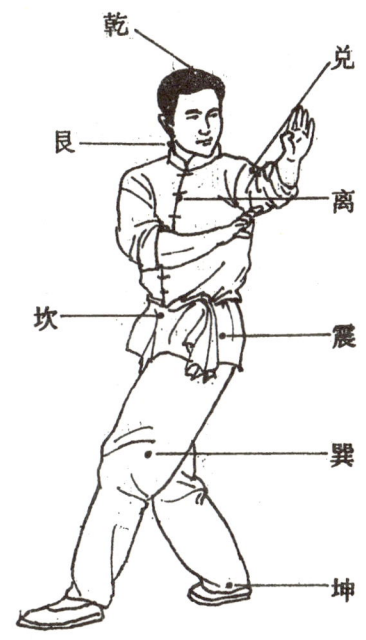

八卦掌人体动静方位图

此外,"八卦掌"的武功精髓在于它具有独特的"八反"格斗技术。"八反"是八卦掌与其他拳术相反的8种做法,唯八卦掌所独有,所以八卦掌也称为"八反掌法"。

一反——进步先进前步,退步先退后步。

二反——入则直步,出则弯步,跨则横步,回则倒步。

三反——人来攻则五花八门,我则静以待动。

四反——人拳打脚踢,我则穿掌掩肘。

五反——人使梢,我则使梢先使根(梢是手,根是肩)。

六反——人用拳变之拳,我则用直伸之掌。

七反——人回身才能对后,我则动步以按八方

八反——人挺身直进,我则掌到步随。

八卦掌的步法是制敌的战略。八卦掌的腰势是全身的主宰。八卦掌进攻用掌,更先用肩(根),优先用步,实先用腰。八卦掌手法的根本是自己的动静变化,可是手法的根本原在于腿,后在于手,实在于腰。

"百练不如一走,走为百练之祖。"八卦掌的"八反"是在走中产生,在动中运

用这格斗八法。称之为八卦掌"武功秘籍"的"36 歌诀"和"48 技法",就是对这种拳理的最高认知和研究成果。我们试举其中几个歌诀为例:

歌诀 15

此掌与人大不同,未曾击西先声东。

指上打下鬼莫测,卷球倒流更神通。

歌诀 20

刚在先兮柔后藏,柔在先兮刚后张。

他人之柔腰与手,我则吸腰步稳扬。

歌诀 27

刚柔相济是何言,刚柔相辅总无难。

刚柔当用乾坤手,掀天揭地海波澜。

歌诀 36

用时最要是精神,精神焕发耳目真。

任凭他人飞燕手,蚁鸣我听龙虎吟。

可以看出,八卦掌之所以能和太极拳相匹敌,在武学造诣上与其难分伯仲,是因为它吸取了《易经》太极八卦的原理,再加上对人体运动人体解剖的科学把握以及独特的实践经验,它成了一种骁勇善战的武功技艺,要求习练者有较强的心理素质。

二、江湖侠义的传奇文化

> 赵客缦胡缨,吴钩霜雪明。
> 银鞍照白马,飒沓如流星。
> 十步杀一人,千里不留行。
> 事了拂衣去,深藏身与名。
>
> ——唐代·李白《侠客行》

一种文化或学问要想具有生命力和发展前景,就必须找到两种类型的人来承载它的内涵:一是在实践过程中不断地创造它,运用它的人;二是对后代后世的口授身教或言录书著的传承者。武学的创造和发展也是如此。

中国武学的继承和发展者主要有三种人物:第一类是在侠文化中,仗剑行侠的江湖人士,他们常常锄强扶弱,匡扶正义,甚至不受皇权支配,代表社会另一种"良心",活动在社会底层的居多;第二类是活动在社会上层,与达官贵人,或与政权中枢来往的精通武术的人士,他们为政治目的服务,也为政治权力的纷争杀人,称之为"刺客",在现代社会称为"杀手"的人;第三类是功名显赫的武将、勇士、保镖(如大内高手),他们有的厌倦了杀人如麻的战争或暗杀的阴险勾当,及时隐退后,专心于武学技术的研究者。我们有必要做一个专门分析。

侠客的出现与活动

关于"侠"的记载最早见于战国末年的《韩非子·五蠹》,书中说"儒以文乱法,侠以武犯禁"。韩非子认为儒、侠和工商业者一起都是国家的蛀虫。然而在韩非子的书中,第一次把侠看作是一种不可忽视的社会力量。韩非子是站在秦王朝的立场,即想要统一天下。想统一天下就必然要发生战争,但是儒家主张和平,主张以理治天下,就与朝廷的政策相冲突;而侠士是帮助弱小者,是反对兼并的统一战争的。所以当时韩非子就把儒和侠作为是当时的五种蠹虫之一,把他们算作危害社会的力量。

在东汉编成的《说文解字》中是这样解释"侠"的:篆书"侠"的字形是由"人"字和"夹"字组成的。人字旁表明这是一种人的行为,夹是一个大人携带着两个小人,意思是有力量的人帮助弱小的人。同时这个"侠"字也解释为是仗义疏财的人,是慷慨赴死的人。这一解释代表了汉代人们对侠的理解。那么侠是何时出现的呢?

侠客,在西方的文化中被译为"骑士"或"旅行骑士"("游侠",Knights-errant),被当作东方的浪漫骑士,是古代中国一个新社会阶层。他们的前身是武士,可能受过儒家思想启蒙,也可能是墨家组织中的秘密成员。他们与报效朝廷权力的武士不同,不受皇权的约束,有自己提倡的一套正义观念,并使用法律和礼教所禁止的暴力行为。他们既像是现代社会中警察的角色,又是法庭的裁判者,执行者角色,他们为自己的价值观和自由生活感到自豪。

但是中国的"侠客"与西方的骑士其实并不相同,我们略作分析比较,就可以发现两者之间的差异:西方的骑士一般出身贵族家庭,有自己的封地封号,效忠于优待自己的领主,而中国的侠客出身三教九流,甚至底层社会,他们居无定所,并不效忠于特定君主;第二,西方的骑士可以称之为"浪漫",他们常常为一个美貌贵夫人决斗、丧命,有自己的爱情伦理观,而中国的侠客为了实现自己的理念或诺言,甚至可以放弃或牺牲爱情也在所不惜;第三,西方的骑士活动在社会上是公开的,要有明确的记载,而中国的侠客在社会上的活动是隐蔽的,杀人之后,不留行踪,把名声和身影都藏匿起来;最后,西方的骑士一般是男性的象

第一编　武学的诞生

征,是男人的活动,而中国的侠客有不少是女性,她们有时比男性更神秘,更冷酷无情,甚至武功更高超。如《唐传奇》中著名的女侠"聂隐娘"之类的高手。

公元8世纪,是唐朝帝国进入鼎盛时期,商业和文学的发达,使年轻人的浪漫情怀得以激发,只要有钱就可以在从首都长安到丝绸之路上,结识各种各样的朋友:诗人、侠客、歌妓、道士、武术家和国外来的传教士、商人等。中国历史上最著名的诗人李白就是这样一位人物。他是皇室李氏的远亲,出生在现在的吉尔吉斯斯坦国的境内,在幼年时代随家庭迁居到四川。他酷爱文学诗歌,也学习了一些道术,占卜和格斗击剑技法。在少年时代,他曾经失踪了一年多,后来人们才知道,他拜了一位侠客为师学习剑术。不久,他又和一位道士去深山隐居。成年后,他以道家的仙风道骨写作诗歌,以侠客的敏捷与豪情游览天下名川大山。

李白对武学和侠客精神的推崇,使他成为唐代武学精英文化中的代言人,他在许多诗歌中都透露出这种文化的底蕴。可惜在许多唐诗的选集选本中,以及在现代的研究唐诗的学者的书籍、文章中,都不选录和分析这些诗歌,似乎这些诗歌从不存在过,不知这是一种学术偏见还是故意的疏忽。其中,李白的《侠客行》,是武学诗歌中的代表作,具有特殊重要的分析价值。全文记录、分析如下:

太白醉酒图(元·赵孟頫)

021

> 赵客缦胡缨，吴钩霜雪明。
>
> 银鞍照白马，飒沓如流星。

这是李白的古风诗五十九首中的一首，是描写歌颂侠客的古体五言诗，"行"相当于现代武打电视剧中的主题歌的含义。诗歌一开始如电影场景似的，写出侠客的"帅气"和"酷劲"。这位侠客来自中原的燕赵之地，自古燕赵之地就多慷慨悲歌之士，都顶一个少数民族特征的帽子，佩戴着冰雪般锋利明亮的宝剑。雪白的骏马配上银色鞍辔，如闪电流星般地飞驰而过，简直帅呆了！

> 十步杀一人，千里不留行。
>
> 事了拂衣去，深藏身与名。

这位侠客武功了得，来去千里之内，无人能发现他的踪迹。"十步杀一人"是来自道家的《庄子·说剑》："臣之剑，十步一人，千里不留行。"即当一切结束后，抖一抖衣上的尘土和血迹，便隐藏起踪迹，再没人知道他在哪儿了。

> 闲过信陵饮，脱剑膝前横。
>
> 将炙啖朱亥，持觞劝侯嬴。
>
> 三杯吐然诺，五岳倒为轻。
>
> 眼花耳热后，意气素霓生。

这是写侠客平时的生活场景和心理活动，空暇之时与贵族豪门的信陵君对饮，解下宝剑，横在膝头。信陵君是战国时代四大豪门贵公子之一，为人礼贤下士，喜欢结交天下英雄豪杰，门下有食客三千余人。而诗中的朱亥、侯嬴都是信陵君的门客，大家和侠客都有豪迈之气，所以才一起痛饮美酒。然后几杯酒一下肚，就可以立下承诺，即使五岳崩溃倒塌，也不及这个承诺更为重要。侠客脸红耳热，豪气冲天，如白虹贯日，"素霓"是不寻常的天象，如一条白手巾挂在天上，预示要有不寻常的大事发生了。

> 救赵挥金槌，邯郸先震惊。
>
> 千秋二壮士，煊赫大梁城。
>
> 纵死侠骨香，不惭世上英。
>
> 谁能书阁下，白首太玄经。

这几句是说信陵君的门客，侯嬴盗虎符，朱亥锤击晋鄙的故事。信陵君是魏国权贵，魏赵两国结成联盟共同对抗秦国。秦国派大军包围赵国首都邯郸，赵向魏求救，魏王派晋鄙率大军救赵，后因秦王恐吓，又令晋鄙按兵不动。信陵君手下的门客侯嬴通过魏王的宠姬，盗得调动大军的虎符，去晋鄙军中，假托魏王之令代晋鄙领军发兵。晋鄙生疑，朱亥掏出40斤重的铁锥，击毙晋鄙，终于领军解了赵国之围。所以说这两位侠士，舍生忘死，他们的壮举功绩，要在史册中记载下来，流传千秋，即使他们死去了，而豪侠们的精神骨气仍然散发出迷人的魅力，无愧于世间的豪侠。这是李白对他们最高的赞美和评价。

李白从小就是一个崇尚侠义精神的人，他在著名的《与韩荆州书》里自称"白十五好剑术，遍于诸侯。三十成文章，历抵卿相"。正因为李白有过这种游侠的经历，有着对个人自由和独

太白醉酒图（清·苏六明）

立的强烈向往，加上他的才华横溢，从而写就了《侠客行》这首流布非常广泛的诗。李白利用他所想象的侠客的形象，创造了非常高的文学成就。这也给后来的侠客模式确定了一种固定的印象——侠客是独来独往、敢作敢当的，有时又是"拔剑四顾心茫然"般孤独、无所适从的，但内心还是充满着对正义的追求。

唐代对侠客有一种崇拜，但已经和汉代有所不同，侠逐渐从现实的世界淡出，进入了想象的世界。如果和前代作一个比较，可以发现在唐以前侠客的史实记载比较丰富，而侠客在唐代表现为文学领域中的艺术性人物。不仅是李白，王维的《少年行》里也说"纵死犹闻侠骨香"的诗句，不过王维的诗写的是军人立功边塞，这就把侠客和报国壮志融合起来了。侠客不再只是民间行为，也是为国为民的社会主流行为。

——中国武术的精神世界

武功技术的神奇化

除了对侠客内在的精神豪气的赞美歌颂之外,对侠客的外在格斗术、武功技术的神化和创新也在中国古代的各种历史记载、文学传记和诗歌艺术中出现。

《吴越春秋》记载了最早阐述击剑理论的武术名篇,这就是人们熟悉的越女论剑。越女是春秋时期一位隐居江湖的剑侠。范蠡奉了越王勾践之命聘请她担任军中武师。两人行走途中,一位名叫袁公的剑客挡住去路,扬言要打败越女。于是范蠡亲眼目睹了一场颇富武侠意味的比武。两人以竹枝代剑,越女先是退守,后来猛然一招击中。袁公自知不敌,飞身上树逃走。越女来到越国都城,在宫廷中拜见越王勾践。越女对勾践说,如果你希望复仇打败吴国,获得军事上的胜利,那么必须获得一样东西——剑术。

越王非常困惑地问她:"什么是剑术?"越女回答说:"这是一种击剑之道或者叫剑法。"

越王勾践向她请教剑法,越女娓娓道出自己的击剑之道,她说"凡手战之道,内实精神,外示安仪,见之似好妇,夺之似猛虎。布行候气,与神俱往。"

"内实精神,外示安仪",这就是古人所讲的一个静字。临战时,静字最重要。"见之似好妇",被别人看到的时候,如同一个美丽的妇女,然而"夺之似猛虎",一旦动起来时,义无反顾地像一只猛虎。"布行气候",要创造你和我决战之间,关系最有利于我的那个气势,然后再"与神俱往"即与天命、上天站在一起。这里既讲到形,又讲到气,又讲到神,形、气、神三个字,实际上概括了中国武学的最高境界。

对于这样的武学哲理言论,很像今天的心理学课程,越王对此有些疑惑。越女似乎早已料到,补充说道:"我所说的道理,可以以一胜百,以百胜千、胜万,请您派武士和我比试一下,就会看出它的威力。"

越女拔出宝剑,越王便让身边的武士和她较量,结果都被越女用奇妙快捷的剑法轻易地击败了,于是勾践衷心地感到佩服,任命她为越军的武术教官。让她传授剑法给士兵们。三年后,学会剑术的越国军队突袭吴国,攻破了吴王夫差的都城,取得了战役的辉煌胜利。吴国不久后便灭亡了,越国建立了新的霸权。

第一编　武学的诞生

这就是剑道,或者说"武学"在古代诞生的著名故事。这说明武学在古代军事活动和国家兴衰过程中的重要作用。它具有一些传奇和虚构的色彩在里面了。

这个故事的传奇之处在于,这位武功高手居然是一位女性,连在越王身边那些勇猛有力的男性武士都不是她的对手。而这样一位女性居然在古代的战争世界中,担任这些嗜杀成性的男人士兵的武术格斗教练,这在当今世界各国中也是少见的。

其实,在中国历史上像"越女传说"的记载并不少见。在唐代,不仅仅是诗人们热衷于歌颂侠客事迹,武学的影响也深深渗透到社会文化其他角落。例如,一位名叫"公孙大娘"的舞蹈艺术家,因为擅长剑术,受到从朝廷到民众各个阶层的广泛关注。与李白同时代的著名诗人杜甫(712—770年)就写过一首赞美她的诗歌《观公孙大娘弟子舞剑器行并序》。

"序"的全文如下:

>　　大历二年十月十九日,夔府别驾元持宅见临颍李十二娘舞剑器,壮其蔚跂。问其所师,曰:"余公孙大娘弟子也。"开元五载,余尚童稚,记于郾城观公孙氏舞剑器浑脱,浏漓顿挫,独出冠时。自高头宜春、梨园二伎坊内人洎外供奉,晓是舞者,圣文神武皇帝初,公孙一人而已。玉貌锦衣,况余白首;今兹弟子,亦匪盛颜。既辨其由来,知波澜莫二。抚事慷慨,聊为《剑器行》。昔者吴人张旭,善草书书帖,数常于邺县见公孙大娘舞西河剑器,自此草书长进,豪荡感激,即公孙可知矣。

序中"开元五载"是唐玄宗年号,当时处于盛唐时期,经济、文化、艺术都有很大的发展,唐玄宗本人就是一个音乐艺术家,而他的爱妃杨贵妃,则是有名的舞蹈家,他们两人最得意的作品是《霓裳羽衣曲》。文中"高头宜春,梨园二伎坊",是当时宫廷和达官贵人御用的音乐机构,是训练、培养乐工、舞者的场所,而"梨园"是唐玄宗亲掌的机构,主要以演奏或表演歌、舞、乐器一体的大型曲目为主,集中了当时全国一流的音乐人才。

在序中杜甫先叙大历二年(767年)在夔州看了公孙大娘弟子所表演的剑器舞,然后回忆开元五载(717年)自己童年时在郾城亲见公孙大娘的舞蹈,说明了在唐玄宗初年,公孙大娘的剑器舞于内外教坊独享盛名的情况。抚今思昔,深有感慨,因而写成这首《剑器行》。这篇序写得很有诗意,结尾讲大书法家张旭见公孙剑舞而草书长进的故事,尤其见出诗人对公孙大娘剑舞艺术的敬佩。

"剑器舞"是什么样的舞蹈呢?唐代的舞蹈分为武舞和文舞两大类,剑器舞属于武舞之类。晚唐郑嵎《津阳门诗》说:"公孙剑伎皆神奇。"自注说:"有公孙大娘剑舞,当时号为雄妙。"唐司空图《剑器》诗说:"楼下公孙昔擅场,空教女子爱军装。"可见这是一种女子穿着军装的舞蹈,舞起来,有一种雄健刚劲的姿势和流丽顿挫的节奏。我们再来看看诗歌的艺术描写。

　　昔有佳人公孙氏,一舞剑器动四方。
　　观者如山色沮丧,天地为之久低昂。
　　爗如羿射九日落,娇如群帝骖龙翔。
　　来如雷霆收震怒,罢如江海凝清光。

诗的开头八句是先写公孙大娘的剑舞之高超,出神入化到震慑人心:久闻从前有一个公孙大娘,她善舞剑器的名声传遍了天下四方。人潮如流的观众看她的舞蹈时都惊讶失色,整个天地好像也在随着她的剑器舞而起伏低昂,无法恢复内心的平静。"爗如羿射九日落"四句形容公孙手持红旗、火炬或剑器作旋转或翻滚式舞蹈动作,好像一个接一个的火球从高而下,满堂旋转;骖龙翔,是写公孙翩翩轻举,腾空飞翔;雷霆收震怒,是形容舞蹈将近尾声,声势收敛;江海凝清光,则写舞蹈完全停止,舞场内外肃静空阔,好像江海风平浪静,水光清澈的情景。

这种舞蹈尽管是一种艺术表演,但实际需要很好的身体素质和武功基础,就如京剧表演中的武生一样,没有一定的武术技能,是不能上台表演的。

　　绛唇珠袖两寂寞,晚有弟子传芬芳。
　　临颍美人在白帝,妙舞此曲神扬扬。
　　与余问答既有以,感时抚事增惋伤。

"绛唇珠袖两寂寞"以下六句,突然转到公孙死后剑器舞的沉寂无闻,幸好还有弟子继承了她的才艺。跟着写她的弟子临颍李十二娘在白帝城重舞剑器,还有公孙大娘当年神采飞扬的气概。同李十二娘一席谈话,不仅知道她舞技的师传渊源,而且引起了自己抚今思昔的无限感慨。

第一编　武学的诞生

　　先帝侍女八千人,公孙剑器初第一。
　　五十年间似反掌,风尘澒洞昏王室。
　　梨园子弟散如烟,女乐馀姿映寒日。

"先帝侍女八千人"以下六句,笔势又一转折,思绪回到五十年前。回忆开元初年,当时政治清明,国势强盛,唐玄宗在日理万机之暇,亲自建立了教坊和梨园,亲选乐工,亲教大曲,指挥歌舞促成了唐代歌舞艺术的空前繁荣。当时宫廷内和内外教坊的歌舞女乐就有八千人,而公孙大娘的剑器舞又在八千人中"独出冠时",号称第一。可是五十年中历史发生了多大的变化啊!一场安史之乱把大唐帝国的整个天下搞得风尘四起、天昏地黑。唐玄宗当年亲自挑选、亲自培养的成千上万的梨园弟子、歌舞人才,也在这一场浩劫中烟消云散了。如今只有这个残存的教坊艺人李十二娘的舞姿,还在冬天残阳的余光里映出美丽而凄凉的影子。对曾经亲见开元盛世的文艺繁荣,亲见公孙大娘"剑器舞"的诗人杜甫来说,这是他晚年多么难得的精神安慰,可是又多么令他黯然神伤啊!

　　金粟堆南木已拱,瞿塘石城草萧瑟。
　　玳弦急管曲复终,乐极哀来月东出。
　　老夫不知其所往,足茧荒山转愁疾。

"金粟堆南木已拱"以下六句,是全诗的尾声。诗人接着上段深沉的感慨,说玄宗已死了六年,在他那金粟山上的陵墓上,树已够双手拱抱了。而自己这个玄宗时代的微臣,却流落在这个草木萧瑟的白帝城里。末了写别驾府宅里的盛筵,在又一曲急管繁弦的歌舞之后告终了。这时下弦月已经东出了,一种乐极哀来的情绪支配着诗人,他不禁四顾茫然,百感交集,行不知所往,止不知所居,只得用长满老茧的双足,拖着一个衰老久病的身躯,在寒月荒山,踽踽独行。诗人身世的悲凉,就不言而可知了。"转愁疾"二字,杜甫是说自己以茧足走山道,步伐本来很慢,但在心情沉重之时,却反而觉得自己步子走得太快了。

　　公孙大娘是唐代女性新形象的象征,特别是对后来女性皇帝武则天的出现有某种承前启后的关系。在这一时代,许多青年女性对成为男性附庸的传统命运不满,她们既为女侠客的事迹所鼓舞,也为历史上第一个女皇帝的奋斗命运所激励,即在当时只能由男人掌权的法律、政治领域之外,女性们终于可以找到一

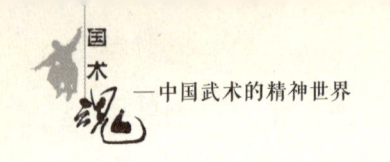

个相对能自由发展的崭新空间——武侠世界。

刺客与游侠创造的历史

在春秋战国时期,天下有两大显要的学派,一是儒家,二是墨家。正是这两大学派为侠文化的逐渐形成提供了精神和行为上的依托。

勇,是侠文化的一个重要特征,也是侠客产生的基础之一。在儒家理论里,从一开始就强调勇,但这个"勇"字并不是简单的匹夫之勇。孔子在《论语·子罕》提到"勇者不惧"。其实孔子就是一个勇猛的人,他能够举起栓城门的横木,是一个有名的大力士。孔子也很能喝酒,据说从来没有喝醉过。但他并不主张用武力解决问题,他一生数遇危难都不曾出手,倒是他的弟子中有一些好勇斗狠的人物最终都被他的精神所教化。在《论语》里就有一处论述什么是"勇"的精彩记载。

子路投入孔门之后,总是想立功,子路本人就是一个有武艺的人。有一次孔子派他去打水,子路遇到一只老虎,就把老虎杀了后砍下尾巴回去报功。孔子说他杀老虎的办法很愚蠢,子路听后心里很不快,就怀揣一个石头准备去害孔子。

文武并举——孔子圣迹图(清代)

第一编　武学的诞生

但这都在孔子的预料之中,就对他说"上士杀人用笔端,下士杀人用石盘",子路后来成为孔子的学生。这个故事讲的就是孔子所崇尚的勇不是武功之勇,包括他在教育学生的方法上都是要力图让学生明白智慧才是真正的大勇。

孔子主张以智慧来解决问题,但必须用勇气来提升自己的信心,只有智慧支配下的勇和武才是孔子所推崇的。

到了孟子所处的战国时代,诸侯国连年征战。征伐的队伍中不乏有勇有谋之士。但战争的结果却是生灵涂炭,血流成河。这使孟子认识到即使是在智慧支配下的勇气也是不完善的。勇必须建立在高尚的人格之下,必须有道德的约束。孟子开始对孔子所说的勇进行进一步的解释,他更加强调内心深处的勇气。

所以孟子就开始崇尚人格上的勇,孟子提了两个很重要的标准,一个是大家很熟悉的大丈夫的人格——"富贵不能淫,贫贱不能移,威武不能屈,此之谓大丈夫也"。就是人格上要不卑不亢,顶立于天地之间。另一条是大无畏的精神——"虽千万人吾往矣",无论前面有多少艰难险阻,我也会勇敢地冲上前去,这是为了我的理想和信念。"侠"最重要的一种精神就是路见不平,拔刀相助。这种路见不平不管是否能打得过对方,都要冲上前去,因为这是他的道德原则的一个底线问题。

汉代的大史学家司马迁对侠文化是大加赞赏,鲁迅称颂司马迁的巨著《史记》是"史家之绝唱,无韵之离骚"。《史记》中的《游侠列传》和《刺客列传》,自古至今一直被当作侠文化和武侠文学的重要源头。《刺客列传》中的人物行为诠释了儒家学说提倡的"勇"字,勇中有"智";而《游侠列传》则体现了皇家学说中的"义"字,行侠仗义,锄强扶弱,抵抗侵略。

在《刺客列传》里,司马迁一共记载了五位刺客的故事。其中,以专诸的刺杀计划最为巧妙,表现得有勇有谋。

> 专诸者,吴堂邑人也。伍子胥之亡楚而如吴也,知专诸之能。伍子胥既见吴王僚,说以伐楚之利。吴公子光曰:"彼伍员父兄皆死于楚而员言伐楚,欲自为报私仇也,非能为吴。"吴王乃止。伍子胥知公子光之欲杀吴王僚,乃曰:"彼光将有内志,未可说以外事。"乃进专诸于公子光。
> ……
> 四月丙子,光伏甲士于窟室中,而具酒请王僚。王僚使兵陈自宫至光之

家,门户阶陛左右,皆王僚之亲戚也。夹立侍,皆持长铍。酒既酣,公子光详为足疾,入窟室中,使专诸置匕首鱼炙之腹中而进之。既至王前,专诸擘鱼,因以匕首刺王僚,王僚立死。左右亦杀专诸,王人扰乱。公子光出其伏甲以攻王僚之徒,尽灭之,遂自立为王,是为阖闾。阖闾乃封专诸之子以为上卿。

故事大意为专诸是吴国唐邑人,伍子胥从楚国逃到吴国将其推荐给了吴国公子光,公子光厚待他的目的就是为了让他去刺杀吴王僚。但是吴王僚戒备森严,行刺谈何容易？专诸为此制订了一个中国历史上著名的刺杀计划——鱼肠(藏)剑,他将匕首藏在鱼肚之中,借献鱼之机,避开了检查,成功刺杀了吴王僚,而自己亦为僚的卫士所杀,公子光之后即位为吴王,加封专诸之子为上卿。

在《刺客列传》中以豫让的刺杀故事最为曲折,豫让是晋国人,智伯曾经非常优厚地对待他,后来智伯为赵襄子所杀,头被割下来当饮器。豫让发誓要为旧主报仇,于是先伪装成受过刑的人进入赵襄子宫中,想假借整修厕所之机行刺赵襄子,被赵襄子察觉,赵襄子感其义举放过了他。但豫让并未就此罢休,他自毁容貌,漆身吞炭,让妻子都认不出来,然后躲藏在赵襄子要经过的桥下准备再度行刺。再次未遂之后,豫让只得请求赵襄子让他刺破其衣,以此报智伯知恩,在赵襄子应允之后,豫让在砍了衣服三剑之后自杀。

而历史上以聂政的刺杀故事流传最为广泛,在古代的知识分子和达官人士中,几乎无人不晓。后来著名的古琴曲《广陵散》就是以他的故事创作而成。

聂政者,轵深井里人也。杀人避仇,与母、姊如齐,以屠为事[1]。

久之,濮阳严仲子事韩哀侯,与韩相侠累有却[2]。严仲子恐诛,亡去,游求人可以报侠累者。至齐,齐人或[3]言聂政勇敢士也,避仇隐于屠者之间。严仲子至门请,数反[4],然后具酒自畅聂政母前。酒酣,严仲子奉黄金百溢[5],前为聂政母寿[6]。聂政惊恐其厚,固[7]谢[8]严仲子。严仲子固进,而聂政谢曰:"臣幸有老母,家贫,客游以为狗屠,可以旦夕得甘毳[9]以养亲。亲供养备,不敢当仲子之赐。"……

久之,聂政母死。既已葬,除服,聂政曰:"嗟乎！政乃市井之人,鼓刀以屠;而严仲子乃诸侯之卿相也,不远千里,枉[10]车骑而交臣。臣之所以待之,至浅鲜[11]矣,未有大功可以称者,而严仲子奉百金为亲寿,我虽不受,然

第一编　武学的诞生

是者徒[12]深知政也。夫贤者以感忿睚眦之意而亲信穷僻之人，而政独安得嘿然而已乎！且前日要[13]政，政徒以老母；老母今以天年终，政将为知己者用。"……

杖剑至韩，韩相侠累方坐府上，持兵戟而卫侍者甚众。聂政直入，上阶刺杀侠累，左右大乱。聂政大呼，所击杀者数十人，因自皮面决眼，自屠出肠，遂以死。

注释：[1]事：职业。[2]却：同"隙"，隔阂。[3]或：有的。[4]反：通"返"。[5]溢：通"镒"。[6]寿：祝福。[7]固：坚持。[8]谢：推辞。[9]毳：通"脆"，脆嫩。[10]枉：屈就。[11]鲜：少。[12]徒：只是。[13]要：通"邀"。

聂政则可能是刺客列传里武功最高的一位，他因为躲避仇家带着母亲和姐姐逃到了齐国，以屠宰为生。严仲子想让他刺杀自己的政敌侠累，在齐国找到聂政对其施以厚礼，聂政却因为老母尚健在，拒绝了严仲子的厚礼。聂母去世之后，聂政为报严仲子知遇之恩，主动找到严仲子提出愿为其复仇，只身仗剑赴韩，在刺杀了侠累之后，自毁面容后自杀。韩国为了确认凶手的身份，将其尸体暴于街市，并悬赏查问凶手身份。其姐聂荣闻讯赶往韩都查看，在证实是其弟后伏尸痛哭死去。

刺客这一类人物，古今都有，但没有哪一个时代的刺客能像春秋战国时代这样慷慨悲壮，也没有哪一个时代的刺客像春秋战国时代的刺客那样对社会产生如此深刻的影响。与现在我们理解的以收取金钱为目的的"职业杀手"们不同，司马迁笔下的刺客，无一不是重情重义之人，他们舍身赴死的动机，都只是为报知己之义、故主之恩。

这些刺客们虽然个个出身低微，却有着高贵的人格，他们重义深情，对欣赏重视他们的人愿意以死相报，"士为知己者死"不仅是他们坚定的人生信条，更是他们的使命。因为他们深知，自己低微的出身，如果没有上层人物的赏识，永远也不会有崭露头角的机会；他们亦深知，一旦获得他人的赏识重视，就应当为此舍生取义，从容赴死。这既是刺客的操守，也是刺客的宿命。

在《刺客列传》中，无论专诸、豫让还是聂政，他们愿意以自己的生命来实现自己对于信义的坚守、对恩主的回报，这种看似甘为他人附庸的服从，其实却张扬着自我个性的大旗。他们的勇于赴死，不仅仅是为了实现对恩主的承诺，更是为了实现个人的自我价值，所以豫让宁愿漆身吞炭也不愿委身人臣，聂政甘愿自毁面容而不愿连累其姐。也正是如此，他们虽然身死，死亦悲壮激昂，在历史后代中，余音不绝。

墨侠的仗义精神

刺客的出现，意味着武术已经脱离群体的军事行动而具有独立的形式。这首先依赖武学格斗技术的发展，使得格斗能力远高于一般侍卫和军队士兵的专业武术高手的出现，只有在这种条件下，刺杀国家君王和朝廷重要大臣才成为可能。另一方面，刺客的出现，又刺激了武术的进一步发展：为了防止被刺杀，朝廷君王和大臣自身必须学习格斗技术，或身边配备训练有素的贴身侍卫或保镖，而这些护卫和保镖可能就是更加专业的武术家。

这一来就对刺客提出了更高的技术要求，在这种攻防游戏中，武术得到飞速发展。然而，这不是纯粹意义上的武学，刺杀仍然是军事行动中的一种特殊类型，或战争活动的延伸，刺客的格斗技能与武术才华仍然是世俗权力的附庸。

只有前文的"越女"故事是个例外，她不是朝廷供养的刺客，而是把剑术看成一种技艺，在教会越国军队剑术之后不久，便离开了越国宫廷不知去向。这表明她具有自由的身份和独立的人格，她帮助国家和君王完成他们的大业，但不受政治权力的束缚和摆布。因此，她作为一位"游侠"，不仅为早期的侠客们所崇拜，也为后来真正的侠文化和武学发展奠定了基础。

和儒家不同，墨家则主要以行动来体现侠文化的含义。墨家主张和平，也强调智慧支配下的勇气。但是墨家出现的时间比孔子晚了将近一个世纪，出现于战乱不息的战国时期，所以墨家已经无法用平和的心态来看世界。他们尽管祈望和平，但战乱纷争的时代却没有人愿意倾听他们和平的劝导，所以墨家只能选择用行动来实现自己的主张——帮助弱小，抵抗侵略。

墨家主张兼爱和非攻，一方面苦口婆心宣扬和平主义，一方面致力于军事技术以帮助弱国保卫家园。他们的军事技术主要以防御为目的，包括防御的战略战术、军事建筑、军械制造等各个部分。

第一编　武学的诞生

墨家不仅是认为个体可以行侠仗义,而且组织了纪律严明的团队来实现侠义道。这个组织的首领称为巨子,墨子本人就是第一任巨子。巨子直接领导的是墨家的"敢死队",据《淮南子》记载有一百八十人的团队都在随时准备为墨侠事业去牺牲生命。

在《墨子》这本书中记载了当时被称为公输盘的鲁班——中国木匠行业的老祖师——要造一个云梯去帮助楚国进攻宋国。墨子千里迢迢赶去阻止鲁班攻宋。所以云梯这个发明在第一次实战中并没有派上用场。当时鲁班没有使用云梯却使用另一种方法攻宋,墨子询问他的想法,他却不告诉墨子。墨子说你无非是想把我杀了,但即使你杀了我,我的弟子已经带领了500人在宋城上拿着我的手谕,以及专门对付云梯的工具在等你们呢!

在司马迁所著的《史记·游侠列传》里面记载了这些游侠中最著名的一位代表人物,他的名字叫郭解,非常符合墨家的侠文化标准。

郭解,轵人也,字翁伯,善[1]相人者许负外孙也。解父以任侠,孝文时诛死。解为人短小精悍,不饮酒。少时阴[2]贼[3],慨不快意,身所杀甚众。以躯借交报仇,藏命[4]作奸剽攻,休乃铸钱掘冢,固不可胜数。适[5]有天幸,窘急常得脱,若[6]遇赦。及解年长,更折节为俭[7],以德报怨,厚施而薄望。然其自喜为侠益甚。既已振人之命,不矜[8]其功。其阴贼著于心,卒[9]发于睚眦如故云。而少年慕其行,亦辄为报仇,不使知也。解姊子负[10]解之势,与人饮,使之嚼[11]。非其任,强必灌之。人怒,拔刀刺杀解姊子,亡去。解姊怒曰:"以翁伯之义,人杀吾子,贼不得。"弃其尸于道,弗葬,欲以辱解。解使人微[12]知贼处。贼窘自归,具以实告解。解曰:"公杀之固当,吾儿不直。"遂去[13]其贼,罪其姊子,乃收而葬之。诸公闻之,皆多[14]解之义,益附[15]焉。

注释:[1]善:擅长。[2]阴:阴险。[3]贼:残忍。[4]命:亡命之徒。[5]适:恰逢。[6]若:或者。[7]俭:自我约束。[8]矜:夸耀。[9]卒:通"猝",突然。[10]负:倚仗。[11]嚼:通"釂",喝完酒。[12]微:暗中。[13]去:释放。[14]多:称赞。[15]附:归附。

《游侠列传》里,主要记载了朱家、剧孟、郭解这三个游侠。在写法上虚实结合,详略得当。文章首先描写了朱家、剧孟这两个人物。这两个人物都只是虚写,司马迁并没有介绍他们的具体事迹,而只是写了他们当时的影响力。虽是虚写,但是我们已经能从中看出,游侠救人于危急而本身又具有一定的品德,因此为当时人所称颂,而具有很大的影响力。但仅仅是这样还不足以让人对游侠的形象产生一个全面的认识,因此司马迁通过对另一个人物——郭解的描写来对游侠的具体形象进行详尽的描述。与朱家、剧孟的虚写不同,司马迁对郭解的记载极为精详。这不仅是因为司马迁小时候曾与郭解一同住过茂陵,更因为在司马迁看来,郭解是游侠的典型代表,更能反映出游侠这类人物的特点。

司马迁笔下的郭解,也曾年少轻狂,做过许多诸如私铸钱、盗墓等作奸犯科之事,但随着岁月的流逝,郭解逐渐成长为一个成熟而稳重的游侠。他义释杀死侄儿的凶手,只因侄儿犯错在先;他以德报怨,对轻视自己的人不仅不打击报复,反而设法给予优待;他不仅不仗势欺人,而且还调停矛盾不愿声张。可以看出,郭解不仅重情重义,心胸宽广,而且为人谨慎,行事低调稳重,因此受到了广泛的拥戴。

郭解不像春秋战国时期的某些侠客有武艺,或是以武犯禁,或是凭借着武艺和私剑去办事,这种侠的地位是比较低的,他们扮演着达官贵人们打手的角色。而到了汉代时,侠的社会地位一下子高了起来。他可以独立地在社会上享受到很多权利,游离于国家的法律与社会地方势力之间,建构自己一个新的力量体系。司马迁把他们看作游侠。

郭解所在的时代是汉代,游侠的群体突然在社会中变得格外醒目,并且掀起了巨大的波澜。这是因为汉朝在秦朝的基础上,建立起一个新的社会体系,实际上在重新建立大一统的新的价值观体系时,给侠文化又创造了发展空间。又因为汉初的律令相对宽怀,在萧何所创立的汉律的初期,他为了反对秦朝的严刑酷法,在刑法的制定上相对宽松。于是民间就出现了一批侠士人物。

虽然游侠社会影响力大,但其存在会影响到国家权威,因此封建统治者必然会加强对游侠的管束。在汉武帝迁徙社会上流富豪到茂陵的事情上,作为游侠的郭解本来不够富豪的级别,但是因为影响力太大,当地官吏不敢不把他算进去。这时郭解又错误地让大将军卫青去为他说情,结果位高权重的卫青不仅没能说服皇帝,反而让汉武帝察觉到郭解具有很大的影响力,更加强了对他的防范。

第一编 武学的诞生

偏偏郭解不知收敛,迁居之后,依然我行我素,照样结交当地贤豪,依然快意恩仇,杀死仇家。仇家上诉,仰慕他的人又将上诉的人杀死,这起恶性事件终于惹来汉武帝的龙颜大怒,下令抓捕郭解。郭解出逃期间,不少人破家相容,甚至有人自杀,以此保护郭解。等到后来终于抓住郭解,一查他的罪行,却都发生在大赦之后,按律郭解应当无罪,但此时郭解的一个门客杀了一个诋毁郭解的儒生,而郭解交不出人来。御史大夫公孙弘因此认为,虽然郭解没有亲自杀人,但是他平时利用游侠身份的作为来影响社会民心,比杀人还严重,应当重治。于是郭解全家被杀。

分析当时汉武帝的心理可以发现,皇帝的内心受到了巨大的威胁,汉武帝认为郭解虽然没钱,但他的影响力是非常巨大的,还是应该迁徙到关中去。当时郭解迁走的时候,很多人都去给他送别,给他的送行礼金就超过了一千万,这个行为给朝廷形成了一个巨大的威胁。因此当再有郭解手下的人杀了人后,汉武帝就决定要坚决镇压了。

郭解虽然被杀,却没有影响到汉代侠风的兴盛。到了汉成帝时,长安城里出现了有组织的江湖侠少公开与官府作对。他们内部分工细密,通常通过摸取三种不同颜色的弹丸来确定任务,红色的刺杀武官、黑色的刺杀文官、白色的善后。一到晚上,在夜幕笼罩下,侠少纷纷出动长安城,死伤横道,命案不绝。

当尹赏就任长安令之后,决定进行彻底整治。他先派人在地上挖了很多长宽高几丈见方的大坑,里面用砖砌得很光滑爬不上去。他把它们称作虎穴。然后他再派人到下面去了解哪些人是侠少,哪些人经常带着兵器耀武扬威地过街过市。直到有一天,他忽然调集了一批武装力量把这些人全部抓获了。抓到后不经审问,只释放了其中小部分的人,大部分都拖到虎穴中,盖上盖子。经过几十天再去看,全都死在里面了。

自西汉中期以来,游侠人数众多,但很少能够善始善终。虽然司马迁在《史记》中满腔热血地赞美游侠急人危难、守信重义,但到了西汉后期,社会上对侠的评价并不见好转。东汉时班固写《汉书》,虽然也写了《游侠传》,但已明确说侠士是作威作患奸雄,必须以理法进行匡正。这是墨侠的最终衰亡阶段。此后,在中国历代的王朝中,再也见不到这样有组织大规模的游侠社会活动,个别的只能转入地下,进行隐蔽的活动。

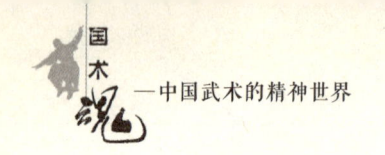

只有著名的荆轲刺秦的故事才是儒侠和墨侠两种精神完美的结合。荆轲在秦国企图灭燕的危急时刻挺身而出前去刺杀秦王,虽然最终计划未能成功,但他舍生取义的行为却为后世树立了一位侠客的典型形象。

虽然司马迁并没有把荆轲刺秦认作是侠,他把荆轲当作刺客。但是荆轲在人格方面有其不可忽视的地方,就是他十分崇尚信义。他答应太子丹就是一诺千金,不惜牺牲自己的生命也要去完成这一使命。同时,荆轲刺秦还有一个非常重要的部分就是燕国虽然非常弱小,远不及秦国强大,秦作为侵略者,荆轲辅助弱小抵抗暴力的行为就是我们所说的路见不平拔刀相助的侠义精神。荆轲用自己的武功去实现这个目标的时候,后世人们都把荆轲看作是一位大侠。

荆轲刺秦王——易水送别图(清代)

综上所述,刺客更代表了儒侠中的"勇""忠"和"智"方面的特质。刺客的行为具有政治目的,为政权服务;而游侠代表了"情"和"义"方面的特质,他们的行为是无政府主义的,必然受到官方政权的打击。

传奇女侠聂隐娘

进入唐代,侠文化开始重新兴盛,但这时侠的表现方式却和以前有着巨大的不同。唐代开始对侠进行了一个创造性的革新,对后世侠文化的演变产生了极其重要的影响。这样的革新和一批重要人物的出现有着密不可分的关系,其中代表人物就是李白。但李白和游侠最紧密的联系却不是因为他仗义行侠的行为,而是因为他写下的一百多首游侠诗。

在唐代,有许多武术招法出现在了诗词歌赋中,令人为之着迷。诗仙李白描写书剑豪侠的千古名句"仗剑行天涯,抚剑夜吟啸。安得倚天剑,跨海斩长鲸",散发着神奇的武侠浪漫气息。

此外,中国武侠文学的先驱作品《唐传奇》也留下许多经典的魔幻武功典型招数,这些格斗术也为后世武功招术的神秘化发展开了先河。唐传奇名篇《聂隐娘》描述了一种神话般的所谓飞剑技艺。聂隐娘掌握一种飞剑法术,她的宝剑是一种被施过法术的神剑,能像孙悟空的金箍棒一样缩成一只弹丸大小藏在发髻中,要使用的时候只需意念催动,弹丸就展开成一柄宝剑,腾空飞翔千里之外,瞬间斩杀敌人,这就是所谓的千里飞剑取人首级的神奇武功。

著名的传奇女侠聂隐娘大约生活在唐代公元9世纪,传说她是贞元年号中魏博的大将聂锋之女,继承了家门的武学传统,年幼时又被一名神秘尼姑带走隐居,并授以高超的剑术。现在,她的传奇故事成为港台许多武侠电影拍摄的热门素材。

女侠父亲聂锋死后,聂隐娘开始为魏博、田弘正等军阀效力,当时田弘正手下网罗了许多武林高手,聂隐娘是其中最杰出的一位侠客。

有一次,聂隐娘被派遣去刺杀刘悟将军,此人是田弘正最大的敌人李师道的大将。然而李手下的刘悟成功地策反了她,让聂隐娘成为自己的保镖,用以对付田弘正派来的其他刺客。后来,聂隐娘杀死一名叫作精精儿的杀手,并欺骗了另一名杀手空空儿。空空儿的第一剑击中了刘悟脖子上的护身符玉石,而此人太骄傲,杀人不愿意出第二剑,因为一剑落空而惆怅远去。

据后人的文献资料研究表明,这一离奇刺杀事件有可能是聂隐娘与空空儿联合导演的一个陷阱,目的是威吓刘悟并使聂隐娘取得其信任。以后,正是聂隐娘策反了刘悟,使得他在公元819年的兵变中杀死了李师道并向田弘正投降,这比单纯的刺杀对军阀田弘正更有利,也许这就是田弘正给聂隐娘的特殊任务。

我们把她的传奇故事作为一个重要的武侠人物案例分析,将原文和解说呈现如下。

聂隐娘者,贞元中魏博大将聂锋之女也。年方十岁,有尼乞食于锋舍,见隐娘,悦之,云:"问押衙乞取此女教。"锋大怒,叱尼。尼曰:"任押衙铁柜中盛,亦须偷去矣。"及夜,果失隐娘所向。锋大惊骇,令人搜寻,曾无影响。父母每思之,相对涕泣而已。

开始的这段大意是说,唐德宗贞元年间,魏博大将聂锋的女儿聂隐娘,才十岁。有一尼姑到聂锋家讨饭,见到了聂隐娘,特别喜爱。她说:"押衙(指聂锋)能不能将女儿交给我,让我教育她。"聂锋很生气,斥责了尼姑。尼姑说:"押衙就是把女儿锁在铁柜中,我也能偷去呀。"这天晚上,隐娘果然丢失了,聂锋大吃一惊,令人搜寻,没有结果。父母每思念女儿,便相对哭泣。这段叙述聂隐娘的身世非常离奇,让人充满了好奇和遐想。

后五年,尼送隐娘归,告锋曰:"教已成矣,子却领取。"尼亦不见。一家悲喜,问其所学。曰:"初但读经念咒,余无他也。"锋不信,恳诘。隐娘曰:"真说又恐不信,如何?"锋曰:"但真说之。"曰:"隐娘初被尼挈,不知行几里。及明,至大石穴中,嵌空数十步,寂无居人。猿狖极多,松萝益邃。已有二女,亦十岁。皆聪明婉丽,不食,能于峭壁上飞走,若捷猱登木,无有蹶失。尼与我药一粒,兼令长执宝剑一口,长二尺许,锋利吹毛,令剸逐二女攀缘,渐觉身轻如风。一年后,刺猿狖百无一失。后刺虎豹,皆决其首而归。三年后能飞,使刺鹰隼,无不中。剑之刃渐减五寸,飞禽遇之,不知其来也。至四年,留二女守穴。挈我于都市,不知何处也。指其人者,一一数其过,曰:'为我刺其首来,无使知觉。定其胆,若飞鸟之容易也。'受以羊角匕,刀广三寸,遂白日刺其人于都市,人莫能见。以首入囊,返主人舍,以药化之为水。五年,又曰:'某大僚有罪,无故害人若干,夜可入其室,决其首来。'又携匕首入室,度其门隙无有障碍,伏之梁上。至瞑,持得其首而归。尼大怒:

第一编 武学的诞生

'何太晚如是?'某云:'见前人戏弄一儿,可爱,未忍便下手。'尼叱曰:'已后遇此辈,先断其所爱,然后决之。'某拜谢。尼曰:'吾为汝开脑后,藏匕首而无所伤。用即抽之。'曰:'汝术已成,可归家。'遂送还,云:'后二十年,方可一见。'"

这段大意是叙述聂隐娘学成神奇的武功归来,她的轻功和飞剑技术已练到出神入化的境地,并且能在后脑勺藏一把杀人的匕首。

故事说五年后,尼姑把隐娘送回,并告诉聂锋说:"我已经把她教成了,把她送还给你。"尼姑须臾不见,一家人悲喜交加,问女儿学了些什么。女儿说:"开始时也就是读经念咒,也没学别样。"聂锋不相信,又恳切地问女儿。隐娘说:"我说真话恐怕你们也不信,那怎么办?"聂锋说:"你就说真话吧。"隐娘便把真实情况说了一遍。"我初被尼姑带走时,也不知走了多少里路,天亮时,到一大石穴中,穴中没人居住,猿猴很多,树林茂密。这里已有两个女孩,也都是十岁,都很聪明美丽,就是不吃东西。能在峭壁上飞走,像猴爬树一样轻捷,没有闪失。尼姑给我一粒药,又给了我一把二尺长的宝剑,剑刃特别锋利,毛发放在刃上,一吹就断。我跟那两个女孩学攀岩,渐渐感觉自己身轻如风。一年后,学刺猿猴,百发百中。后又刺虎豹,都是割掉脑袋拿回来。三年后能飞了,学刺老鹰,没有刺不中的。剑刃渐渐磨损到只剩五寸长,飞禽遇到,有来无回。到了第四年,留下二女守洞穴,领我去城市,我也不知道是什么地方。她指着一个人,一一把这人的罪过说一遍,叫我在那人不知不觉中,把他的头割回来。我已经像鸟飞那么容易,尼姑给我一把羊角匕首,三寸长,我就在大白天把那人刺死,别人还看不见,把他的头装在囊中,带回石穴,用药将那头化成水。

五年后,尼姑又说,某个大官有罪,无辜害死很多人,你晚间可到他房中,把他的头割来。于是,我就带着匕首到那人房中,从门缝中进去,一点障碍都没有。我爬到房梁上,直到天亮才把那人的头拿回来。尼姑大怒说,怎么这么晚回来?我说,我看那个人逗弄一个小孩玩,怪可爱的,我没忍心下手。尼姑斥责说,以后遇到这样的事先杀了孩子,断其所爱,然后再杀他。我拜谢了尼姑,尼姑说,我把你的后脑开开,把匕首藏在里面,伤不着你,用时很方便。又说,你的武艺已经学成,可以回家了。于是把我送回来了。她还说,二十年后,才能一见。"

039

锋闻语甚惧。后遇夜即失踪,及明而返。锋已不敢诘之,因兹亦不甚怜爱。忽值磨镜少年及门,女曰:"此人可与我为夫。"白父,父不敢不从,遂嫁之。其夫但能淬镜,余无他能。父乃给衣食甚丰。外室而居。数年后,父卒。魏帅稍知其异,遂以金帛署为左右吏。

这段是说聂隐娘尽管神秘莫测,武功高超,却找了一个平庸的磨镜工匠作为丈夫,很快结婚了。这让人对她的身世更为好奇了。故事说父亲聂锋听隐娘说完后,心中很惧怕。以后,每到夜晚隐娘就不见了,天亮才回来,聂锋也不敢追问,因此,也不太怜爱隐娘。有一天,一个磨镜少年来到聂家门前,隐娘说:"这个人可以做我的丈夫。"她告诉了父亲,父亲也不敢不应承。隐娘便嫁给了那少年,她丈夫只能制镜,不会干别样,父亲供给他们吃穿费用很丰厚,只是在外居住。多年后,父亲去世,将军魏帅知道隐娘的一些情况,便用钱财雇佣他们为左右吏。

如此又数年,至元和间,魏帅与陈许节度使刘悟不协,使隐娘贼其首。隐娘辞帅之许。刘能神算,已知其来。召衙将,令来日早至城北,候一丈夫一女子各跨白黑卫至门,遇有鹊前噪,丈夫以弓弹之不中。妻夺夫弹,一丸而毙鹊者。揖之云:"吾欲相见,故远相祗迎也。"

衙将受约束,遇之。隐娘夫妻曰:"刘仆射果神人。不然者,何以洞吾也。愿见刘公。"刘劳之,隐娘夫妻拜曰:"合负仆射万死。"刘曰:"不然,各亲其主,人之常事。魏今与许何异。照请留此,勿相疑也。"隐娘谢曰:"仆射左右无人,愿舍彼而就此,服公神明也。"知魏帅不及刘。刘问其所须。曰:"每日只要钱二百文足矣。"乃依所请。忽不见二卫所之。刘使人寻之,不知所向。后潜于布囊中见二纸卫,一黑一白。

后月余,白刘曰:"彼未知止,必使人继至。今宵请剪发系之以红绡,送于魏帅枕前,以表不回。"刘听之,至四更,却返,曰:"送其信矣。后夜必使精精儿来杀某及贼仆射之首。此时亦万计杀之。乞不忧耳。"刘豁达大度,亦无畏色。是夜明烛,半宵之后,果有二幡子,一红一白,飘飘然如相击于床四隅。良久,见一人望空而踣,身首异处。隐娘亦出曰:"精精儿已毙。"拽出于堂之下,以药化为水,毛发不存矣。

第一编 武学的诞生

这段大意是说聂隐娘用飞剑术对付刺杀刘悟的杀手精精儿,并取得刘悟的信任。故事叙述的是,就这样又过了数年,到了宪宗元和年间,魏帅和陈许节度使关系不睦。魏帅派隐娘割刘悟的头。刘悟能神算,隐娘刚辞别魏帅时,他就知道她会来,便召集衙将,命令他们在隐娘来时的那天早晨到城北去迎接。衙将们看到鹊雀在隐娘夫妻二人面前鸣噪,丈夫用弹弓射没有射中,妻子从丈夫手里夺来弹弓,只弹出一丸便射杀了鹊雀。就对他们行礼一揖,说:"我们大人想见两位,所以让我们远远就出来迎接两位。"

隐娘夫妻说,刘公果然是神人,不然的话,怎么知道我们要来呢。我们愿见刘公。刘悟来了,隐娘夫妻拜过后说:"我们很对不起你,真是罪该万死。"刘悟说:"不能这样说,各亲其主,人之常情,我和魏帅没什么不一样的,我请你们留在这里,不要有疑虑。"隐娘感谢说:"仆射左右无人,我们愿意到你这里来,我很佩服你的神机妙算,魏帅不如你。"刘悟问他们需要什么。他们说,每天只要两百文钱就足够了。刘悟便满足了他们的要求。一天忽然不见了他们骑来的两匹驴,刘悟派人寻找,不知去向。后来在一个布袋中,看见了两个纸驴,一黑一白。

一个多月后,隐娘对刘悟说:"魏帅不知我们在这住下了,必定派人来。今天请你剪些头发,用红绸布包上,送到魏帅枕前,表示我们不回去了。"刘悟照办。到了四更,隐娘返回来了,对刘悟说:"送去信了,后天晚间魏帅必派精精儿来杀死我,还要割你的头,我们也要多想办法杀了他,你不用忧愁。"刘悟豁达大度,毫无畏色。这天晚上,烛光通明,半夜之后,果然看见一红一白两个幡子,互相击打,飘飘然在床的四周转悠。过了很久,见一个人从空中跌下地来,身子和头分开了。隐娘也出现了,说,精精儿现在已被我打死。将精精儿的尸体拽到堂下。用药化成了水。连毛发都不剩。

隐娘曰:"后夜当使妙手空空儿继至。空空儿之神术,人莫能窥其用,鬼莫得蹑其踪。能从空虚而入冥,善无形而灭影,隐娘之艺,故不能造其境。此即系仆射之福耳。但以于阗玉周其颈,拥以衾,隐娘当化为蠛蠓,潜入仆射肠中听伺,其余无逃避处。"刘如言。至三更,瞑目未熟。果闻项上铿然,声甚厉。隐娘自刘口中跃出,贺曰:"仆射无患矣。此人如俊鹘,一搏不中,即翩然远逝,耻其不中,才未逾一更,已千里矣。"后视其玉,果有匕首划处,痕逾数分。

041

这段是说隐娘很快又要对付一个更厉害的杀手空空儿,但聂隐娘十分了解他的心理,设计并进而战胜他。全段故事描述的是,隐娘对刘悟说:"后天晚间,他会派空空儿来,空空儿的神术是神不知,鬼不觉,来无影,去无踪。我的武艺是赶不上他,这就看你仆射的福分了,你用阗玉围着脖子,盖着被,我变成一只小蚊虫,潜入你的肠中等待时机,其余人不用逃避。"刘悟照她说的方法做了。到了三更,刘悟虽然闭着眼睛却没睡着,果然听到脖子上砰的一声,声音特别大。隐娘从刘悟口中跳出,祝贺说:"仆射没事了。这个人像雄鹰似的,只是一搏,一搏不中他便远走高飞,他没击中,感觉很耻辱,还不到一更,他已经逃出一千多里。"他们查看了刘悟脖颈上的玉石,果然有匕首砍过的痕迹,很深。

自此刘厚礼之。自元和八年,刘自许入觐,隐娘不愿从焉。云:"自此寻山水,访至人,但乞一虚给与其夫。"刘如约,后渐不知所之。及刘薨于统军,隐娘亦鞭驴而一至京师柩前,恸哭而去。开成年,昌裔(此处作刘"昌裔"而不作刘悟)子纵除陵州刺史,至蜀栈道,遇隐娘,貌若当时。甚喜相见,依前跨白卫如故。语纵曰:"郎君大灾,不合适此。"出药一粒,令纵吞之。云:"来年火急抛官归洛,方脱此祸。吾药力只保一年患耳。"纵亦不甚信。遗其缯彩,隐娘一无所受,但沉醉而去。后一年,纵不休官,果卒于陵州。自此无复有人见隐娘矣。

这段是说聂隐娘不愿长期当刺客,成为政治和权力的附庸,便离开了刘悟。若干年后,刘悟的儿子在四川见过她一面,从此再也没有人知道她的下落。全段故事说,刘悟给隐娘夫妇送了厚礼。唐宪宗元和八年,刘悟从陈许调到京师。隐娘不愿跟随去京,她说:"从此我要游山逛水,遍访圣贤。只求你给我丈夫一个差使便可以了。"刘悟照办。后来渐渐不知隐娘的去处。刘悟死时,隐娘骑驴到了京师,在刘的灵前大哭而去。唐文宗开成年间,刘悟的儿子刘纵任陵州刺史,在四川栈道上遇到了隐娘,面貌仍和当年一样,彼此很高兴能够重逢,她还像从前一样骑着一头白驴。隐娘对刘纵说:"你有大祸了,你不应该到这里来。"她拿出一粒药,让刘纵吃下去。她说:"来年你不要做官了,赶紧回洛阳去,才能摆脱此祸。我的药力只能保你一年免灾。"刘纵不太相信,送给隐娘一些绸缎,隐娘没有要,飘飘然而去,如神似仙。一年后,刘纵没有退官,果然死于陵州。从那以后再没有人见过隐娘。

但根据野史记载,在此以后的年代中有一个剑派,她们的剑术传自于春秋战国的"越女",所以称为"越女剑派"。这个剑派在唐代遇到一位女侠,她改革了这套从古代传下的越女剑法,使之更加实用、更具威力。据传此位女侠很有可能就是聂隐娘。

即使这位聂隐娘并不和越女剑法直接相关,但足以证明在唐代女性游侠和刺客已经有了惊人的武功造诣,也许在那个年代存在着一个专门的职业女性剑派,她们活跃在政界和军界中,成为一支举足轻重的力量。

《卅三剑客图》之聂隐娘

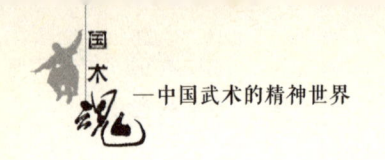

三、武学的艺术化

> 一拳拳倒黄鹤楼,
> 一踢踢翻鹦鹉洲。
> 有意气时添意气,
> 不风流处也风流。
>
> ——宋代·白云守端《一拳》

在现代的武侠小说或影视剧中,大侠的形象与其说是威风凛凛或者相貌狰狞,倒不如说一个个都是风度翩翩的才子佳人、帅哥靓女;并且在武侠影视中展示的主题曲或插曲都是以情意绵绵的情歌为主。

与旧派武侠小说相比,新派武侠小说更注重其文化品位和眼球效应。儒家伦理,庄禅意境,琴棋书画,梅兰竹菊,使一向"武"有余"文"不足的武侠影视作品有了浓厚的艺术气息。武侠人物所处的环境是青山绿水,美景良辰,而男人则是风流倜傥,女人则如在画中游的美女模特儿。

即使连寒气逼人的兵器,如刀、剑、矛、枪、鞭、斧等也少见了,代之而起的兵刃是古琴、箫、笛、琵琶、绣花针、树枝树叶、棋子、毛笔、手绢、渔网等,无奇不有,逐渐出现武学艺术化的趋势,我们有必要作一个论述。

剑胆琴心觅知音

琴(古琴)是一种古老的中国乐器,可以说是中国音乐的象征。有意思的是,自古以来中国文人雅士必须具备的修养技艺中,琴技占了首位,棋、书、画只能屈居其后。

据说,楚庄王曾有"琴剑契合,已觅知音"的记载。石崇借琴操《思归引》而作的同名文章中亦说得明明白白:

> 余少有志,奈迈流俗,弱冠登朝,历位二十五年,五十以事去官。晚节更乐放逸,笃好林薮。……有馆阁池沼,多养鱼鸟。加速习伎,颇有秦赵之声。出则以游目弋钓为事,入则有琴书之娱。又好服食咽气,志在不朽,傲然有凌云之操。

当代文人谭雪纯有一诗联说得好:"清风朗月何潇洒,剑胆琴心自老成。""剑胆琴心"在历史上往往成为人们对高洁之士的准确指称,"一文一武",张弛有度。当然,这里面,"酒"是不可少的,正如宋人王禹所言,"琴酒图'三乐',诗章效《四虽》。"

在古琴这种优美柔和的乐声中,能否听得到侠士的剑气或刺客的杀伐之声呢?东汉的蔡邕听琴的故事对此作了肯定的回答。

汉灵帝建宁三年(170年),蔡邕因为司徒桥玄的引荐,到了长安,在桥玄的官府中做事。桥玄很看重蔡邕的才艺,对他非常信任。过了不久,又推荐他出任河平长之职。这虽然是个小官,但蔡邕忠于职守,极有政绩。于是,他又被调回长安,被提拔当了中郎将的职务。

蔡邕到任不久,正赶上了清明节,按照风俗应该为祖先扫墓。蔡邕的双亲已经故世,安葬在他的故乡陈留郡的圉县(今河南杞县圉镇)。于是蔡邕告了假返回老家祭祖。

在圉县的东门里,住着一位姓齐名固的人家。齐固和蔡邕从小一起长大,又一起求学,是非常要好的朋友。后来,齐固走了仕宦之路,做了大官。在汉桓帝和汉灵帝之时,朝政由宦官把持着,这些人飞扬跋扈,朋比为奸,制造了一桩又一

045

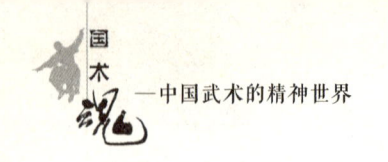

桩冤案。蔡邕不愿意和这些人来往,和齐固的关系也就渐渐疏远了。

这时,齐固为了给他的母亲办七十大寿,也赶回了圉县。他听说蔡邕也回到了故乡,喜出望外,亲自到蔡邕家里相请。齐固说道:"为了增添明日喜庆的气氛,小弟特意请了一位老琴师前来鼓琴助兴。蔡兄琴道精深,出手不俗,也望到时献献才艺。"蔡邕说道:"请齐兄不要客气,弹琴祝寿,既是喜事,又是雅事,我一定会去的。"

蔡邕来到齐家大门口,忽然听得从院子里传来了一阵琴声。像山泉飞泻山石,清脆悦耳,十分动听。蔡邕暗想:"果然是弹琴妙手,名不虚传。今日能拜识这样的人,也算没白白跑了这一趟。"

蔡邕正要抬脚进门,忽然听得琴声大变。刹那之间,音韵霎时变得冷酷而又阴森,刀光剑影,杀气腾腾,叫人心惊肉跳,毛骨悚然,浑身恐怖得连汗毛都竖起来了。他心中暗想:"啊,今天邀请我前来赴宴赏琴,而又有此杀心,莫不是另有阴谋?或者精心设下陷阱,要暗害我不成?"想到这里,再也不敢停留,返身就走。

齐固感到奇怪,便赶去把蔡邕追回来。

齐固问道:"蔡兄,这到底咋回事?听人家说,你到了大门口,为何不进门呢?"

蔡邕说道:"今日之筵令人费解,既然是喜庆宴会,为何却要杀人呢?"

齐固莫名其妙地说:"没有这回事呀!"

蔡邕道:"不必隐瞒了,我从琴音里听出来了。"

齐固说:"既然蔡兄是从琴音里听出来的,看来只有琴师知道了。我们去问琴师,如何?"

老琴师听后,哈哈大笑,说道:"蔡中郎真是琴中高手啊!刚才,我正在弹琴,隔着窗户望去,忽然看见了一只蝉,在逍遥自在地鸣叫。我受到感染,弹出了轻松的曲调。谁知事有不测,这时来了一只螳螂。看来螳螂不怀好意,它的长脚一进一退的,打算等待时机,捕捉鸣蝉。而那只蝉似乎也察觉到了潜在的威胁,欲飞未飞……气氛紧张之极,叫人喘不过气来。我既希望螳螂一跃而将鸣蝉捉住,又不希望亲眼看到鸣蝉被捉的悲剧,因此……"

蔡邕莞尔一笑说:"真是实有其事呀!"

齐固说道:"我怎么听不出来呢?"

琴师笑着说:"这就是琴的高妙语言,只有蔡中郎才听得出来呢!"

剑胆琴心(《天龙八部》连环画中场景)

上述这个故事可以看作一个很好的"侠"的心理学实验。其中有两个因素值得注意:一是"触景生情",满是杀气腾腾的螳螂捕捉蝉的场景,使琴师油然而生悲悯之情,即墨侠的同情弱者、非攻、兼爱的心情,由此传到琴音中,再由琴声将其化为外形——通过音乐的形式表现出来,即由景生情,因情传琴,以琴发声,由声表心这样一个过程。第二个因素是"听",即静静地聆听,才能循声知情,由情明心,在这心理感官中是一种非常高级的感知活动。在武术练家中,有"耳听六路,眼观八方"之说,说明在武功技艺中,耳朵的感知比眼睛的观察更为重要。

于是在以后的传统武侠作品中,就多有一些精通琴棋书画的侠士,他们一般是"侠之大者",也非常讲究他们的"情"和"听"的能力。这样描述的目的,一是渲染他们的人格魅力;二是说明他们武功的高超,其耳朵的听觉已经到了出神入化的地步。

例如金庸先生的《笑傲江湖》作品中就有非常精彩的例子。

忽听得远处传来铮铮几声,似乎有人弹琴。令狐冲和仪琳对望了一眼,都是大感奇怪:"怎地这荒山野岭之中有人弹琴?"琴声不断传来,甚是优雅,过得片刻,有几下柔和的箫声夹入琴韵之中。七弦琴的琴音和平中正,夹着清幽的洞箫,更是动人,琴韵箫声似在一问一答,同时渐渐移近。令狐冲凑身过去,在仪琳耳边低声道:"这音乐来得古怪,只怕于我们不利,不论有甚么事,你千万别出声。"仪琳点了点头,只听琴音渐渐高亢,箫声却慢慢低沉下去,但箫声低而不断,有如游丝随风飘荡,却连绵不绝,更增回肠荡气之意。只见山石后转出三个人影,其时月亮被一片浮云遮住了,夜色朦胧,依稀可见三人二高一矮,高的是两个男子,矮的是个女子。两个男子缓步走到一块大岩石旁,坐了下来,一个抚琴,一个吹箫,那女子站在抚琴者的身侧。令狐冲缩身石壁之后,不敢再看,生恐给那三人发现。只听琴箫悠扬,甚是和谐。令狐冲心道:"瀑布便在旁边,但流水轰轰,竟然掩不住柔和的琴箫之音,看来抚琴吹箫的二人内功着实不浅。嗯,是了,他们所以到这里吹奏,正是为了这里有瀑布声响,那么跟我们是不相干的。"当下便放宽了心。

琴箫合奏(《笑傲江湖》连环画中场景)

忽听瑶琴中突然发出锵锵之音,似有杀伐之意,但箫声仍是温雅婉转。过了一会,琴声也转柔和,两音忽高忽低,蓦地里琴韵箫声陡变,便如有七八具瑶琴、七八支洞箫同时在奏乐一般。琴箫之声虽然极尽繁复变幻,每个声音却又抑扬顿挫,悦耳动心。令狐冲只听得血脉贲张,忍不住便要站起身来,又听了一会,琴箫之声又是一变,箫声变了主调,那七弦琴只是叮叮当当的伴奏,但箫声却愈来愈高。令狐冲心中莫名其妙地感到一阵酸楚,侧头看

第一编　武学的诞生

仪琳时,只见她泪水正涔涔而下。突然间铮的一声急响,琴音立止,箫声也即住了。霎时间四下里一片寂静,唯见明月当空,树影在地。(《笑傲江湖》第七回)

这是情景交融、剑胆琴心的最好写照。其中一件乐器——箫也是值得注意的,古来的大侠总是一琴一箫一剑行走在江湖上的。箫不仅是一件乐器,也是一件兵器。在金庸另一部作品《射雕英雄传》中,东邪黄药师的玉箫,不但可以吹奏出美妙的音乐,而且也可以发出无形的内力,伤人于无形之中。他那首《碧海潮生曲》便是音乐和武功内力合二为一的作品。这样的例子,在古代的大侠辈中并不少见。

江湖侠士的音乐迷

金庸先生的《笑傲江湖》作品,成为影视剧中抢手热销的作品题材,而作品的主题思想和情节线索与音乐关系更大。

这部小说的题目就是由一支琴、箫合并演奏的曲目而来,而小说的故事情节,亦有很大的一部分围绕《笑傲江湖曲》的曲谱创作者及其传人的故事展开。正派中人(五岳剑派之一的衡山派高手)刘正风与邪派中人(日月神教,又称魔教)曲洋,一个善箫,一个善琴,一见如故,结为至交。超越了门派政治的斗争,因而不被(正统)门派所容,终于导致家破人亡。临终之时适逢令狐冲在场,遂委托令狐冲代为寻找曲谱的传人,而使令狐冲与日月教教主任我行的女儿任盈盈相见、相识、相恋,从而导致一系列曲折坎坷、悲欢离合。最终两人退出江湖才得以合奏这一曲《笑傲江湖》。

刘、曲两人临终之时,除向令狐冲委托后事之外,还谈论了一段音乐理论,并讲述了一个音乐史的佳话。那就是衡山派的掌门人莫大先生不仅剑法惊人,同时也是一位音乐爱好者、二胡演奏家,一曲《潇湘夜雨》成了他的保留曲目,也是他的代号。

这二位侠士太热爱音乐了,以至于有了下面的故事,一段值得记忆的千古佳话:

049

刘正风道:"令狐贤侄,这曲子不但是我二人毕生心血之所寄,还关联到一位古人。这笑傲江湖曲中间的一大段琴曲,是曲大哥依据晋人嵇康的《广陵散》而改编的。"

曲洋对此事甚是得意,微笑道:"自来相传,嵇康死后,《广陵散》从此绝响,你可猜得到我却又何处得来?"

曲洋笑道:"嵇康这个人,是很有点意思的,史书上说他'文辞壮丽,好言老庄而尚奇任侠',这性子很对我的脾胃。钟会当时做大官,慕名去拜访他,嵇康自顾自打铁,不予理会。钟会讨了个没趣,只得离去。嵇康问他:'何所闻而来,何所见而去?'钟会说:'闻所闻而来,见所见而去。'钟会这家伙,也算得是个聪明才智之士,就可惜胸襟太小,为了这件事心中生气,向司马昭说嵇康的坏话,司马昭便把嵇康杀了。嵇康临刑时抚琴一曲,的确很有气度,但他说'《广陵散》从此绝矣',这句话却未免把后世之人都看得小了。这曲子又不是他作的。他是西晋时人,此曲就算西晋之后失传,难道在西晋之前也没有了吗?"令狐冲不解,问道:"西晋之前?"曲洋道:"是啊!我对他这句话挺不服气,便去发掘西汉、东汉两朝皇帝和大臣的坟墓,一连掘二十九座古墓,终于在蔡邕的墓中,觅到了《广陵散》的曲谱。"说罢哈哈大笑,甚是得意。(《笑傲江湖》·第七回)

这段故事情节是没有史实依据的,可以说是小说家的异想天开,常见的艺术虚构笔法。但由此,我们必须说一下《广陵散》这首曲子的来源以及嵇康这个人物。

嵇康是西晋人,号称"竹林七贤"之一,从小禀赋聪颖,诗书贯通,仪表堂堂,气质超凡绝俗,颇有侠士风度,是魏晋时期著名的文学家、音乐家。

传说有一天夜晚,他遇到一个鬼魂,深谙琴道,将一首叫作《广陵散》的琴曲传授与他后,翩然而去。经过刻苦持练,嵇康将这首琴曲弹得十分娴熟,几乎到了鬼斧神工的境地。据说当时的情况是这样的:

深夜郊外,嵇康一个人在弹琴,四周一片静寂,只有清越的琴声,在夜风中传送。猛然间,嵇康听得有人喊道:"弹得好啊,弹得好啊!"

突如其来的声音,使嵇康猛然吃了一惊。他停止了弹琴,凝神静听。这时候,他才觉得有一种声音,忽高乍低,乍远乍近,上下左右,飘忽不定。听了许久,实在难以判断它究竟发自何处,索性又挥弦而弹。这时,又听到了一阵啧啧赞叹之声。这一次他终于判断出来了,声音来自半空中。

这时嵇康反倒镇定下来了。他一点也不觉得害怕,仰首问道:"你是什么人?有什么要求?需要我帮什么忙?"

沉默了一会,空中回答说:"我已经是另外一个世界的人了,当初也曾干过一番轰轰烈烈的事业,后来被深埋在这个地方。我在世之时,也喜欢弹琴,听到您弹到绝妙之处,就不禁大声叫好起来。打扰了,请原谅。"

"原来如此!"嵇康一边弹,一边回答:"既然你我都酷爱琴道,雅趣相同,就不必顾虑太多,何不出来一见呢?"

不多一会,嵇康好像听到一阵窸窸窣窣的声音。从夜幕中走来了一个高大的身影,昂首挺胸,十分威武。只是面容模糊,看不真切。

嵇康将来人引入月华亭内,分宾主而坐,侃侃而谈。从伏羲造琴,谈到许多关于琴的掌故。弹到得意之处,二人不时开怀大笑。那个人谈的道理既明白又深邃,嵇康听得津津有味,十分佩服。不由得对来人肃然起敬,大有相见恨晚之意。

嵇康说道:"听君一席谈,胜读十年书。你一定是个弹琴高手了,请赐教一支曲子吧。"

那人谦逊说道:"我虽懂得一些琴道,但谈不上精深,常言说,恭敬不如从命,在下献丑了。"

两人互相交换了座位,那人熟练地拨弄了一下琴弦,只听得铮铮有声,连声赞道:"好琴!"接着,他为嵇康演奏了一支新曲。

嵇康觉得曲调清新、优美,不由得大声叫绝。说道:"我一生雅爱琴道,乐此不疲,但却从来没有听过如此高妙的琴曲呢。请问,它叫什么名字?"

那人说道:"这支琴曲叫《广陵散》,是我根据自己的遭遇创作的,世间哪会有呢?"

嵇康满怀希望地问道:"能教给我吗?"

那人说道:"我早就想把这支曲子传给人间了,今晚遇到知音,天遂人愿,我哪能不答应呢?"

嵇康听了,大喜过望。那人一边弹,一边讲。不多一会,嵇康就学会了。他

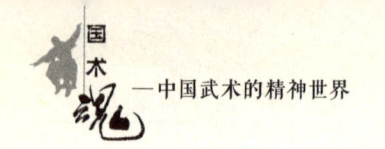

从头到尾又弹了一次,觉得自己以前弹的曲子和《广陵散》相比,简直逊色多了。那人又慎重叮嘱嵇康,不得将《广陵散》传给别人。嵇康听了,一一答应。

鸡叫了,二人依依不舍,含泪告别。

几天之后,嵇康又来到了月华亭。他在离亭子不远的地方,发现了一座高大的坟茔,墓碑上写着"聂政之墓"。嵇康恍然大悟:原来《广陵散》就是描写战国时聂政刺杀当朝相国侠累时那个悲壮激烈的场面呀!他虔敬地向墓茔拜了三拜。

原来这个"鬼魂"就是名震古今的侠客聂政,它所要表达的内容主要就是传自战国时代"聂政刺韩王"的故事,情节悲怆动人,分别有《井里》《刺韩》《冲冠》《发怒》《投剑》等四十五小乐段。

嵇康娶了曹操的曾孙女为妻,又坚决不与魏晋时代司马氏政权合作,所以是司马氏集团必然要剿灭的政敌,果然以后被司马昭下令问斩。

行刑的那一天,嵇康从监狱之中被提了出来,披枷戴锁,被刽子手押往洛阳东市。洛阳的老百姓知道他是被诬陷而治罪的,都来为他送别,大街小巷观者如堵,哭声盈路。

来到刑场,只见三千太学生黑压压地跪在地上,请求赦免嵇康,做他们的老师。但是这一要求被朝廷无情拒绝了。

嵇康环视日影,眼看就要到正午了。他对行刑官员说道:"将我的七弦宝琴取来,我要与洛阳的父老弹琴诀别。"

嵇康调好琴,弹了一曲《广陵散》。弹到悲愤之时,只听得琴声凄切,如泣如诉。弹到愤怒之时,又听得琴声激切,如雷如电。《广陵散》刚刚弹罢,只听得"嘣哒"一声响,琴弦断了。

满怀怨愤的嵇康狠狠地说道:"当初袁孝尼曾经多次向我请求学习《广陵散》,我信守此曲不传世人的诺言,没有答应他。从今天起,《广陵散》就要从世上绝迹了。可恨呀,可恨!"

这一年,嵇康年仅四十岁。这个故事既有一定的悲剧浪漫色彩,又有一定的慷慨侠义之气,成为此后武侠作品的素材来源。嵇康也可视为"竹林七贤"中的大侠,受人尊重。

既然音乐进入了武学,渐渐地音乐与武功、格斗技术就发生了奇妙的关系,

第一编 武学的诞生

难免有了"音乐比武"的场景,这种场景当然是夸张、想象的产物。例如在《射雕英雄传》中东邪黄药师和西毒"欧阳锋"的音乐比武场景。

作品写西毒欧阳锋代侄儿欧阳克赴桃花岛向黄药师之女黄蓉求婚,带去了三十二名处女,都是色艺双绝的西域佳人,要送给黄药师。黄药师拒纳,欧阳锋手掌拍击三下,只见:八名女子取出乐器,弹奏了起来,余下二十四人翩翩起舞。八件乐器非琴非瑟,乐音节奏甚是怪异。黄蓉见众女前伏后起,左回右旋,身子柔软已极,每个人与前后之人紧紧相接,恍似一条长蛇,再看片刻,只见每人双臂伸展,自左手指尖至右手指尖,扭扭曲曲,也如一条蜿蜒游动的蛇一般。

这时众女舞得更加急了,媚态百出,变幻多端,跟着双手虚抚胸臀,作出宽衣解带、投怀送抱的诸般姿态。驱蛇的男子早已紧闭双眼,都怕看了后把持不定,心神错乱。黄药师只是微笑,看了一会,把玉箫放在唇边,吹了几声,众女突然间同时全身震荡,舞步顿乱,箫声又再响了几下,众女已随着箫声而舞。欧阳锋见情势不对,双手一拍,一名侍女抱着一具古筝走上前来。这时欧阳克渐感心旌摇动。八女乐器中所发生的音调节奏,也已跟黄药师的箫声伴和。驱蛇的众男子已在蛇群中上下跳跃,前后奔驰了。欧阳锋在筝弦上铮铮铮的拨了几下,发出几下金戈铁马的肃杀之声,立时把笑声中的柔媚之音冲淡了几分。黄药师笑道:"来,来,咱们合奏一曲。"

他们俩合奏,旁人要么把耳朵堵上,要么干脆离得远远的。因为这样的音乐合奏,同时又是内力的搏击比拼。只有郭靖不明就里,偷偷地躲在一旁,听到了一场空前绝后的音乐会:

>　　郭靖在竹林中听着二人吹奏,思索这玉箫铁筝与武功有甚么干系,何以这两般声音有恁大魔力,引得人心中把持不定?当下凝守心神,不为乐声所动,然后细辨箫声筝韵,听了片刻,只觉一柔一刚,相互激荡,或猛进以取势,或缓退以待敌,正与高手比武一般无异,再想多时,终于领悟:"是了,黄岛主和欧阳锋正以上乘内功互相比拼。"

>　　……这时郭靖只听欧阳锋初时以雷霆万钧之势要将黄药师压倒。箫声东闪西避,但只要筝声中有些微间隙,便立时透了出来。过了一阵,筝音渐缓,箫声却愈吹愈是回肠荡气。

>　　……只听得双方所奏乐声愈来愈急,已到了短兵相接、白刃肉搏的关

头,再斗片刻,必将分出高下,正自替黄药师担心,突然间远处海上隐隐传来一阵长啸之声。

黄药师和欧阳锋同时心头一震,箫声和筝声顿时都缓了。那啸声却愈来愈近,想是有人乘船近岛。欧阳锋挥手弹筝,铮铮两下,声如裂帛,远处那啸声忽地拔高,与他交上了手。过不多时,黄药师的洞箫也加入战团,箫声有时与长啸争持,有时又与筝音缠斗,三股声音此起彼伏,斗在一起。郭靖曾与周伯通玩过四人相搏之戏,于这三国交兵的混战局面并不生疏,心知必是又有一位武功极高的前辈到了。(《射雕英雄传》)

来人便是与东邪、西毒齐名的北丐洪七公。这一场"音乐比武"更加热闹了。东邪、西毒、北丐均是绝世高人,比武的方式自然也是出人意料、高人一筹。其中,黄药师的玉箫和欧阳锋的铁筝,是属于乐器当作兵器,进行内力的搏斗。而北丐洪七公的"长啸",如海豚音,是属于声乐比试。这三种格斗术都是通过听觉、声响的刺激来完成,从而影响人的精神、心理状况,而决定输赢的。

武功与棋艺

抚琴是雅事,下棋也是雅事,两者都可以融入武功较量中,而且下棋比抚琴更为普及。在武侠人士中,棋艺有时可以衡量一个人武功的高度或境界。

有专家认为早在夏商时代就出现了围棋,当时的贵族以围棋对垒、攻防、围剿之术来教子弟军事知识与技能。围棋的棋盘一开始是十一道,后来变为十三道,至三国时期变为十七道,至唐代就变成了十九道,从此基本上定型了。魏晋时期就已经常有围棋比赛,并且按照当时社会的"九品中正制"(当时社会等级森严,门阀观念极强)将围棋棋手也分为"九段",即守拙(一段)、若愚(二段)、斗力(三段)、小巧(四段)、用智(五段)、通幽(六段)、具体(七段)、坐照(八段)、入神(九段)。

琴棋书画,可谓四艺。围棋作为一门艺术,便与其他艺术有了相通之处。棋盘棋子,一方一圆,"围奁象天,方局法地",天地方圆之间,便有一种对立中的和谐之美。而棋子,一黑一白,在棋的进行过程中,相互拥抱,本身便犹如一幅极美的图画。中国的书法、绘画,白纸黑墨,黑白两色,乃是对大千世界的丰富色彩的浓缩、抽象。

而黑白子的拥抱,则更像是一场无声的战争。一切的争斗,都是在优雅的"手谈"中完成的,弈棋台上,松风流水之中,手谈一局,没有硝烟的一番厮杀是一种多么令人神往的境界!

透过黑白棋子的交锋,我们仿佛看到的就是现实的投影。有人说,围棋模仿的就是人类为争夺生存空间而展开的争斗。看那一块巨大的棋盘上,那纵横交错的格子,很像大地中的阡陌交通,山水沟壑。那纵和横的交错,做成了一个个的"田"字,树谷耕田,那可是人类生存的命脉!

众所周知,武功在于"外练筋骨皮,内练一口气"。武术技能的较量讲究丹田的运气术。而围棋的生存之本在于"气",气之流转、变动便成棋局,有气则生,气尽则棋亡。所以好的棋形气态舒展、生动,愚笨的棋形则生涩板滞,气脉不畅。就像大千世界的万物,皆有赖于气机而有生机。

在武侠小说中,爱棋成痴者,往往兵器也换作了棋盘棋子,如《碧血剑》中的木桑道长,《笑傲江湖》中的黑白子,《天龙八部》中的函谷七友之一——范百龄。

棋盘棋子作为"兵刃",突出的不是打斗,而是其文化与审美意义。棋盘棋子的作用首先在以棋会友,用于打斗,更多不在攻击,而在防身而已。身负棋盘远游,其形象更像侠士而非刺客。正像木桑道长,留给读者深刻印象的是他对棋的痴迷,在棋上自吹自擂的可爱,至于他武功究竟如何,读者其实是不太放在心上的。而《书剑恩仇录》中的红花会总舵头陈家洛,以黑白子作暗器,与他出身名门、风流儒雅的形象也颇为相称。

在《碧血剑》中,袁承志的师父穆人清性情淡泊,木桑道长与他下棋觉得搏杀不烈,不大过瘾。而袁承志似乎有围棋天赋,加上童心好胜,千方百计地与木桑道长争斗。虽然木桑道长最后仍是赢家,可是中间险象环生,并非一帆风顺地取胜,因而使木桑道长这位老棋迷感到很过瘾。从此天天拉着袁承志下棋。袁承志棋力飞速进步,木桑道长由让九子到让八子,不到一月也只能让三子才能互有胜败。这一来,袁承志练功就不免要被耽误。木桑道长最后提出建议:"你陪我下棋,下完之后,我教你一门功夫。"木桑道长外号为"千变万劫",据传他年轻之时,因轻功卓绝,身法变化无穷,江湖上送了他这个外号,又叫"千变万化草上飞"。

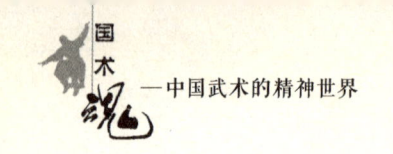

穆人清佩服他的武功,却又知此人一向不收徒弟,如今他既提出以武功来"换"袁承志下棋,哪有不应之理?木桑于是约定:"你让承志每天和我下两盘棋,我让他三子。我赢了,那就是陪师伯消遣,算他的孝心。要是他赢得一局,我就教他一招轻功,连赢两局,轻功之外再教一招暗器。"——于是,袁承志过起了"终年亲剑侠,常日对楸枰"的日子,一边学武,一边学棋。半年过后,木桑道长的一身轻功和打棋子(当暗器)的心法,差不多都毫无藏私地传给了袁承志。好在他棋艺上虽然变化有限,武学上却十分广博,输多少棋都有层出不穷的武功招数来还债。

这段故事形象地道明了武功和棋艺之间的关系,木桑道长是以武功来促进棋艺,而袁承志是以棋艺来换取武功,两者相辅相成。

其实武功境界,与棋艺境界也颇有相通之处。在作品《笑傲江湖》中令狐冲被罚在思过崖上面壁,邂逅华山派老前辈风清扬。风清扬给了他一番剑术上的教诲:学剑之人,第一步是学会一招招的招式;第二步便是能活学活使,各招浑成,而不是拘泥不化;第三步是能化有招为无招,把学过的招式通通忘记。"要做到出手无招,那才真是踏入了高手的境界,你的剑招使得再浑成,只要有迹可循,敌人便有隙可乘。但如你根本无招式,敌人如何来破你的招式。"心无所滞,顺其自然,行于当行,止于当止,武功便进入了出神入化之境。

围棋大约也可分这么几种境界:第一步,先学会定式、死活、官子各方面的基本招式;第二步,要能使各种招式浑然一体,活学活使,正像定式,既要懂得基本套路,又要懂得拘泥不化;第三步便是"无招"了。前两步,一般高手通过努力都能掌握,而能否达"无招"境界,最后就只能看你的悟性了。

如前文所述,既然有"音乐比武",也就有"弈棋比武"了。

围棋,从本质上说也是一种你死我活的战斗,在围剿与反围剿中争取生存的权利,只不过它把这种生死之争游戏化了。武侠与围棋,都是一种为征服他人而展开的武力与智慧的较量。且看《天龙八部》中黄眉僧与段延庆斗棋斗力的一段描写:

书中主角之一段正淳之子,大理皇上之侄段誉被与段氏家族深有渊源的段延庆劫持,因于万劫谷中,保定帝请"拈花寺"黄眉大师前往救人。黄眉大师约与段延庆斗棋,双方各以上乘内力在一块大青石上划纵横十九道格子,就此展开

第一编 武学的诞生

斗争,黄眉僧在猜先时,以砍下一脚趾的代价换得执白先行。两人一个用小铁锥在石上刻下小圈以示白子,一个铁杖按上凹印以示黑子。一来二去,黄眉僧棋力稍逊,段誉有心相助,通过黄眉僧的弟子暗中递招,被段延庆所察,铁杖点去,与黄眉僧手指相碰,"这样一来,两人左手比拼内力,固是丝毫松懈不得,而棋局上步步紧逼,亦是处处针锋相对"。

到得十七八子后,每一着针锋相对,角斗甚剧,同时两人指上劲力不断损耗,一面凝思求胜,一面运气培力,变得渐渐慢了。

黄眉僧的二弟子破嗔也是此道好手,见师父与青袍客一上手便短兵相接,妙着纷呈,心下暗自惊佩暗叹。看到第二十四着时,青袍客奇兵突出,登起巨变,黄眉僧假使不应,右下角隐伏着极大危险,但如应以一子坚守,先手便失。黄眉僧沉吟良久,一时难以参决,忽听得石屋中传出一个声音说道:"反击去位,不失先手。"原来段誉自幼便即善弈,这时看着两人枰上酣斗,不由得多口。

于是,黄眉僧与段延庆一手比试武功内力,一手下棋。危急之际,段誉在一旁搅局,使段延庆错下一棋,导致满盘皆输。将斗棋和比拼武功如此完美地结合在一起描写,不能不说是金庸小说创作中的一大发明。

关于围棋,《天龙八部》中还有一段精彩篇章。逍遥派掌门人无崖子为了对付逆徒丁春秋,摆出一个围棋的"珍珑"(即围棋的难题。那是一个人故意摆出来难人的,并不是两人对弈出来的阵势,因此或生或劫,胜负往往极难推算),给天下才俊解答,谁解开了便要收谁为弟子。但三十年来无人解开。无崖子苏星河只得公开此难题,广邀天下高手前来拆解。寻常的"珍珑棋局"少则十余子,多者也不过四十五了,但无崖子的这个棋局却有二百余子,一盘棋已下得接近完局,因而极难拆解。

苏星河的弟子范百龄精研围棋数十年,实是此道的高手,见一局棋劫中有劫,既有共活,又有长生,或反扑,或收气,花五聚六,复杂无比。再看片时,忽觉头晕脑涨,只计算了右下角一块小小白棋的死活,已觉胸口气血翻涌。定了定神第二次再算,发觉原先以为这块白棋是死的,其实却有可活之道,但却要杀却旁边一块黑棋,牵涉却又极多。再算得几下,突然间眼前一团漆黑,喉头一甜,喷出了一大口鲜血。这位围棋高手还没有下，就已败下阵开了。可见此"珍珑"之难。

接着段誉、慕容复、鸠摩智、段延庆——这些人武功才智均是一时之选，棋艺一流，且分处四方，可以说是"天下才俊"的代表上阵，弈棋比试后又都败下阵来。慕容复、段延庆险些为此失魂自杀，若非虚竹眼见有人要自杀，慈悲之心大动，灵机一动，说他要来解这棋局，并真的拿起一粒白子，闭上眼睛，往棋局上一放，段延庆恐怕已经自杀身亡了。虚竹闭着眼睛瞎放一子，竟放在一块已被黑棋围得密不透风的白棋之中。所以他的眼睛还没睁开，就听到苏星河的怒斥："胡闹，胡闹，你自填一气，自己杀死一块白棋，哪有这等下棋法子？"

但世事复杂，变化纷纭，祸福相依。棋局亦复如此。岂知虚竹闭目落子而杀死自己一块白棋后，局面顿呈开朗，黑棋虽然大占优势，白棋却已有回旋的余地，不再像以前那样缚手缚脚，顾此失彼。这个新局面，苏星河做梦也想不到，其他人也想不到。——这个珍珑棋局的奥秘，正是要白棋先挤死自己一大块，以后的妙着方能源源而生。棋中固有"反扑""倒脱靴"之法，自己故意送死，让对方吃去数子，然后反败为胜，但送死者最多也不超过八九子，决无一气奉送数十子之理。即作品所述"这等'挤死自己'的着法，实乃围棋中千古唯有之奇变。任你是如何超妙入神的高手，也绝不会想到这一条路上去。任何人所想的，总是如何脱困求生，从来没有人故意往死路上去想。若不是虚竹闭上眼睛、随手瞎摆而下出这着大笨棋来，只怕再过一千年，这个'珍珑'也没人能解得开。"

上述这段故事，有几个需要关注分析的问题：一是上述所有著名武功高手，也都是精通棋艺的高手，再次印证武功和棋艺是相通的。二是从围棋技术上说，这样描写有些破绽或虚构过分了。虚竹在只有一口气的一队白棋中自投一子，这种"自杀"法，即便古代规则允许，虚竹的下一手仅是在这块棋中再点一手，但棋是一人轮流走一手的，既然这一"点"很重要，黑棋自然会先补一手。即使在其他地方走一手，白棋点进来时，黑棋不应，但它的"气"已经比白棋"自杀"之前长了，没有反而不好的道理。而白棋因此不再"缚手缚脚，顾此失彼"，恐怕只是金庸先生的一厢情愿罢了。三是这棋局看似玄妙神奇，却道出了一个独特的哲学和心理学道理，人生哲理也是如此，佛教认为人生的痛苦和烦恼在于一个"执"字，若能破"执"着之心，人生便将进入一个自由之境。正如作品中少林玄

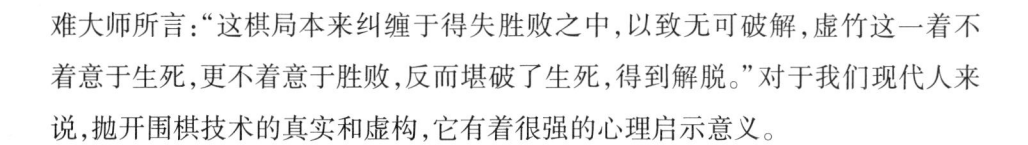

难大师所言:"这棋局本来纠缠于得失胜败之中,以致无可破解,虚竹这一着不着意于生死,更不着意于胜败,反而堪破了生死,得到解脱。"对于我们现代人来说,抛开围棋技术的真实和虚构,它有着很强的心理启示意义。

书画侠义道

中国的书法、绘画艺术与武功的关系也非常紧密。中国历来有"杀人不用刀,全靠一支笔"的谚语,意思是笔如刀,甚至比刀更厉害。如前文所述,古代著名大书法家张旭,因见公孙大娘舞剑,而使得草书艺术大为长进,也是一个绝好佐证。而绘画则更是与武功关系直接,不少习武秘籍,就是靠画谱来保存的。一些上古时代的格斗技术或者武侠小说中的无数奥秘,是刻在山洞中或岩石上的,这些石上的岩画甚至要比文字记录更早诞生,更早记录了武术的起源。

云南沧源岩画真实记录了新石器时代晚期古代先民的战争和狩猎场面。画面构图疏密相间,错落有致,人物造型古朴。用铁矿石粉末和动物的血液混合涂染,色彩呈暗红色。根据学者的解读,这些岩画描绘的是原始部落时期狩猎、战争和祭祀的场面。

因为那个时候人们要跟野兽、自然、人搏斗,两个部落之间也会有战争,这个过程中肯定会积累一些比较有效的格斗技能,获得格斗的经验。当一个人在战斗中通过一击一刺获得了胜利,他在回部落的途中就会反复地练习这个动作,他会在他们部落的祭祀活动或庆祝大典中表演这些动作。等这些青壮年的战士年龄慢慢变老之后,他们就把这些格斗经验记在岩石上保留下来,把这些动作交给年轻的后辈。这样的技艺就一代代地传下来了。今天,在我们武术研究者看来,它可以说就是最早的武术图谱。

广西、新疆、青海等地也陆续发现一些类似的岩画,年代上起新石器时代,下至商周时期,时间跨越可谓久远。虽然图画兼有庆典、祭祀等功能,但可以肯定的是,这些打斗人物形象在很长一段时期内,承担教授部落内部成员狩猎和攻击技巧的功能,堪称最原始的武功图谱。

绘画虽然并非中国独有,但"中国画"却风格独特,与众不同。水墨、丹青、工笔、写意等,不仅有悠久的历史、特殊的技法,而且还有独特的审美意蕴和艺术境界。

在金庸先生的《射雕英雄传》中，黄蓉的父亲黄药师才智超人，文韬武略、琴棋书画乃至算数工艺、医卜星相无所不通。他的弟子常寻书画佳作去孝敬师父。作品的第一回就曾写到黄药师之徒曲灵风到皇宫大内偷盗珠宝书画，得到了道君皇帝（宋徽宗）所画的两幅画及一幅字，并赞叹宋徽宗的"翎毛丹青"和"瘦金体书法"。多年以后，曲灵风已死，黄药师和黄蓉来到他家，捡点他的遗物时，还发现了这些未及时奉献给师尊的书、画作品，其中还包括了一幅特殊的画：

> 黄药师打开铁箱，一层层地看下去，宝物愈是珍奇，心中愈是伤痛，待看到一轴轴的书画时，叹道："这些物事用以怡情遣兴固然是好，玩物丧志却是不可。徽宗道君皇帝的花鸟人物画得何等精妙，他却把一座锦绣江山拱手送给了金人。"
>
> 一面说，一面舒卷卷轴，忽然"咦"的一声，黄蓉道："爹，什么？"黄药师指着一幅泼墨山水，道："你瞧！"
>
> 只见画中是一座陡峭突兀的高山，共有五座山峰，中间一峰尤高，笔立指天，耸入云表，下临深渊，山侧生着一排松树，松梢积雪，树身尽皆向南弯曲，想见北风极烈。峰西独有一棵老松，却是挺然直起，巍巍秀拔，松树下朱笔画着一个迎风舞剑的将军。这人面目难见，但衣袂飘举，姿形脱俗。全幅画都是水墨山水，独有此人殷红如火，更加显得卓荦不群。那画并无书款，只题着一首诗云："经年尘土满征衣，特特寻芳上翠微，好山好水看不足，马蹄催趁月明归。"

这幅画把诗、书、画融合在一起，形成了一幅绝世的艺术珍品，受到武功宗师黄药师的喜欢。

武侠小说毕竟是写江湖、武林中人的小说。书法艺术还可化为武功的招式套路，大展一番拳脚，但书法的作品却难以在比武搏斗中派上用场了。然而金庸却不死心，硬是另辟蹊径，将绘画和武功图谱合二为一。这样，绘画终于有了一种独特的功能。

最典型的例子当然是《侠客行》中的侠客岛上的"侠客行诗画武功"。李白的《侠客行》一共有24句诗,岛上有24间石窟,写着诗句、注解并配以相应的图画。除石破天之外,所有人都只是看字、看诗,思考它的意义,企图破解它的蕴涵。只有石破天,因为目不识丁,只好别人看字他看画,且还不是看画图本身,而是看它的笔画形式:

举目向石壁瞧去,只见壁上密密麻麻的刻满了字,但见千百文字之中有些笔画宛然便是一把长剑,共有三十二把。

这些剑形或横或直,或撇或捺,在识字之人眼中,只是一个字中的一笔,但石破天既不识字,见到的却是长长短短的剑⋯⋯

⋯⋯他在第二室内中观看二十四柄剑形,发觉长剑的方位指向,与体内经脉暗合,这第一图中却只一个青年书生,并无其他图形。看了片刻,觉得图中人右袖挥出之势甚是飘逸好看,不禁多看了一会,突然间只觉得右肋下"渊腋穴"上一动,一道热线沿着"足少阳胆经",向着"日月"、"京门"二穴行去。

他心中一喜,再仔细看图形,见构成人身上衣褶、面容、扇子的线条,一笔笔均有贯串之意,当下顺着气势一路观将下来,果然自己体内的内息也依照线路运行。

石破天就这样"破译"了"侠客行武学之谜",学到了一身空前绝后的兼容内功、剑法、轻功、拳法的神奇武功。

书法艺术是中华文明所独有的一门艺术,源远流长,蔚为大观,足可称绝。先秦以来的中国文学史,经历了甲骨文、钟鼎文(金文)等阶段,有书而无法,是工具但称不上艺术。至大篆稚拙而有力,书法艺术便始露端倪,秦汉之后始得发源而成各自的流派。小篆古雅圆通,隶书精致超逸,楷书端严瑰丽,行书流畅风行,草书自由狂放,魏碑朴实沉厚,各尽其妙,为中国书法艺术史增添无数光彩。至于各家各派,变化多端,绚丽多彩的风格品式,就更加丰富复杂了。

"书法比武"的最精彩篇章,要数《神雕侠侣》中朱子柳以独特的"书法武功"与蒙古王子霍都比拼的经典性场面了。

朱子柳是天南第一书法名家,虽然学武,却未弃文。后来武学愈练愈精,竟自触类旁通,将一阳指与书法熔为一炉。这路功夫是他所独创,旁人武功再强,若腹中没有文学根底,实难抵挡他这一路文中有武、武中有文,文武俱达的高妙境界功夫。他与霍都比武时,所用的兵器居然是一根毛笔。但见"毛笔摇晃,书法之中有点穴,点穴之中有书法,当真是银钩铁划,劲峭凌厉,而雄伟之中又蕴有一股秀逸的书卷气"。

他的第一路功夫是唐初四大书法家之一,与欧阳询、虞世南、薛稷齐名的褚遂良的书法名帖《房玄龄碑》。草书是朱子柳的第二路功夫。唐代张旭之书法与李白的诗歌、斐旻的剑舞在当时并称为诗、书、剑"三绝"。金庸引述杜甫写的《饮中八仙歌》中的"脱帽露顶王公前"便也让朱子柳脱帽;"张旭三杯草圣传",便也让黄蓉给朱子柳送上三杯酒,目的当然是让虚构的艺术场景为真实的历史凑趣。

朱子柳的第三路功夫是魏碑《褒斜道石刻》——只见"朱子柳一篇'自言贴'将要写完,笔意都变,出手迟缓,用笔又瘦又硬,古意盎然"。黄蓉在一旁感叹道:"古人言道'瘦硬方通神',这一路'褒斜道石刻'当真是前古未有之奇观。""这时朱子柳用笔越来越丑拙,但劲力却也逐步加强,笔致有似蛛丝络壁,劲而复虚。"可是仍未能在比武中取胜,迫使朱子柳使出第四路功夫"古篆体",才点了霍都的穴道,取得了胜利。

这一场比武别开生面,精彩的程度不必多说。我们还可以将此看成中国书法史及书法艺术的一次展览,从中可以学到不少的知识,得到文化的熏陶。

酒醉的武功

酒,在中国文化的历史长河中,已不仅仅是一种客观物质的存在,还是一种文化的象征,一种精神的寄托。中国人爱酒,同时也为酒文化的发展源源不断地作着贡献。从家喻户晓的杜康到世界名酒茅台,无不凝聚着中国"酒人"的探索与智慧。也正是因为这样,中国的酒才不单给人以美的感受,而且更加融入了民族文化特征,融入了民族自豪感与大无畏气概,形成中华民族独有的酒魄!

酒是一个诡异多变的精灵,它看似一汪水,却有着如火般燃烧激情的魔力;它外表温柔驯服,却有着刚烈凶猛的内质。酒文化在现代生活中也成为一种艺术享受。

众所周知,酒最著名的别称为"杜康"。杜康是夏朝人,传说他是酿酒的始祖。三国时,曹操写了一首脍炙人口的《短歌行》,诗中有"何以解忧?唯有杜康","杜康"借助曹操诗句而流传千古。古往今来嗜酒如命的文人,就喜欢吟咏这两句诗歌为贪杯自嘲。

"圣人""贤人"这两个词在中国人心目中有着崇高的地位,却也被好酒的人当作酒的别名。汉代末年,曹操主政,禁酒甚严。当时的人忌讳说酒字,就把清酒叫"圣人",浊酒叫"贤人",把喝醉酒称之为"中圣人"或"中圣"。从此,圣人、贤人、中圣人也就成了酒的戏称。李白就曾有"醉月频中圣,迷花不事君"之句。

唐代郑綮的《开天传信记》里记载:道士叶法善,与友相聚,大家思酒。有一少年书生傲睨而入,自称曲秀才,高谈阔论,法善以为是妖魅,便偷偷用剑去击他,那秀才应剑倒在台阶下,化为瓶,美酒盈瓶。从此"曲生"或"曲秀才"作为酒的别称,又增加了美酒的神秘。

在战国时期,荆轲与高渐离在酒肆饮酒,高渐离击筑而歌,慷慨悲凉,在当世很有影响。在荆轲刺秦王前的易水死别时,高渐离把盏高歌:"风萧萧兮易水寒,壮士一去兮不复还。"饮酒唱歌,应该是当时很流行的风尚。

酒与侠的关系也非同一般,李白的《少年行》一诗写道:"五陵少年金市东,银鞍白马度春风。落花踏尽游何处,笑入胡姬酒肆中。"说的就是少侠与酒的佳话。至于绿林好汉,则向来是以"大秤分金,大块吃肉,大碗喝酒"而著称。

此外,中国武术中还有因喝酒而产生的"醉拳"和"醉剑"。

酒对武功的作用,最精彩的篇章应该是在《水浒传》中对武松的描写,武松连喝十八碗酒,夜过景阳冈,赤手空拳打死猛虎,可以说是千古绝唱的传奇。酒壮英雄胆,在快活林中,他又醉打蒋门神,显示出高超的"酒醉之武功",一套醉拳被武松使得得心应手,出神入化。

酒,喝出了豪情仗义,喝出了气魄和胆量,喝出了梁山好汉,喝出了桃园三结义。所谓"酒壮英雄胆""酒后吐真言",都淋漓尽致地诠释了酒的奇妙。

酒到底是什么东西,喝了它能让人变成什么?答案则仁者见仁、智者见智了,这就是所谓酒品即人品。酒是一种可以让人心荡神驰的温热,也是一种可以让人暴露狰狞的冷酷;酒是一种可以夺命的毒药,也是一种滋润生命的补品;酒

醉酒图　　　　　　　　　沽酒图

064

第一编 武学的诞生

是一种能够相依为命的情谊,也是一种能够分解和谐的冷汤。酒可以是月黑风高杀人夜,也可以是情意绵绵柔似水;酒可以是夺情偷爱的祸首,也可以是达情传意的连理枝。酒是寒冷中的温暖,酒是冲动的添加剂,酒是友情的连心桥。酒更是销魂水,是一种让人瘫软的液体;酒又是烈火,可以让一个懦夫燃烧成顶天立地的英雄。酒常常出现在天使和魔鬼的手里,让你不知道该爱它还是恨它。

酒是一种因人而异的情怀,是一种物质,也是一种精神,更是一种文化艺术。有什么比把酒临风、对酒当歌的超然忘我更能体现出内心的快意?一杯在手,胸襟渐开,人们就变得热情奔放,豪气盖天。若不是一连喝了十来碗好酒,武松岂敢过景阳冈,徒手制虎?更奇妙的是,酒甚至能让人喝出一种意境,激发人们的想象力和创造力,使人的艺术天赋借酒力超常发挥。唐朝伟大的诗人李白斗酒诗百篇,而曹雪芹卖文沽酒写就千古《红楼梦》。

古今中外,人类对于酒都有一种共同的精神追求。哲学家尼采认为,酒神的精神暗喻着情绪的发泄,挣脱束缚,回归初始自由状态的生态体验。在酒中,物我两忘,达到最大的自由,一切生死利禄于我如浮云。

在武侠小说和影视剧中,写武林人士的武艺离不开对酒量的描写,酒量即胆量,也是武林人士的武功深浅之衡量尺度。要论金庸小说中人物的酒量,虽然《倚天屠龙记》中有一个人物叫做"醉不死"司徒千盅,却也恐怕比不上《天龙八部》的主人公萧峰,他是金庸笔下第一英雄,这与他的豪饮恐怕不无关系。

小说中有一回的回目是"剧饮千杯男儿事",专写萧峰(那时叫乔峰)喝酒。那时段誉第一次见到他,也是他在小说中第一次露面。段誉在酒楼上看见他"桌上放着一盘熟牛肉,一大碗汤,两大壶酒,此外更别无他物,可见他便是吃喝,也是十分豪迈自在。"段誉见了,心里不能不十分的佩服,暗暗喝了一声彩:"好一条大汉!这定是燕赵北国的慷慨之士。不论江南或是大理都不可能有这等人物。包不同自吹自擂什么英气勃勃,似这条大汉,才称得上'英气勃勃'四字!"接着两位不知对方底细的人物一同喝起酒来。段誉靠"六脉神剑"的功夫,将酒逼出指尖,而萧峰则是实打实地喝了下去,两人一气喝了三十大碗,最后将四十斤酒喝完,一场真正的豪饮过后,两人结为知己兄弟。

如果说《天龙八部》中的萧峰是豪饮第一,则令狐冲堪称好饮第一。令狐冲

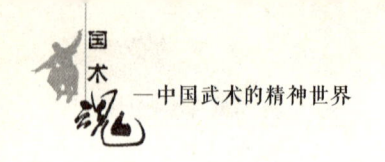

之好饮酒,在金庸小说的主人公中无人能比。

　　萧峰第一次露面,就在酒楼豪饮,这已经是好酒之人最好的出场方式了。而令狐冲还未在小说中正式露面之前,就有关于他饮酒的消息传来了:一是他与一位乞丐坐在地上喝那"猴儿酒"(说是湘西的猴子采果子酿的酒,故称猴儿酒),不仅用气功将乞丐的酒全部喝完,而且连他的猴子也买来了;二是令狐冲与采花贼田伯光在衡阳回雁楼上饮酒,还有恒山派的小尼姑仪琳在一旁陪伴,这饮酒的场面怪异而奇特。

　　综上所述,琴声、画境、书意、棋势、酒量,与武功如此融合无间,紧张对峙中也多了几分舒缓之气,杀伐中有了一些诗情画意。一张一弛,动静相宜,亦文亦武,雅俗共赏,正是古代文人侠客和豪杰所追求的一种境界。

四、中国武术的分类与基本特质

> 醉里挑灯看剑,梦回吹角连营。
> 八百里分麾下炙,五十弦翻塞外声。
> 沙场秋点兵。
>
> ——宋·辛弃疾《破阵子》

在中国并非所有的武术都是用于"攻击"和"杀人"的。大致而言,中国的武术可分为两大种类:一是"能力素质",二是"格斗击杀术"。这两者类似现代军队中,士兵战斗素质训练和实战中的具体战术运用。

"能力素质"的培养主要分两个方面:一是养生健身术;二是搏击技术。后者也叫"以武会友"或"擂台比武"等,它展示武术家的基本能力和身体素质,主要表现为力量、速度和准确性三个方面,在现代称为"散打"或"自由搏击",并成为体育竞技活动。根据武学理论可以分为"外家"和"内家"两个学派。

"格斗击杀"术也分为两个方面:一是徒手格斗,二是武器格斗。徒手格斗按其运用方式,可分为拳法、腿法、掌法、爪法、指法等,武器格斗又可分为手执短杆武器(如短剑,匕首等),手执长杆武器(如枪、棍、戈、戟等),软兵器(如绳镖、流星锤等),投射武器(如箭、镖、暗器等),以及一些奇门武器(如双截棍、七节鞭等)。

这两个方面的格斗术都是由"招式"或"套路"来体现。这是中国武学的基本结构。此外,还有一些分类结构。我们以下作一个专门的叙述。

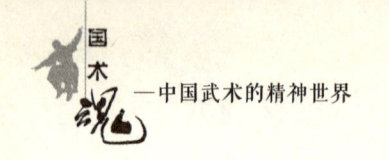

"武艺"与"功夫"的缘起

武术缘起于狩猎和战争,在搏斗格杀中提炼了攻防技术,然而武术的发展脉络有两条:军事中的实战技术逐渐总结提炼为"临阵武艺",民间流传的拳法逐渐演变为名目繁多的"日常武艺"。今天的武术大多是后种武艺的延续,技击性虽然仍是它的本质属性,但它的演练技巧(技法)则具有很强的艺术性。武术套路运动的技艺特性在于,从攻防中提炼了手、眼、身、法、步、精、神、气、力、功,把格斗技术进行了再创造和升华。军事训练和实际战场上的搏斗格杀,在理论上的集大成者是中国古代春秋战国时期,百家争鸣中一大流派——兵家。用现在的话说,兵家就是一个国家从事军事国防专业研究的机构。

战争离不开专业人士,因此兵家在当时占有显赫地位。这一流派从名称就可以看出其专注于军事方面,其他范围不仅包括对战略战术的研究,也包括日常军事训练。它的代表人物——战国时代的吴起在公元前4世纪上半叶训练了杰出精锐步兵"魏武卒",对其的要求几乎和考核"铁人三项"一样严格:手执长矛、背负五十支长箭与一张铁胎硬弓、携带重量达五十余斤的军粮,连续急行军一百里后仍然能保持体力并立即投入战斗的士兵,才能够成为武卒并享受优厚待遇。

兵家中包括了武术家,他们由于拥有专业的作战技巧和格斗术,在公元1世纪被东汉时代的班固称为"兵技巧家"。较早记录武术技法的书籍是东汉班固所著《汉书》。《汉书·艺文志》中的《兵技巧》中介绍了武术,共有13家199篇。其中《手搏六篇》《剑道三十八篇》《蒲苴子弋法四篇》是对汉代武艺的专门介绍。令人遗憾的是,这些专著原文都已失散,仅有篇目名称。但从标题来看,可以明确判断是较早的武术技巧专著。

商周时期冶金技术成熟,金属兵器战具大量出现,包括戟在内的五种长兵器是当时军队配备的常规武器。兴兵打仗也开始采用车战方式,这对士兵的武艺提出了新的要求。首先从弓箭手发起进攻,待双方逼近,则挥舞矛戈殳戟近距离搏杀。因此,驾车射箭技术,使用长兵器的力量和技巧都是士兵应该具备的基本素质。

进入春秋战国时期,武术渐渐脱离纯粹的军事范畴,被赋予更多道德教化内容,成为一门"技艺"或"武艺"。

第一编 武学的诞生

战国时代的山东曲阜县城一所学校的门口,一群学生正在练习射箭。当他们的老师走出大门拿起弓箭时,立即引来许多百姓围观。这位身材高大的教师就是孔子。孔子的学堂开设科目很是特别,不仅重视诗文写作,也注重武艺和艺术教育,学校里教授六个科目,分别是礼、乐、射、御、书、数,统称为"六艺"。其中有两项属于军事武艺内容:"射"是射箭技术,"御"是驾驭战车的技术。

古代文献记载或许会改变人们心中通常的孔子形象。司马迁《史记·孔子世家》里称"孔子长九尺有六寸,人皆谓之长人而异之"。以西周的计算单位换算,孔子的身高至少在190厘米以上。而孔子的膂力更是惊人,《列子·说符》记载孔子的力量能举起都城大门的门闩。有人估计,大概相当于两三百斤的重量。而孔子的射箭技术之高超也是完全有资格教导学生的,据说孔子的射术能准确命中空中飞鸟。因此,当他给学生演示射箭技巧时,围观的人群里三层外三层,水泄不通。

在孔子看来,射箭不仅是武艺,还是培养礼仪品德的重要内容。《论语》里孔子曾经说:"君子不会轻率与人争斗,如果一定要争个高下的话,那就射箭比武吧。"双方先对立行礼,表示礼让,然后开始比赛,无论输赢结果如何,比赛结束后两人对饮一杯酒以示礼貌。

孔子认为,君子之争,输得起比赢更重要,应始终保持人文礼仪和君子风度。孔子寓礼于武的教育思想是汉字"武"的最佳阐释:因此说汉字"武"是会意字,有"止""戈"两部分组成,它的含义是停止争斗。

时光之轮向前运转,越过了战火频繁的三国魏晋南北朝和短暂的隋朝,直至大唐盛世。通过这一时期石刻造像、兵器甲胄等出土文物,我们可以看到军事武艺已得到长足发展。但令人遗憾的是,也许由于没有受到重视的缘故,导致武术文献专著丧失无存,无迹可寻。

中国武术包含的内容极其丰富,但归纳起来不外乎这么几项:一曰套路,二曰技法(或招法),三曰功夫。

套路有拳术、器械、对练。技法则是搏击术、擒拿术。功夫,狭义单指"内功""外功""软功""硬功"等。功夫似乎是民间武术的专利,军事武术是不大重视练这类功夫的,因为它耗时长,见效慢。

一般武术门派在传习程序上,大都先教套路,再传技法,最后传功夫,或称练

"私功夫"。在练习指导方面,则依仗功理功法,循序渐进。

与套路、技法相较,功夫是高层次的,但从武术积极作用来讲,三者又是绝对不可分割的,它们的区别如下。

套路的作用在古代便已明了,它的作用是"活动手足,勤惯肢体,此为初学入艺之门"。因此"学拳要身法灵活,手法便利,脚法轻固,进退得宜,腿可飞腾。而其妙也,颠番倒插;而其猛也,披劈横拳;而其快也,活捉朝天;而其柔也,当知斜闪",最后达到提高身体的"灵活性",增强气力、体力,协调身体各部位动作的目的。但套路终究是不实用的,因为它想事先安排好固定结构,动作要求规范到位,弓是弓,马是马,拳是拳,掌是掌,或舒展或紧凑,或徐缓或快疾,一切按要求演练。然而,实战中一切照搬套路中的动作,只会是挨打的架势。单纯把练拳式套路当成武术之根本,那无疑是陷入武术认识的误区。

技法(招术),是制敌而不制于敌的方法,是搏击擒拿的技能技巧。无论哪门哪派,无论是拆解套路还是单练散打,都是在传授这一技能技巧。武术的"术"指的就是技法,武术的实用价值也就体现于此。有的门派根本没有套路,从其本意来讲,则是为了更突出技法。

可是技法再有利于搏击,终究不能代替功夫。因为技法不精,交手时难以用巧,岂不要受制于人?而功夫是练就的超人实力,既已练就,必定超过常人,即使技法不巧,实力惊人,也便有了胜算。

功夫没有门派,只有种类的区别,并且各有侧重、大同小异而已。尤其是提高个人能力素质的筑基功,诸如"桩功""鼎功""卷棒功""沙袋功""举石担""抛石锁""抓坛子""拧筷子""踢木桩""踢石墩"等,都差不多,都是为了锻炼指力、腕力、臂力、腰力、腿力、膝力、脚力。拳家谓之"操手脚",即指这类功夫。

上乘的专门功夫有软、硬、内、外四种。软功练柔劲阴功,硬功练刚劲阳功,内功主练气,外功主练力。四种功夫又归为两类,一为自卫功夫,也就是抗击打功夫,如"金钟罩""铁布衫""铁牛功""蛤蟆功"。谓之"未学武艺,先学挨打"。另一种为制人功夫,就是打人的功夫,如"一指金刚法""铁臂功""铁砂掌""铁扫帚功"等,讲究"不招不架,只是一下"。

功夫种类极多,《少林七十二艺》就记载了七十二种专门功夫,实际上,还远不止这些。各门各派多选择突出本门特点的功夫操练,像少林正宗的"一指禅"

"朱砂掌","戳脚翻子"的"铁腿功",鹰爪门的"鹰爪功",峨眉派的"功力掌""童子功",武当派的"九宫桩",梅花门的"梅花桩",福建南拳的"铁头功",自然门的"提千斤",三皇功门的"揭帝宫",黑虎门的"夜行步"等。于内功也各有所重,如少林的"易筋经","翻子"的"运掌八法","八极"的"行功法"。

"打拳不练功,到老一场空。"这就是中国武术家为什么非常重视"功夫"练习的原因。功夫中的"气功",更是被各门各派的武术宗师所看重。气功和武术的渊源很深,练武者大多习练气功。因为他在学习前,要有一个调气的方式方法来运气。在武术技艺的成长过程中,正确和科学地使用气,对一个习武者的技艺和功力的增加是非常有帮助的。

因此又有了"外练筋骨皮,内练一口气"之说。外练筋骨皮是前文所说的一些硬功夫,如铁砂掌、金钟罩、铁头功等,种种令人炫目的抗击打功夫都在挑战习武者身体的承受极限。

而"内练一口气"说的是中国武术无处不在的气,有形的气在呼吸,听得到,看得见;无形的气则需要一点想象力,人们常说的意守丹田更形象的说法是用"丹田"呼吸。许多习武者对于丹田呼吸有着自己的理解,他们认为意存丹田,实际作用是收紧小腹,采用胸腹式呼吸增加呼吸深度。长期使用胸腹式呼吸可以有效增加肺活量。此外,许多习武者认为意存丹田还能培养元气,调整情绪,对身心健康大有裨益。但是中国武术的气又远远不止是呼吸,气、穴位、经络是古代中国人对于人体的独特认识,武术的功法理论体系由此建构。虽然人们看不见、摸不到,然而修炼和掌握"气"却被公认为武术魅力的源泉。

徒手格斗:内家拳与外家拳

内家外家的说法,古来有之,只是不与拳术相关,而与佛门相关。佛门弟子有所谓在家出家之说。佛家自称内家,佛学称作内学,佛典称作内典,佛家照例称佛道以外的教派为外道,称沙门方外为外家。以此类推,佛家的拳术如少林拳就称为内家拳,佛门以外的拳术如武当拳就被称作外家拳。这种分法实不是就拳术本身划分的,是以佛门观点为基础的分法。也是最早关于内家外家的说法。

正式将武术分为内家外家两派的说法,始见于清初学者黄宗羲在《王征南墓志铭》中所说:"少林以拳勇名天下,然主于搏人,人亦得以乘之。有所谓内家者,以静制动,犯者应手即扑,故别少林为外家。"这里正式提出的是内家拳的概念,为有别于内家,故称内家以外为外家。于是"少林为外家,武当为内家"的观点开始风行于世,与上述佛学观点大相径庭。由于黄宗羲提出"内家主静,外家主动"的特点和区别,就给人以内家重内功,外家重外功的现象。

后世有研究者认为,所谓内家拳,其功多不露外,专重于无形,其气充于中,其力贯于外。以静为主,以动为奇。多暗手,少明手。多险招奇招,少猛招烈招。伤人于不知,败敌于无形。

所谓外家拳,不是没有内在功夫,也不是一味讲究刚猛,也有柔和静,但是以动为主,以静为辅。重攻少守,以动制静,以刚胜柔,以攻破守,以勇惊人,也能以寡敌众,讲究力量和速度。

少林是外家拳的代表和旗帜,其法主于搏人,其劲刚猛硬脆,相传为达摩老祖所创。梁武帝时,达摩老祖一苇渡江,止于嵩山少林寺,为中土佛教禅宗之祖。禅宗不主张用文字传教,采取"壁观""坐禅"的方法修道。传说达摩就曾"面壁九年"。鉴于僧众坐禅过久便有精神萎靡、筋肉倦怠、健康衰退的趋势,达摩于是创"罗汉十八手"和"易筋经""洗髓经"内外功法,供僧众练习作强身之术。

罗汉十八手成为少林拳之基础。嗣后,宋太祖赵匡胤对此拳术研习甚深,并创三十六长拳、六步拳等。后世称其为太祖长拳,或称其为太祖门。到金元时代,有个觉远上人,剃度少林寺,得罗汉十八手,经变化增益十八手为七十二手。化散式为整式,参互交错,尽其体用。后由李叟介绍结识白玉峰,同居于洛阳同福禅寺,朝夕研讨,按照旧时宗法,复从七十二手增为一百七十三手,遂成少林绝技。在此基础上,门人后学加以综合、接纳、充实,终繁衍成百余种门派,均以少林为宗。少林拳之名,由此显著。

这白玉峰乃山西太原人,气功最精,尤长剑术。传下龙、虎、豹、蛇、鹤五拳,专事练神、炼骨、练力、练气、练精,称之少林五峰或白玉峰五拳。

将觉远上人介绍给白玉峰的李叟,则传下大小洪拳,流传至陕、洛、川、楚等地。

达摩所创之易筋经,分上下两卷,有内外功之别。内功主静,外功主动。现在世间所传"韦陀献杵"等十二式易筋经为外功(动功),供锻炼体魄之用。以立姿呼吸吐纳的三段功为内功(静功),供增长内力之用。另有《洗髓经》一部,据说其徒慧可作为秘籍不宣,未传于世。

而内家拳的代表是武当拳派,祖师为张三丰。依少林拳派的说法,张三丰原习武于少林寺,后隐于武当,潜心研究达摩之术若干年,得其玄奥,乃尽弃少林之成法而以练气为主,学者蜂拥,遂成武当派。

另一说,张三丰为元末辽阳人。游宝鸡山,见三座山峰挺拔秀丽,因之号三峰。明代洪武初召之入朝,路阻武当山,夜梦玄武大帝传与拳法,拂晓以之破敌,故称其拳为"武当拳""内家拳"。因"八门五步"为此拳要诀,故又称"十三式""十三法"。传人有宋远桥、俞莲舟、俞岱岩、张松溪、张翠山、殷梨亭、莫谷生七人,也就是《倚天屠龙记》中的武当"七侠"。此说当为"太极十三式"原始之传说。

不管武当派是哪个张三丰所创,有一个共同点,就是他们都是武当道士。武当武术理所当然属于道家武术。道家本就重视引导、吐纳、气功,重视动如蛟龙行、静如蚕做茧、运行均匀、动静自如的运动,讲究擒扑封闭、以柔克刚、莫测端倪的制敌原则。所以武当内家是以柔为主的拳法。

而少林的外家拳还分为南派和北派,也称之为南宗和北宗。初习入门,少林南派重在站桩,称之为"地盆"或"地盘",为使习武者下盘稳固如桩。少林北派重在踢腿、控腿、遛腿诸法,使腿脚灵活如手。

少林南派拳术讲气催力刚,步稳身守,拳势激烈,并常以发声吐气助长动作发力。传统南拳所需场地较小,素有"拳打卧牛之地"的说法。少林北派架势大、节奏快,讲究蹿奔跳跃,闪展腾挪,起伏转折,跌扑滚翻,演练时需要场地大,有"拳打四方"的说法。

由于南派重拳,北派重腿,少林南派北派也便称为"南拳北腿"。

而在技击方面,北派尚长手,南派尚短手。长手贵力足,拳至敌伤;短手能自顾,近敌而发。平时练习,非长手不能达气;对博时,非短手不足以自保。所以,南派北派也互相借鉴交融,长短互用,刚柔相济。如今南拳也多见蹿蹦翻扑和多种腿法,北腿也常见缠、推、格、别的细腻手法。

北派拳种至杂,如少林、查拳、华拳、洪拳、炮拳、弹腿、戳脚、翻子、迷踪、六合、黑虎、梅花、罗汉、二郎……

经过多年的发展，南拳拳种已极为丰富。现有南拳洪、刘、蔡、李、莫、蔡李佛、侠家、白眉、男枝、虎鹤双形拳等多家，福建则有五祖、白鹤、咏春、太祖、罗汉等多家，广西有周家、屠龙诸家，湖南有巫、洪、薛、岳四大家，湖北有洪、鱼、孙、孔、岳、严、熊门以及水浒门、巫家艺各家，浙江有洪拳、黑虎、金刚多家拳术，等等。

在拳种的发展上，又分为长拳和短拳两大类，主要区分在于长拳用柔，短拳用刚。长拳招招呼应，绵绵不断，抑扬顿挫，刚柔相济，活泼彪悍，其进也疾，其退也疾，飘忽不定，人无从揣测，并能利用敌人罅隙而击，令其不能自顾。短拳出手讲究距离短，发寸劲，直打直进，硬嗑硬搪，突起猛落，一招制敌。

就套路而言，长拳动作多，套路长，姿势舒展，动作灵活，讲究一寸长一寸强。短拳动作少，套路短，姿势工整，简明活泼，讲究一寸短一寸险。

以弱胜强的"神拳"

内家拳法的三大代表拳种是太极、八卦和形意拳。近年来，以太极拳在国内外最享盛名，成为中国传统文化的一面旗帜。

内家拳法当中最具代表性的首推太极拳，但太极拳究竟是什么时候出现的至今仍存在争议。太极拳较早为世人所知却和一段著名的武林传奇故事有关，这个故事的名称叫偷拳，主角是一位叫杨露禅的拳师。

今天陈家沟还保留了当年杨露禅学拳的院落。据说当年杨露禅来陈家沟拜师学艺，陈长兴起初并不愿意传授这一精妙的拳术，所以民间有杨露禅偷拳的说法，但真实情况并非如此。

其实，凡是武学大家，在收徒时都格外谨慎，必须选择品德优秀、聪明伶俐的徒弟来传授拳术。据说，陈长兴见杨露禅三下陈家沟拜师，决定考验一下他。有一天，他约杨露禅到房顶的僻静处问话。杨露禅按时到达，陈长兴却静坐圈椅中闭目养神，杨露禅毕恭毕敬直立等候，时过半日，陈长兴好像从熟睡中醒来，看到杨露禅说："时间不早了，明日再来。"这样的情形持续数日，他才被杨露禅学拳的精神所感动，最终传授杨露禅全部拳法。三年后，陈长兴对杨露禅说："你可以回去了。这里已经再也没有你的对手了。"

第一编 武学的诞生

一般认为杨露禅曾经三下陈家沟,每去一次学习一阵子。这说明内家拳,尤其是太极拳的修炼是非常不容易的。即便你是非常聪明而又刻苦的人,也需要有相当的悟性,以及老师给你不断"喂劲"。懂劲后才能愈练愈精,因此"懂劲"是第一关。内家拳的神奇之处便在于,它看似没劲,速度又很慢,但却能打人,其实它非常不容易练到那个境界。所以修道者多如牛毛,得道者凤毛麟角。

太极拳讲究方法巧、运用妙,两人交手熟练运用"黏、连、沾、随、不丢不顶",善用四两拨千斤之巧力。它的技法特点与其他武术外家功技法有明显区别。太极拳不是用"绝对力量""绝对速度"取胜,而是注重内功的凝聚。动中寓静、静中寓动、柔中寓刚、刚中寓柔、阴阳相济,体内蕴藏着雄厚的暗功。动时则如脱缰野马、下山猛虎,势不可当。这种动静互寓、刚柔相济的矛盾运用,是《易经》的智慧结晶。

太极拳的技击动作变化莫测,"出手不见手,挨着何处何处击",交手中咄咄逼人。它不仅具有技击特效,而且具有很高的观赏价值,更是强健肢体、壮内强外的健身妙药。内练精、气、神,外练手、眼、身,内外俱练,以求得身心全面发展。太极拳走架时,"以心行气,以气运身",讲究"内三合"和"外三合"的内外双修。把精、气、神与外部形体动作紧密相合,完整一气,做到心动形随、形断意连、势断气连、气断神连,注重"手眼身法步""精气神"八法的变化运用,是其他武术运动项目难以达到的。因此太极拳运动可使人体外部形态和内部器官都能得到良好的锻炼,不同层次的人群练习太极拳都能获得较好的健身效果。

自陈长兴、陈清萍等人将陈式太极拳外传后,数十年间,弟子遍及北方诸省。他们又在各自习练陈式太极拳的基础上,根据各人所学之长,先后形成了杨、吴、武、孙及赵堡诸门派的拳法。

杨露禅之所以能够把太极拳发扬光大,这和他学拳之后的经历密不可分。杨露禅学成之后回到了自己的家乡直隶府广平县,爱好拳术者纷纷前来与他较量,但没有人能够打败他。杨露禅在当地名声大噪。

在民间流传的众多杨露禅与人交手的故事中,有一个最为著名:一天杨露禅正静坐养神,此时一位和尚前来挑战放拳,杨露禅亲自到门口迎接,只见和尚六尺多高,魁梧壮实。他向杨露禅拱手表示敬意,杨露禅也很谦虚地表示答谢,并请和尚到客厅相叙。突然,和尚出拳向杨露禅胸口打来,杨露禅略一含胸,用右掌挡住和尚的来拳，轻轻一推，只见那和尚顿时仰面跌出，好像是被重拳所击。过了好一会儿，和尚才缓过气来，他对杨露禅的武功极为叹服，同时也对这种神秘的拳法充满好奇。第二天，和尚的师傅登门求教，此时一只燕子飞进帘内，杨露禅没有多言，起手一抄向客人说"这只鸟经过训练驯服于人，可以和它玩耍"。说完他用手托起燕子轻轻抚摸，燕子展翅欲飞，但杨露禅的手掌微微上下移动，竟然化解了燕子起飞时向下踩踏的力量，燕子几次想展翅飞走，却像黏住一样无法挣脱。如此，反复几次，客人们见了大惊失色。

那么，如此神奇的太极拳所蕴含的技击理念究竟是什么呢？在太极拳的理论著作中，有一篇文章不得不提，那就是《太极拳论》。这是太极拳界公认的经典著作，可以这样说，它涵盖了太极拳几乎所有的准则，全文共365字，却囊括了太极拳的理论、技术、练习方法、实践经验等各个方面，提出了习练太极拳的核心标准。

《太极拳论》中谈到其他各种流派的拳法时，说它们虽然招式有区别，却都离不开以壮欺弱、手慢让手快、有力打无力。此篇文章却提到"四两拨千斤"的观点，即以弱胜强，以慢制快的思想，显然太极是不靠力量取胜，而且明确地提出了太极拳有松、慢等特点。

太极拳自杨露禅之后得到了空前的发展，此后根据各家宗师对拳理的不同理解，加之在习练中的心得体会，太极拳又相继发展出不同的流派。杨式太极柔和缓慢、虚实分明，孙式太极步法灵活、中正舒展，吴式太极外松内紧、绵里藏针。如今以这几大流派为代表，太极拳得到了蓬勃的发展，他们和其他众多的流派一起构成了博大精深的太极拳文化。

太极拳的出现是中国武术史上一次了不起的革命，以意念为指导，以经络为基础，以螺旋、缠绕为基本运动形式，以意行气，劲由内换，柔中有刚，刚中带柔，刚柔相济，是人体科学和医学心理的完美结合，使中国武术步入了更高层次的文化境界。

和太极同为内家拳范畴还有一个极为重要的拳种——形意拳，然而和太极拳不同的是形意拳讲究的是贴身靠打、快攻直取、崇尚进攻。它毫无半点花架虚招，一切从实战出发，全都是实用的技击技巧。据说在清末民初，它甚至成为了最高实战技法之一。

第一编 武学的诞生

形意作为内家拳的一大门派,与太极和八卦不同的是,拳理以阴阳五行为主。以三体式为基本桩法(内家拳讲究桩法,即立在原地来修行,调理内息)以五行拳——劈、崩、钻、炮、横,十二形——龙、虎、猴、马、龟、鸡、鹞、燕、蛇、骀、鹰、熊为基本拳法。形意拳为内家拳里"真正的猛士",敢于直面敌人的进攻,诠释了最好的防守即为进攻。动静结合、刚柔相济却以刚猛为主,"半步崩拳打天下";手脚结合,心意相随,却以"心"的造化论高低;对练毫不夸张,招式中始终贯穿着五行相生相克的基本原理,五行合一,一种拳法代表一行,五行连环拳也是根据此说而来。

形意拳以彪悍勇猛、遒劲迅猛著称。其动作雄浑质朴,整齐划一,简练实用,讲究短打近用,快攻直取,省去一些不必要的麻烦,以便节省体力,可谓"惜力如金"。在技法上,形意主张先发制人,主动进攻,抢占中门,硬打强进。动作简单易行,没有冗余。

形意拳在中国武术理论上的最大贡献,是提出了武学的三大境界,即炼精化气、炼气化神、炼神还虚,首次界定了武术功力的层次差别,从而大大丰富了中华武术的理论基础。"炼精化气"又叫"易骨",是形意的第一层功夫,目的在于练出明劲,即示形于外的刚猛之力,同时还要打通任督二脉,完成小周天功。"炼气化神"又叫"易筋",是形意拳的第二层功夫,目的在于练出暗劲,即柔中带刚,同时打通奇经八脉,完成大周天功,使气血贯通周身。"炼神还虚"是形意拳的最高境界,又称"易髓",目的在于练出化劲,也就是将暗劲练到至柔至顺,刚柔相济。这也是武学的极致境地。

形意是一种比较简练的拳法,没有花架子,也很少有跳跃动作,重心很稳。它的基本套路为一左一右,反复演练,简练实用,毫无华丽之气,因而观赏价值不高。但是,由于演练者经常要将这些简单的动作重复数十次乃至上百次,日积月累,熟能生巧,日复一日,年复一年,可达数万次之多,所以一旦与人交手,在速度、力量、准确性上都可达到惊人的地步。可谓"不鸣则已,一鸣惊人"。它又讲究在触敌的一瞬间发力,如电闪雷鸣一般,产生强大的冲击力和穿透力,造成极大的杀伤效果。

八卦掌,是一种把攻防招术和导引方法融合于绕圈行走之中的拳术。故又名"转掌""八卦转掌""游身八卦掌""揉身八卦掌""龙形八卦掌""八卦连环

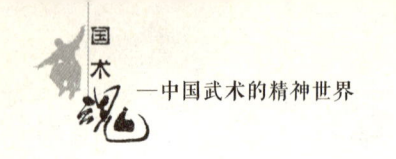

掌"等,影响较大的有梁派、尹派、程派等拳法。

八卦一词出于《周易》,"刚柔相摩,八卦相荡"。八卦是由阳爻(—)、阴爻(— —)和代表八个方位的卦象(后天文王八卦)组成的——乾(西北方)、坤(西南方)、震(东方)、巽(东南方)、坎(北方)、离(南方)、艮(东北方)、兑(西方)。据传八卦掌一为清朝河北人董海川所创,二是由清朝河南人冯克善所创。冯克善曾为八卦教的一个首领,习练八卦拳,有弟子三百余人。

关于董海川的传奇故事,在民间流传的有很多,他超凡的武功,加之特殊的身世,都为这个人物平添了一种神秘的色彩。关于他最初展示自己绝世武功的场所就颇具传奇色彩。

在一次王府寿庆的大型活动中,董海川显露了身手,他能够举着茶壶在桌上飞跃穿梭,像燕子一样轻盈,众人都抓不到他,展示了他的惊世武功。可见他的身法、功夫到了什么样的程度。

八卦掌的核心基本功和奥妙都出在一个字——"走"。八卦掌足迹路线分为阴阳鱼、八卦图、九宫图等。它讲求步走圆形,以掌法为主,起钻落翻,身法圆活,动作轻盈迅捷。八卦掌的基本内容是八种掌法,合于八卦之数,又因其练习时以拢扣步走圆形,将八个方位都走到,而不同其他拳派那样,来去一条线,或走对角线,故以"八卦"命名。八卦掌由最初的两式掌逐渐增加为八式掌,每掌又派生出八式,变化成八八六十四式,与《周易》的"变卦"的"六十四卦"不谋而合。

八卦掌与形意、太极同属于内家拳,它以掌代拳,突破了以拳为主、步走直线的传统拳法,为中国武术开辟了一方新天地。其步法以提、踩、扣为主,左右旋转、连绵不断,要求仪如飘旗,气似云形、滚钻争裹、动静圆撑、奇正相生。形如游龙,见首不见尾;疾若飘风,见影不见形。以走为上策。

由于八卦掌出现较晚,这让它更好地吸收了内家拳法的精髓,结合自己快捷灵活的步法,产生了巨大的技击能量。八卦掌同太极、形意一样,核心的思想就是一个"变"字。招无定式,变中求生,"变"正是内家功法中的精髓,它滋养着玄妙无穷、博大精深的内家拳法。

奇门格斗的秘技

中国武术除了内家、外家、长拳、短拳、南派、北派、太极、八卦等常见拳种外，还有一些奇特的或称之为冷门的拳法，偏重于格斗技术的运用，这些技术在实战中有时杀伤力极大，让人防不胜防。而习练这些秘技的武术家，就像军队士兵中的"特种兵""特战队"一样。

（1）擒拿术

中国擒拿术，历史悠久，源远流长，是中华民族千百年来在斗争实践中不断积累和总结出来的搏击术。作为中华武术四大技击之一，擒拿术汇集了中华武术的精髓，是民族宝贵的文化遗产。擒拿之术，源远流长，它缘起于人类的斗争实践，发端于中国春秋时期，勃兴于秦汉之际，极盛于明清今世。在2000多年的攻战杀拿中，大致经历了折、拿、缠三大技法阶段，而今以其完备的技术和理论自成一体，在武林技击术中独树一帜。

作为一种拼杀技击，擒拿产生之初，与其他武技并无二致，首先从头颈部开始，以期一次性制敌于死地。从先秦至汉代的挈头技即为今天擒拿术之始祖。据《春秋·公羊传》记载，"宋万怒，搏闵公，绝其短"，述说二人在徒搏中，宋万使用折断闵公颈椎的绝头之技，将其置于死地。在秦国统一六国的过程中，秦兵运用挈头之技击败全身甲胄的敌人的战术给人留下深刻的印象。《史记·张仪传》中记载："山东之士被甲蒙胄以会战，秦人捐甲徒裼以趋敌，左挈人头，右挟生虏。夫秦卒与山东之卒，犹猛贲之与怯夫；以重力相压，犹乌获之与婴儿。"

到了汉代，中国医学有了重大发现，人们对人体生理、解剖学的深刻认识极大地促进了擒拿术的发展，使其能十分准确地把握实施擒拿的解剖体位，这时，擒拿术又发展到绝肮、压脉技。"绝，断也"（《博雅》注），"肮，咽也"（《集辞》注），"肮，颈之大脉也。俗所谓胡脉。下即反"（《索隐》）。绝肮技即为绝头断颈之技或以手指压按咽喉或喉结两侧之颈总动脉之技，以阻断大脑氧气血液之正常供应，致人昏迷和死亡，同以前的绝头以力横断相比，绝头以指巧压更可说是技高一筹，实现了攻击部位由面到点，手法上由断折关节到压按穴位的突破。

擒拿术作为一门独特的技术经由历代武学理论和实践的发展而不断完善，

其名称也因时代、地域、流派而不同,技术方式更是各具特色。明代有锁技,清代有串指,民国有擒拿之称,而今天,人们将所有这些技术统称为擒拿术。

"擒拿"一词中,"擒"字的含义在古文中非常明确,"擒者,捉也",而"拿者,牵引也",二者合并表示以某种方式捉拿之意。擒拿的方式也随着人们在实践中不断总结和积累日臻完备,蔚为大观,从而使擒拿术的内涵和外延不断发展变化。

擒拿术作为中国武术四大格斗术之一,既不同于"踢"、"打"之勇猛明快,又有别于"摔"之角斗拼搏。其独特的技法和出奇制胜的效果吸引着历代拳师刻苦钻研、反复实践。中国武术门派众多,各门各派皆有其独特的擒拿之术,如查拳中的抓肩压肘、华拳中的虎爪猿缠、八极中的大缠与小缠、通臂中的擒龙手、太极拳中的上步擒打等。随着理论的进一步发展和技术的不断积累,出现了专门的擒拿术,如民间流传的"少林拳擒拿十八法""三十六合锁""七十二擒拿"等。

今天的擒拿术主要是以人体解剖结构、筋骨活动规律和经络学说为依据,使用刁、拿、锁、扣、扳、点、缠、切、拧、挫、旋、卷、封、闭等招法,以拿敌一部而制敌全身为目的的进行擒捕与解脱、控制与反控制的专门技术。

(2)点穴术

常在武侠小说中看到这种场景,一位武林高手一旦被点穴后,便像雕像似的呆立不动了,或者狂笑不已,或者昏睡不起,使这种格斗技术更披上了一层神秘的面纱。又由于古往今来,掌握这种奇门秘技的武林高手不多,并由于点穴高手深藏不露,秘而不宣,要想学习,真正掌握此种绝技,极其不易。故今日之武林中,点穴术已近绝迹,只存在于文学作品的想象之中。

点穴术与一般武术不同,它是根据人体血气"子午流注"理论创造的一种精密技击绝学,"隔气血之通路,使不接续;壅塞气血之运转,使不流通"。因其专门击穴,而人体穴位目标极小,隐蔽难寻,极难击中,再者为了达到点穴的奇特效果,使用时还要讲究击打的时刻,所以要想真正掌握此种绝技,极其不易。然而,点穴技术共有四大绝技,只有学习掌握后,才能成为武林高手,成就一代绝学,即认穴、寻经、内功劲力和制敌绝招。简要介绍如下。

点穴术,其攻击目标就是穴位,所以首先要详知绝穴真位,方能依其定时,举手投足而伤之,否则无的放矢,枉费工夫。因此叫"认穴"。

第一编 武学的诞生

武当点穴术主攻之穴有 36 处,称之为天罡 36 绝穴。"绝穴"即知名绝杀之穴,也叫"死穴",一旦点准,立可令敌伤亡,武功秘籍谆谆告诫,练习者非在极端困厄之时是绝不能出手的。

《天罡 36 绝穴秘籍》

武林穴法自古秘,传抄流转错讹偏。
悉知绝穴在何处,人身经络仔细找。
道家天罡三十六,堪破玄机刻心间。
子午留注明道理,灵龟八法时辰分。
致命穴位六六定,阴阳协理机其变。
数术妙法多精髓,武当真谱传于君。
头乃六阳诸首领,重击震荡皆要命。
一指取效八卦位,百会神庭印堂连。
人中耳门太阳穴,脑后风池并哑门。
颈部咽喉夹人迎,前胸四穴要认真。
檀中穴下连鸠尾,两旁乳中膺窗平。
脘腹胁肋共五行,巨阙商曲期章京。
小腹聚精要穴六,神阙气海元宫轮。
中极曲骨腹结跟,督脉一线需留神。
灵台命门尾闾并,下寻首进海底源。
腧穴有四仔细听,肺肾厥阴气海并。
臀部两旁乃环跳,志室穴连两腰肾。
涌泉穴注两足心,记之纯熟千万遍。
只学穴法不练技,徒费心机杠费神。
移身坎影圆中圆,多习一技不压身。
死手活法皆需研,岐黄之术出圣人。
武技首当德为先,济世活人留美名。

点穴术所点的穴位须在实穴,而不是空穴。空穴,是指血气之头未至或已过之穴位。如果点击空穴,大力所至也可伤人,但绝对达不到点击实穴的特等功

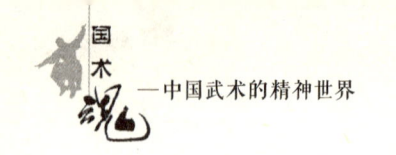

效。所以只有点其气血之头,阻其运行,才能达到事半功倍之效。所谓寻径,即寻求气血流行之途径。

要达此境,除了知道穴位精确位置之外,还要寻根究底,即深切地了解与熟识人身气血流行的途径,搞清楚何时气血之头当达何穴,何时血气之头经过某处,然后再依时辰之变化,点击应点之穴,则气血之头被阻滞,前行不得,退又壅塞,而致敌气血紊乱。这就需要学习者有一定的医学人体知识。

秘籍上告诫说:熟读诀谱,于气血循环之理寻根究底,是向上逆行,还是向下顺行,还是向旁横行;已到何经,已到何脉,已到何穴,如此种种,要心知肚明,临敌之际,方能得心应手,出奇制胜。

内功劲力是指练习者体内气功、指上劲力的强大程度,特别强调"寸劲指"的技法;此外是指"靶功",即出手点穴的精准度和随机应势、抓住时机点穴杀伤的高级技击能力;最后是"眼力",武林技击讲究"眼为手先",眼为心灵之窗,脑之侦探。拳谱上说"心为元帅,眼为先锋","百拳之法,以眼为尊","其机在目,敌情预晓"等,都说明眼力在武术攻防中的重要性。

绝招是一招制敌,一击必杀的攻防具体作战技巧,具有极大的威力,为秘而不宣的独门秘技。

(3)暗器

暗器在中国武术史上,有相当高的价值。武术家们认为相当于现代军队中的手枪,但手枪运用大多在明处,没有体现出一个"暗"字,因此我认为一个武功高手使用(暗器),相当于战争中将军对垒时,埋伏在特殊地点中的"狙击手"。

武林高手认为,学武之人,在拳法功夫练成之后,会有"一招鲜,吃遍天下"的想法。然而天下之事,往往不能预料,山外青山楼外楼,强中自有强中手。如遇上强敌,自己的技术又不如对方,危急存亡之时,若用暗器,既可以制敌,又可以转危为安。又如遇上敌众我寡,强敌环伺,围攻甚急,急欲脱身不得,若以暗器解围,是最上佳的策略。无论何等的高手,多一种技术,在攻防对战中,就多一分便宜。所以对于"暗器",武林人士认为宁可学而不用,却不可不学。

江湖上,武林中,暗器的种类繁多,主要分类有以下三十多种:绳镖、脱手镖、单筒袖剑、梅花袖剑、流星锤、柳叶飞刀、飞蝗石、飞爪、飞叉、飞锐、掷箭、狼牙锤、铁蟾蜍、金钱镖、铁橄榄、龙须沟、雷公钻、如意珠、吹箭、鹅卵石、弹弓、喷筒、锦套

第一编 武学的诞生

索、弩箭、紧背花袋弩、踏弩、标枪、袖炮、软鞭、梅花针、乾坤圈、铁鸳鸯、铁莲花、飞剑、鸟嘴铳(相当于现代的手枪)等。

一招制敌的暗器

当然,武林中也有人认为,武学者只许明枪交战,岂可暗箭伤人？暗器虽然可以制敌,但毕竟是暗中损人的不道德的手段和工具,何必要去学习呢？然而反驳之见认为,这是迂腐之论。无论何种制敌之利器,主要用得正,讲究义。同一把杀人之刀,强盗用于打家劫舍,而司法人员用于除暴安良。更何况是暗器呢？武功秘籍主张,暗器在不得已时,紧急之际始用之,一是逢大盗,必欲擒之;二是遇强敌逼迫,不能脱险时;三是追捕逃犯,远距离难以追上之时。这时多一种技术,多一分便宜,使用暗器是正当的用途了。然而也反对滥用,不讲武德。

尽管如此,道德问题仍然是暗器本身面临的头号难题,中国人是十分讲究名分的,做什么事情总要有个正当的理由,用正当的做法。使用暗器的问题就在这

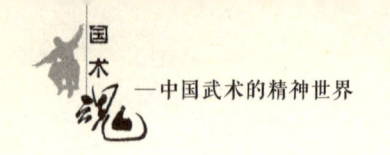

做法上，随便用这些东西可能会招致道德缺失、心理阴暗，背负着本事不够只好用下三滥手段等恶名。背负着这些恶名的人即便是站在正义的一方，也往往是不光彩的，但是，在历史的进程中，暗器的生命力远远高于其他冷兵器。

(4) 双截棍

几十年前，由功夫巨星李小龙把它推上银幕后，成为中国武术和兵器方面的象征之一。在外国人的心目中其威力不下于刀剑。如今的双截棍是一款国际化的冷兵器，去网上查一下，很多不同肤色的人都在鼓捣这并不起眼的短兵器，还成立了一个国际组织"世界双截棍协会(WNKA)"，而大多数中国传统冷兵器如今还只能在中国国内这个小圈子里活跃着。

双截棍得以成名的依托是李小龙的截拳道，可以理解为一种国际化的、经过一定改造的中国武术。它吸收了众家之长，采用已被人们接受并成功地开始商业化运作的武馆形式，赋以更加西方化、简明化的技击术和哲学思想，并利用新的宣传方式(电影)，从而得以成功。

双截棍属于短兵器、软兵器，舞动时威风凛凛，寒气逼人，杀伤力极大。它既有棍子的勇猛快速、气势逼人，又有暗器的突然袭击、出其不意之效果，并且能像暗器一样隐藏在身上，在攻防对战中，讲究打击突然、猝不及防的特点。演绎时要求棍法、步法、手法、身法紧密协调配合，招式奇特，深受习武者的喜爱。

[二] 武术世界的主导

堂堂意气走雷霆,
凛凛威风搁霜雪。
将军下令斩荆蛮,
神剑一挥千里血。

——宋代·佛鉴慧琴《堂堂意气》

一、天下武功汇少林

> 三十六峰凌紫霞,
> 白云深处有僧家。
> 影摇绝壁菩提树,
> 香霭空门般若花。
>
> ——清代·赵贞吉《少林寺》

嵩山少林寺,始建于北魏太和十九年(公元495年),是北魏孝文帝为安置印度高僧跋陀而敕建的皇家寺院。南北朝时期,禅宗初祖达摩来到嵩山,看到这里山色秀丽,环境清幽,认为这是一块难得的佛门净土,就在这里广集徒众首传禅宗。面壁九年后,创立了中国禅宗的少林功夫。

少林功夫被认为是武林第一大派,它是中国历时最长,影响最大,拳种最多的武术派别。其发源地河南少林寺,地处中岳嵩山之上,历来为兵家必争之地,因此,尚武之风自古盛行。少林功夫集武术之大成,荟萃各家拳术之精华,尽力充实,刚柔相济,快慢相兼,动静相宜。少林功夫是古代少林僧人根据健身需要结合技击技术,吸收各派拳术之长发展而成。它的门类之多,据传有二百六十多种,虽有部分失传,现存仍有一百多种武功。同时,少林寺还在各地创立分院,把功夫辐射向全国。许多武术门派的源头都与少林功夫有着千丝万缕的关系。因此历来有"天下武功出少林"之说。

少林寺是正宗少林功夫的发祥地,但少林功夫的起源一直就是一个历史之谜。那么,究竟是谁创立了这种名闻天下的武功呢?我们有必要追根溯源一下。

佛教理论对武学的促进

北魏太和十九年,即公元495年,一个叫跋陀的小乘教和尚从古印度徒步来到中国。他喜欢隐居在幽静的地方,信奉佛教的孝文帝就派人在河南少室山下的密林深处为他建了一座寺院,取名少林寺。跋陀阐释主持少林寺后,四方僧众慕名而来,少林寺初具规模,但此时的少林寺主要是为皇家翻译佛教书籍,并无习武的风气。所以,跋陀本人不会武功,他并不是少林派的创立者。

公元527年,另一位印度高僧达摩来到嵩山少林寺,传授佛教的禅宗,他面壁九年,静坐修心。如今达摩被尊称为中国佛教禅宗的初祖。同时,有史学家认为少林功夫的创始人也许正是达摩。

达摩十八手传说最初就由达摩所创。当年达摩终日静坐,不免筋骨疲倦,他发现很多弟子坐禅时间久了,昏昏欲睡,精神不振,加之少林寺坐落在深山老林,需要随时防备各种野兽的侵袭,于是达摩仿效我国古人锻炼身体的各种动作,变成用于健身的活身法,并传授给其他僧人,而这就是少林拳的雏形。

此外,达摩在空闲时间还练习铲、剑、杖等器械,这些用于防盗护身的武器动作,后人称之为达摩铲、达摩剑和达摩杖。他又吸取鸟兽等动物的飞翔、腾跃的姿势,发展活身法,最终创造出了一套动静结合的达摩十八手。

然而,近些年来,许多史学家却认为达摩并非是少林功夫真正的创始人,因为他们至今没有在任何史料中发现达摩创拳的历史记载。

达摩于5世纪末在广州登陆,首先在中国南方活动,并曾经在南方梁朝的都城建康(今天的南京)和皇帝萧衍(502—549年在位)讨论佛教教义。达摩是瑜伽行派的传教士,他依据一部叫作《楞伽经》的著作,主张通过"禅定"(Dhyāna)的方法达到对阿赖耶识的体验。"禅定"是一种通过长时间静坐集中精神的方式,经过长期的练习可以产生出奇异的身体体验。为了达到最佳效果,达摩强调静坐必须对着空空的墙壁,以免受到任何不必要的干扰。

达摩试图教导萧衍履行这种有效的修行方式。萧衍是虔诚的佛教徒,但他却是以一种奇特的方式表达自己对佛教的热爱:首先宣誓成为僧侣,再由大臣们从国库中拨巨款,从佛寺中将他赎回,以此途径对佛教寺院提供慷慨的经济支持。这位甘于奉献自己的皇帝对达摩所提倡的坐牢式修行术却毫无兴趣。达摩受到了冷遇,不得不失望地离开浮华的南方帝国,到北方的魏国去传播他的新教义。据说他是站在一根芦苇上漂过扬子江的。

达摩祖师和慧可二祖像(明代)

没过多久,小乘佛教的大师跋陀死后,少林寺希望继续招揽印度僧侣以维持自己的地位,于是迎接达摩入驻。菩提达摩在少林寺的活动缺乏可靠史料。唯一确定的是他在6世纪30年代收了一名叫做慧可(487—593年)的门徒。他可能还有其他学生,但是慧可最得到他的宠爱。慧可有着道教和武术的背景,为了成为达摩的门徒,他不仅在雪地站了三天,而且砍断了自己的一条胳膊。据说这种自残行为让达摩看到了慧可修习禅定的决心和潜质。总之他接受了慧可作为自己的弟子。事实证明,慧可是一名聪慧过人的学生,达摩在死前将衣钵传给了慧可,象征着他得到了自己的真传。

在传统历史叙述中,据说武功秘籍《易筋经》是慧可在达摩去世后,在他身上发现的。其实,慧可在达摩的遗物上发现的,可能是梵文本手抄的《楞伽经》,

是达摩从印度带来的佛经手稿,此后一直被珍藏在少林寺的藏经阁(图书馆)中,直到明代时期离奇被盗。

《易筋经》则是独立的发明,既基于中医和道家的经脉理论,又吸收了印度的脉轮(cakram)学说。有趣之处在于,本书有两个版本,即梵文本和中文本分别流传。

这一点可以从慧可的生平找到答案。6世纪中叶,北方的魏王朝进一步分裂为两个对立的政权——东魏和西魏——而相互攻战。少林寺正好处于双方争夺的中心地带。在这一时期,慧可携带着《楞伽经》的梵文手稿逃离了混乱的华北,来到中国西南部的峨眉山隐居。在那里他结识了另一位来华印度僧人般刺密谛。慧可可能拿出自己正在撰写的《易筋经》与般刺密谛就佛教学理及其与瑜伽修炼方面的共性加以研讨。

大概是为了讨论的方便,《易筋经》被他们翻译为梵文的形式,并且加上了图示。因此,《易筋经》同时产生了两个版本,此后一直被保存在少林寺。这似乎是唯一能够解释梵汉两个版本并存的理由。

在东魏和西魏战乱时期,慧可一直在四川撰写《易筋经》和另一部相对重要的武学著作《洗髓经》。北周统治时期发起了浩大的反佛教运动,慧可也不可能在此时回到北方。在隋朝杨坚称帝后,慧可终于返回了残破而冷落的少林寺,重新招收僧徒和传授武术。慧可活了百岁之久,死于公元593年。在这位佛学和武术大师死后,他的弟子似乎分成了两个派别。慧可本人最喜欢弟子僧璨,并宣称他为自己的继承人。

但僧璨只是一个虔诚的佛学家,对武学的了解有限。他和他的学生相对新兴武术僧侣完全缺乏竞争力,很快就遭后者排挤而离开了少林寺。僧璨和他的继承人们此后一直在南方各省活动,并创立了佛教理论中著名的禅宗。另一方面,一旦武术僧侣占据了统治地位,少林寺也从一个普通寺院转变为历史上第一个武学门派。

由此看来,北魏时期少林寺中已出现了练武的僧人,但他们的师父却并非达摩,他们在剃度之前就已经练习民间的武艺。正是这些出生不同、经历各异的普通僧人将武术带进了少林寺。也许正是僧人们修禅之余的武术切磋形成了少林功夫的雏形。

第二编　武术世界的主导

然而,不可否认的是,达摩和慧可的佛学理论和禅修活动,奠定了这种民间武艺的禅学根基,并重新改造了它的理论和技术实践。最终于公元6到7世纪,真正意义上的少林武学诞生了。

实际上,少林功夫不仅仅是一种武术,而是一种修行。"功夫"一词是佛教专用名词,禅宗的修行成果就叫"功夫"。比如坐禅、参话头就叫"做功夫","做功夫"的目的是为了开悟成佛,超凡入圣,彻底改变人的品质。禅宗讲修行悟道是不分场合的,日常生活的行、动、坐、卧、走都是修行,坐禅是修行,练武也是一种修行,习武本身就是少林僧人修禅的法门,即"武禅"。

禅拳归一

僧众们不过是借练功习武达到收心敛性、屏虑入定的目的,同时也可收到健身自卫、护寺护法的效果。

"武禅"有两重含义:一是禅为武之主,即武是禅的表现,是禅生命的有形化;二是武为禅之用,禅是武的精神本质,以禅入武,便可达到武术最高境界。少林武功强调专注一境,以达心空、意空、万念尽空的境界;性清净而发,不受外境所牵制,身处于万变之中而心不为所动,参悟拳理,以明禅机。

少林功夫作为少林寺僧人日常生活的组成部分,被纳入学佛修禅之中。练武的主体是禅者,禅心运武,透彻人生,内心无碍无尽,这就是禅道,禅拳归一。

命运转折的十字路口

少林武术因少林寺而得名,少林寺也因其武术而闻名,即所谓"武以寺名,寺因武显",二者结下了不解之缘。

然而，从少林寺创立初到隋朝末年的百余年间，少林武术的练习仅局限在寺院内部，它们不过是僧人参禅期间的健身方式，从未引起过世人的注意。直到隋末唐初，少林寺历史上一个极其重要的事件将它骤然推向了命运转折的十字路口，这就是历史上著名的十三棍僧救唐王的故事。

少林少林，有多少英雄豪杰都来把你敬仰；少林少林，有多少神奇故事到处把你传扬。精湛的武艺，举世无双，少林寺威震四方。悠久的历史，源远流长，少林寺美名辉煌。千年的古寺，神秘的地方；嵩山幽谷，人人都向往；武术的故乡，迷人的地方；天下驰名，万古流芳。

这就是电影《少林寺》中的主题曲，成为现代街头巷尾男女老幼耳熟能详的歌曲，而电影创作的史料就来源于十三棍僧救唐王的故事。

从大业七年(611年)隋炀帝征高句丽起，不断调兵征粮，举国骚动，民不聊生，纷纷起义，烽火遍地。大业末年，少林寺也遭到"山贼"劫掠。他们冲入寺内，抢粮抢物，放火焚烧塔院。不得已，寺僧便拿起木棍自卫。

到了619年，盘踞在东都洛阳的王世充，废掉了自立为帝的隋越王杨侗，自称"大政皇帝"，建元"开明"。

隋开皇年间，隋文帝杨坚曾赐给少林寺土地一百顷，在寺院西北约二十五公里的柏谷屯(今属偃师县境)一带。王世充把柏谷屯改为"辕州"，让侄子王仁则驻守在那里。少林寺的土地就这么都归了王仁则，僧众失去了斋粮的来源，度日更加艰难。

这时候，隋朝的太原留守李渊，也在儿子李世民等的支持下于617年起兵反隋，并得到了突厥的援助。次年五月，李渊称帝，国号"大唐"，年号"武德"。李世民称"秦王"。李渊等先据关中大部，又东下攻击王世充。

当时的少林寺寺主志操是位有政治眼光的和尚。他审度天下大势，预见到唐朝将一统天下，便与众僧商议拿下辕州城，投奔秦王。于是，一群少林僧人潜入城内，取得了守城的军官赵孝宰的支持；另一群少林僧人埋伏在城外，伺机而动。四月廿七日这一天，众僧里应外合，年轻而有武术功夫的昙宗等人擒拿了王仁则，赵孝宰等打开城门，唐军与少林僧人一拥而入，夺取了辕州城，归顺唐朝。

然而，正是这个故事引发了史学家们激烈的争论。传统观点认为，十三棍僧救唐王确有此事,而有些专家却认为这根本就是一个虚构的传说。支持者认为,十三位少林武僧曾经救过唐王李世民性命的证据就在寺内,寺院东北角观音殿里的壁画是最确凿的证明,其中《十三棍僧捉王仁则图》所绘的便是少林僧人与唐王李世民并肩作战的情景。

但是,反对者又指出壁画并非隋朝留下来的,而是绘制于晚清年间,也许只是人们依据传说进行的一种艺术创作,它并不能说明十三棍僧救唐王是真实的历史。

然而,正方的另外一个依据更加确凿:在少林寺大雄宝殿前面《太宗文皇帝御碑》上面刻有李世民当年亲笔所写的圣旨。碑文中,李世民高度赞扬十三棍僧的赫赫战功,并赐少林寺耕地四十顷,水磨一具,封昙宗和尚为大将军。石碑上还清楚地刻有昙宗、惠玚、志操等十三名棍僧的法号。

从上述记载可以研究得出两个重要的发现:一是当一种技术或一种学术理论能看清社会历史发展方向,选择好一条正确的发展途径,并且得到统治阶层的支助,它的发展就会兴旺发达,不会受到压抑,这就是把握命运转折的关键机会;二是一个清静、专心修禅、不问世俗政务的寺院,在战乱的年代,也需要有自我保护的能力。

其实隋朝时期,少林寺方丈为了保护庙宇的安全,已经从寺僧中选出身强力壮、勇敢灵巧或善于搏击者组织成一支专门队伍。最初,他们的任务是护寺,他们被称为武僧。看来,当时的少林寺已经具有了一定规模的武装力量。

北魏至唐代的少林寺,就有两条寺僧武装的史料。

一条是《皇唐嵩岳少林寺碑》里的记载:

> 大业之末,此寺为山贼所劫。僧徒拒贼,遂纵火焚塔院。瞻言灵塔(即跋陀遗身木塔)岿然独存。

文中的"山贼",可能是揭竿而起的暴动者;"僧徒拒贼",显然是说僧众武装保卫寺院。

另一条就是武德四年(621年)四月廿七日,少林寺上座善护、寺主志操、都维那惠玚等十三位僧人,暗中联合辕州司马赵孝宰、罗川县令刘翁重等人,里应外合夺取辕州城,生擒王世充之侄王仁则,归顺秦王李世民的事件。

少林武僧演武场面(白衣殿壁画)

这表明,在战乱年代,少林寺的僧人只能被迫选择武装斗争的方式来保卫寺院的利益。

即使到了清代,少林寺这种习武的风气,以及以武装斗争的方式来自卫的传统依然不减,从许多文人、学者、官员来少林寺拜访后留下的诗作中可见一斑。

名香古殿自氤氲,舞剑挥戈送落晖。
怪得僧徒偏好武,昙宗曾拜大将军。

——徐学谟·《少林杂诗》

震旦丛林首嵩少,苾蒭千馀尽英妙。
战胜何年辟法门,虎旅从兹参象教。
我度轘辕适仲秋,晓憩招提到上头。
倏忽绀园变莕舍,缁徒挺立如貔貅。
袒裼攘臂贾余勇,抗声鼓锐风雷动。

第二编 武术世界的主导

蜂目斜视伏狙趋,距跃直前霜鹘竦。
迅若奔波下崩洪,轻若秋箨随轻风。
崖目高眶慑猛兽,伸爪奋翼腾游龙。
梭穿縠转相持久,穷猿臂接鼍兔走。
李阳得间下老拳,世隆取偿逞毒手。
复有戈剑光陆离,挥霍撞击纷飙驰。
狮吼螺鸣屋瓦震,洞胸斫胫争毫厘。
专门练习传流古,凭轼观之意欲舞。
自从武德迄当今,尔曹于国亦有补。
偶来初地听潮音,观兵何事在祇林。
棒喝岂是夹山意,掌击宁关黄蘖心。
彭泽载酒惬幽赏,崖桂高梧对潇爽。
一时佛谓散空华,庭阴满院风泉响。

——公鼎·《少林观僧比武歌》

梵宇称奇绝,山僧负胜名。
谈玄更演武,礼佛爱论兵。
勇冠三军气,心雄万夫英。
中原飞羽檄,借尔戮长鲸。

——周易·《入少林寺》

暂憩招提试武僧,金戈铁棒技层层。
刚强剩有降魔力,习惯轻携搏虎能。
定乱策勋真证果,保邦靖世即传灯。
中天缓急无劳虑,忠义毗卢演大乘。

——程绍·《少林观武》

从明代和清代起,史书中对少林寺的记载和以前相比有了一个明显的变化,那就是关于少林功夫的记载越来越多。少林寺碑碣、登封的地方志以及大量诗文、游记都记载了少林僧人练武的情况。"谈玄更演武,礼佛爱论兵。"这些资料表明，在明代清代年间，习武已经成为少林寺僧人每天生活的重要组成部分，并引起了世人极大的兴趣。

前文所述，因十三棍僧救唐王，唐太宗李世民登基之后，仍给予了少林寺极为优厚的赏赐。当时的少林寺占地近一万亩，有大殿十余座，寺僧发展到七八百人，其中拥有高强武艺的近百人。由此，少林寺名声大振。而少林功夫也在实战中经受住了严峻考验，他们总结了搏击经验，确立了少林功夫从实战出发的特点。

因此，少林寺规模空前扩大，寺产颇丰。保护寺产安全及重要社会活动的正常开展，对武僧们的技击水平提出了更高的要求。习武成为寺僧们重要的生活内容，这种传统一直持续了好几个朝代。这是"时势造英雄"，是社会历史发展给一个寺院的发展带来的独特机会和境遇。

以后，在整个明朝统治的276年间，少林僧兵不断接受朝廷征调，平定叛乱，镇守边疆，抗击倭寇。少林僧兵屡立奇功，使少林功夫在明朝名闻天下。同时少林寺内，习武之风极为兴盛，成为了一个僧俗共同练武的地方。少林拳法与棍法都在明朝形成了完整的体系，成为历史上少林功夫最为辉煌的一个时期。

但是，少林寺在明朝的辉煌转瞬即逝。公元1644年，清军入关，建立了中国历史上最后一个封建王朝——清朝。此时，终日习武不参政事的少林寺却被朝廷认为是反清复明的中坚力量，少林功夫的延续受到了前所未有的威胁。特别是雍正年间曾下令禁止民间习武，即使是拥有千年习武历史的少林寺也被列入其中。然而少林功夫的传承并未就此中断，他们开始将练武活动由公开转为秘密，由室外转入室内。

由此可见，少林寺武术门派的兴盛与衰落，与封建王朝的统治政权的意向息息相关。统治阶级一般都是采取"顺我者昌，逆我者亡"的态度。少林寺与当权者合作，其命运发展就兴旺；少林寺与当权者不合作，甚至采取对抗的态度，那么它就会受到压制或迫害。封建统治者希望的少林寺武装，是当权者的御用武装，成为他们的鹰犬或打手。但这是一部分少林武术人士所不愿意的事。于是内心的矛盾和外在的冲突，始终存在于少林武术的发展历史过程。这是中国其他江湖、武林门派所少见的现象之一。

少林寺习武的另一个重要的目标是宗教修为，是获得佛学思想、提升修习者个人境界的一个重要的手段。其中"禅武合一"是少林功夫中最核心的理念,自古以来,少林僧人都以参禅悟道为自身修行的目的,而练习少林功夫是在强身健体、保护寺院的同时进行修禅的方法。在刻苦训练的过程中,感悟佛道,再利用佛学思想提高少林功夫。这样一来,必然要与世俗政权的维护统治的利益发生冲突,冲突发生到极点时,厄运也就来了。

特别是到了清末民国初年,军阀混战,各地势力割据,一些武装势力甚至到了无法无天的地步。少林寺的当家住持无奈之下,只好"以菩萨心肠作金刚面目",购置枪械,训练僧兵,成立少林寺保护团,并任团总,以备不测。少林寺历史上,最大的一场灾难正在向他们一步步逼近。

1922年第一次直奉战争时,盘踞在洛阳的直系军阀吴佩孚部下的河南暂编第四团团长樊钟秀将指挥部设在少林寺内,少林寺就此无奈地被卷入军阀混战的旋涡之中。1928年,樊钟秀部和冯玉祥手下的军阀石友三部在少林寺以西交火,结果樊钟秀部被击溃。石友三率部追至少林寺后,出于报复,先纵火烧了法堂,次日又命士兵把煤油抬到寺中,继续进行焚烧。从3月15日开始,大火连烧40天,少林寺的天王殿、大雄宝殿、紧那罗殿、六祖殿、钟鼓楼、东西禅房等主要建筑全被烧毁,少林精华尽遭浩劫。

大火之后,少林寺到处是残垣断壁,徒僧星散,方丈素典与仅剩的30多名和尚勉强维持着一派破败的景象。少林寺与当时的国家命运一样处在风雨飘摇之中。最可悲的是,少林寺经此一劫,其原有的武术文化和遗产也遭到万劫不复的破坏,武术书籍的被焚毁,武术人才的流失,其损失都是难以估量的。尽管近年来有所恢复,但与以往真实的少林武术相比,相去甚远,重建和恢复的工作还有必要继续进行。

天下对手,教会武僧

少林寺僧人习武,在明代达到高潮。万历年间的游记中,有不少关于少林僧人习武的描写。到了清代,这一题材又有了较大的发展。蒲松龄(1630—1715)《聊斋志异》中的武技,清凉道人《听雨轩笔记》中的庄叟技力,郑燮(1693—1765)《郑板桥笔记》中的魏子兆,俞樾(1821—1906)《荟萃篇》中的莆田僧,刘鹗

(1857—1909)《老残游记》中的刘仁甫等,都是人们喜闻乐见的人物故事。

少林功夫引起了明清历代皇帝的注意,僧兵就像是一支特种部队,不断接受国家的征调。周友、月空、小山等著名的少林僧兵就是在这种情况下走向了战场。

明代永乐皇帝以后,军功分为奇功、首功、次功三等。少林武僧周友曾经三次立下奇功,由此得名"三奇周友"。周友曾前后四次出征,最多的时候带三五百名和尚去打仗,在河北打过当时的平民武装刘六、刘七;在山东剿灭过土匪王堂;云南的苗族发生动乱,他一直远征到云南边陲。可见周友的英勇善战。他的墓碑上题有"天下对手教会武僧"八个字。

天下武功汇少林(一)

"天下对手"是讲天下的武林界人士为我们对手,这个"对手"不是现在一般意义上的敌对之士解释,而是武学交流的朋友。"教会武僧"是前一句意义的延伸,有那么多的训练伙伴、练习伙伴,目的就只有一个:大家在武术上进行交流,以提高整个少林寺和天下的武术武艺水平。

"天下对手教会武僧"八个字显示了少林武僧的自信和向天下武林高手学习的谦虚胸怀。那么什么原因使少林功夫在明代和清代如此兴盛呢?

16世纪明朝的重要国策是抗击倭寇的侵扰。日本倭寇多由武士组成,他们在中国沿海掠夺财物,残杀百姓,成为明朝心腹之患。倭寇使用的是倭刀,它们的刀法奇诈诡异,明军正规部队经常吃败仗。于是,以武功闻名天下的少林武僧应征出战,他们手持铁棍作为明军前锋,这支特殊部队的首领是少林武僧月空和尚。

少林寺历史上最著名的一次抗倭战争发生在1553年,少林武僧使用的铁棍约长七尺,重七八公斤,这场僧兵与倭寇的搏杀持续了10天,结果100多名倭寇被全部歼灭。关于当时的战斗细节,《云间杂志》记载说:"一贼双刀而来,月空坐不动,将至,身忽跃起,从贼顶过,以铁棍击碎贼首。"月空动作干净利落,禅武味道相当浓烈。

少林武僧们用超凡的勇气和高超的武功取得了战斗的胜利,而他们所使用的武器就是威震武林的少林棍。

少林功夫以拳法、棍术闻名,其中更以少林棍术最受推崇,自古有少林尚棍和棍尚少林的说法。少林棍有三分棍法七分枪法、兼枪带棒的特点,注重实战,大抢大劈,全身着力,呼呼生风,身棍合一。那么,少林功夫在众多的武术器械中为什么偏偏选择了棍呢?

天下武功汇少林(二)

在《少林十诫》中规定,少林寺僧和俗家弟子习武尽可用于自卫。棍是钝器,且为木质,一般情况下杀伤力远逊于刀剑等金属利器,使用木棍自然较为符合仅能有限地运用武术的佛门弟子身份。于是,用棍就成了少林寺武僧装备不成文的规定。

如今,在十八般兵器中,棍术被认为是艺中魁首,是练习一切兵器的基础,有"诸艺宗于棍"之称。少林棍不仅是少林功夫的代表,更成为中华武功里棍术的代表。

《少林棍法阐宗》由明朝著名武术家程宗猷所著,是迄今发现的最真实可信的少林棍法著作。书中介绍了小夜叉、大夜叉、阴手、破棍等少林本门棍法,并对自己在明万历年间出入少林寺习武十几年的经历予以记载。

一代武学名家,抗倭名将俞大猷(1503—1580),与少林寺有一段特别的缘分。少林武术中的棍法,即得了俞大猷的真传。

俞大猷，字志辅，泉州人，先后从师于棍法大师李良钦、《赵注孙子兵法》的作者赵本学，又从师于刘邦协、林瑛等人，皆为一时武术名流，他本人的武艺更是集诸家之精华。

俞大猷早闻少林寺有"神传长剑技"。嘉靖四十年(1561年)，他由北云中奉命南征时，曾专程访问少林寺。在观看了上千位以精通剑术知名的武僧的表演后，他直言不讳地对方丈小山宗书说："此寺以剑技名天下，乃传久而讹，真诀皆失矣！"

于是，小山方丈挑选了两位年少而有勇力的僧人宗擎、普从，随俞大猷南行，以便学习。

俞大猷在出入营阵之中，时时授二人以阴阳变化真诀，又教以智慧觉照之戒。三年之间，二人皆得真诀，虽说未至得心应手之神通，但"十步一人，千里不留行"的功夫是学得差不多了。

此后，二人辞行，北归少林寺。他们将所学剑诀禅戒传给寺众，所学最深者达百人。

又过了十二年(1576年)，宗擎赴京师戒坛受戒并留下听经论。次年(1577年)四月某日，他专程去神机营拜访俞大猷，感谢师恩，并告知普从早已去世。

师徒喜再相逢，一叙往事。俞大猷临别时赠以《剑经》，勉其精益求精，并写诗一首相送。诗曰：

　　　　学成伏虎剑，洞悟降龙禅。

　　　　杯渡游南粤，锡飞入北燕。

　　　　能行深海底，更陟高山巅。

　　　　莫讶物难舍，回头是岸边。

宗擎感动流涕，也写一诗回赠。诗云：

　　　　神机阅武再相逢，临别叮咛意思浓。

　　　　剑诀有经当熟玩，遇蛟龙处斩蛟龙！

宗擎将《剑经》带回了少林寺。

俞氏《剑经》专讲棍法，为一代名著。戚继光(1528—1587)评价其所讲"短兵长用之法"为"千古奇秘"。又说："不惟棍法，虽长枪各色之器械，俱当依此法也。近以此法教长枪,收明效。极妙!极妙!"

少林武僧得《剑经》后,经过五六十年的传习,到明末已获得很高声誉。茅元仪在《武备志》中称颂说:"诸艺宗于棍,棍宗于少林。"《剑经》总诀的"一打一揭,遍身着力;步步进前,天下无敌"就是少林棍法中"五虎拦"的来源。

对于少林派武术的创立和传播,少林寺僧众曾作出过重大贡献。同时,还应看到民间的武术、军中的技击对少林武术的形成和发展也起了不可估量的作用。少林寺位居中原嵩山腹地,其得天独厚的地理位置,使之成为重要的会武场所。因此,僧俗得以云集一堂,切磋技艺,交流武事,使少林武术兼容并收,汇诸家技法于一炉。这一方面促进了技精艺湛,日臻完善;另一方面说明了它是僧俗共同作用的劳动成果、智慧结晶,是民族千百年来武学文化的杰作。因此,少林武术具有非凡的魅力,举世推崇。因此与其说"天下功夫出少林",倒不如说"少林功夫出天下"或"天下武功汇少林"。

少林武功的基本特质与类别

少林武功以其悠久的历史、完备的体系和高超的技术境界独步天下。少林武术分为拳术、器械和功夫三方面。少林拳是少林武术的核心,分为外功拳和内功拳,外功拳凌厉刚劲,内功拳寓柔于刚;器械尤以棍术最为出名;功夫以练气和养气为主,分为内功、外功、硬功、轻功、气功。

少林拳术的最大特点是注重技击,立足实战。因此,其套路结构短小精悍、严密紧凑、巧妙而多变,绝无松、懈、空、散、滞之弊。进则有方,退则有法,一气呵成。故拳理云:"身之收纵,步之存尽,手之出入,或进或退,或起或落,皆当一气贯汴。"

少林拳动作的起、落、进、退,多为直来直往,在一条线上进行运动。因与对手相接,无非是正面或侧面的进攻与防守,进、退、转、侧亦无非几步之距离,直线运动最为有效,不需绕多大的圈子。因此,又有"拳打卧牛之地"与"拳打一条线"之说。这既形象地比喻了演练少林拳不受场地的限制,可大可小;又揭示了一个道理,少林拳术可在"卧牛之地""方寸之内"施展自己的解数,发挥拳脚的威力。

少林拳主刚，要求刚健有力，勇猛快速，即所谓"起如举鼎，落如分砖"，"使势千着，一快为先"。这便给人以力度感、速度感。但任何事物都是矛盾的统一体，因此，又要求刚柔并济，快慢相兼；动静得宜，外猛内静。并做到"刚在他力前，柔在他力后"；动如风，站如钉，重如山，轻如毛；守之如处子，犯之如猛虎。静则以逸待劳，动则使其无喘息之机。缓时如春风微波，风平浪静；快时如惊涛骇浪，狂奔怒泻。同时，在练习中虽迅猛激烈，思想上却要冷静、清醒。视彼势而陈己势，一旦有机可进，则连珠炮发。故拳诀云："拳打一气连，兵战杀气勇……内要提，外要随，起要横，落要顺，打要近，气要催，拳如炮，龙折身，遇敌好似火烧身。"

少林棍术

少林功夫从实战出发，和人交手也都在一两步之间，因此对场地要求并不高，不受环境的拘束。身法讲究"起横落顺"，拳法讲究"滚出滚入"，出去时拳要旋转滚动出去，回来时也要旋转收回，再则就是"曲而不曲，直而不直"，出拳太直容易受对方牵制，如果太曲力量就很难发挥出来。

从技击角度出发，少林拳动作的一招一式，一拳一腿，非攻即守，攻中有守，守中寓攻；反对花架子，主张简介、洗练、质朴无华。所以动作精干，很少大开大合。并总结出"浑身无处不是拳，人身上下有十拳"之说。十拳即头、肩、肘、拳、掌、指、臀、胯、膝、足。各部随机应变，相互结合使用，其法无穷。

基于这些特点，少林拳对手、眼、身、步提出了独特的要求。手法，要求出拳、击掌"曲而不曲，直而不直"，过曲，则欠一寸而击之不中；过直，则力量之运用较难回旋。其出击之方法是滚出滚入，这样就会产生旋转、灵活而富有弹性的力量。眼法在拳术中至关重要，一举一动均以眼查看，因此，必须头随势转，手到眼到，以目注目，以审敌势。所以眼要明亮有神，眼明方能手快，并露出咄咄逼人之势。身法，在定势中要正，不可低头、弯腰、突臀。拳谚曰："低头弯腰，武艺不

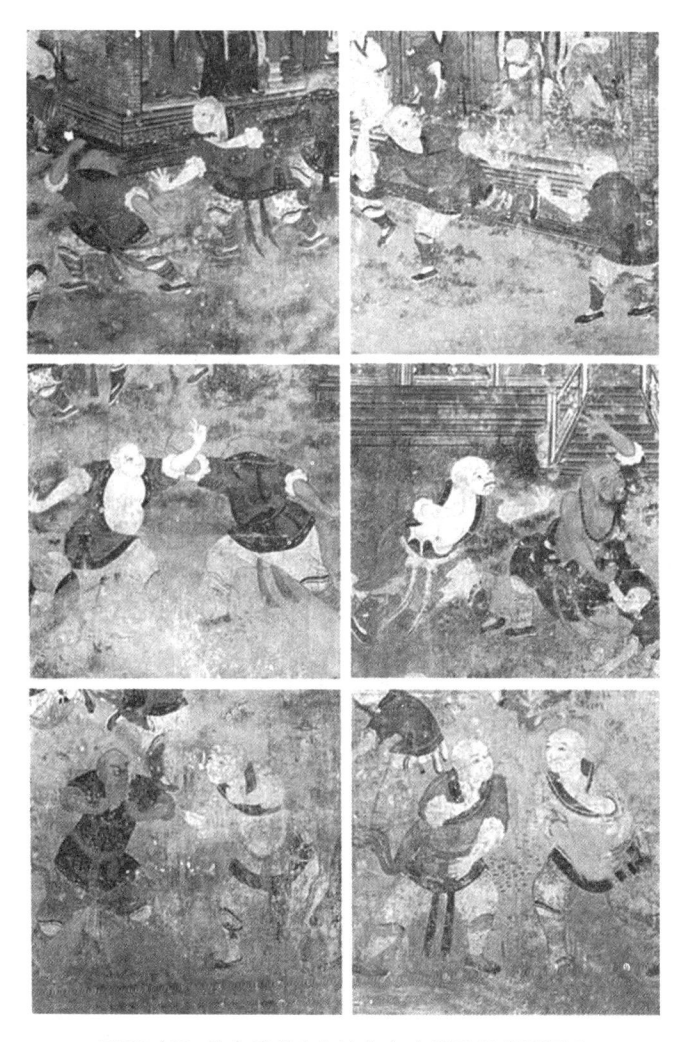

天下对手,教会武僧(少林寺白衣殿壁画〈局部〉)

高。"而在运动中则应进退和顺,起落自然,变换灵活。并要和手脚密切配合,即所谓"身以滚而起,手以滚而出,身进脚手随,三节自可齐"。步法,要做到轻灵敏捷,沉实稳固。步乃一身之根,直接影响整体动作,"步不稳则拳乱,步不快则拳慢"。

内外合一、形神兼备是少林拳整体动作的特点。每个姿势和动作必须手到、眼到、身到、步到。且身体各部要密切配合,协调一致,即所谓"肩与胯合,肘与膝合,手与足合"。

拳论中将思想称之为心,"心一颤,四梢皆至,内劲即出""心动勇气生""心

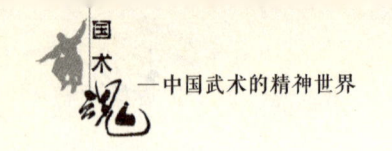

动必相随"。所谓"心与意合,意与气合,气与力合",实际上是讲技击格斗和套路演练中思想与行动要高度统一。

每天清晨五点,少林武僧们便开始了严格的武术训练。习武是他们每天生活中最重要的一部分,也是很多人来到少林寺的直接原因。

梅花桩是少林功夫中一项重要的基本功,用以练就身体轻盈和步法敏捷。首先在桩上站马步,练习百日以后可以在各桩上随意跳跃,最后可在桩上练习拳术套路。

倒挂功是练习全身力量的重要方法,它不但对腿脚和腰腹力量的增强效果显著,更是对意志力的训练。(一位少林和尚倒挂在树枝上,双脚勾住树枝,头朝下。地上放一大桶水,里面有个瓢,树枝上脚边也固定住一个桶。僧人需要用腰腹起身,把地上桶里的水一瓢瓢倒入树上的桶中。)

少林蛇形术又叫壁虎功,这是对腰腹力量、上肢力量和平衡能力的重要练习方法。通过各种方法的训练,可练就阳刚之力,强健筋骨。而有些基本功的练习方法甚至被外界看成是少林功夫的独门绝技。(少林僧人排成一行在山路上训练,趴在地上,用手脚协作前进,腹部腾空。)

二指禅其实就是为了练习手指的力量,最终掌握点穴法的基本功练习过程。(一位僧人握住另一位僧人的双脚脚踝,将其倒吊起来。被倒吊着的僧人用双手食指按压地面,保持身体平衡。)

而铁布衫,其实也是为了练就强硬的筋骨,增强抗击打能力,提高意志力,练习气力合一的过程,这是学习少林功夫所必须掌握的基础。(一位僧人被四位僧人面朝下抬起,用四支枪抵住其腹部。)

就像二指禅和铁布衫,很多曾经是少林武僧练习基本功的方法或者拳法,现在已经被看作少林功夫的代表。

少林寺内有最大的一座殿堂,原名千佛殿,便是当时的练功场所。砖地上,四行共四十八个深浅不一的脚坑就是雍正至道光年间少林武僧练武时用脚踩出来的。为了能让尽量多的武僧同时练习,寺僧们经过反复排列,最终确定千佛殿中最多可站下四十八个武僧,并且每个人的位置都必须固定下来,这样经过长年累月的踩踏,每个人脚下便留下一个深深的脚坑。即使到了深夜,千佛殿内的武功训练依然不会停止。这里成为了师傅传授心法、秘诀的最佳地点,这种机会只有最亲信的弟子才能得到。而后,每天夜里他们就会在这里偷偷练习。

历史上,少林寺经常到各地邀请武林高手到寺内传授拳法、棍法,发展少林武功。五代十国时高僧福居特邀十八家著名武术家到少林寺演练三年,各取所长,汇集成少林拳谱。少林寺成了一个有名的会武场所,群英荟萃,各显神通。故有"七十二般绝技""一百二十种硬功"和"一百零八般兵器"等武功。

元代少林寺著名武僧觉远上人出家前精通技击和剑术,出家嵩山少林寺后,在寺中学会了罗汉十八手,朝夕演练,武术功底逐渐增益。他在寺内授徒传法,武风渐盛,一些俗家名手也慕名而来,拜会求教。但觉远认为自己所学非当时的绝技,于是离寺出行,四方拜师学艺。

觉远与民间武术家白玉峰、李叟三人对少林拳术进行了整理。把罗汉十八手每手推演为十八招,共计三百二十四招。并对罗汉十八手的每手每招的特点、练法都做了概述,第一次系统地整理出一套少林拳法。还撰写了《五拳精要》一书,他提出拳不仅练艺,而且要练身修心。

而龙、虎、豹、蛇、鹤这五种拳成为少林功夫中的代表性拳种,更在之后的将近800年中历经各代少林武术与其他各流派取长补短,相互交流发展为几十种象形拳。

少林寺中的一位德字辈的武僧曾经说过:"参悟佛法愈彻,拳法愈精,禅武合一即为天人合一也。"少林功夫也是与民间结合较好的一大门派,实际上是武术的发源地和集散地,来源于民间,又广泛散播于民间,发展于其中。北宋时期,少林寺多次举办类似于会武的大会,不仅使少林功夫名扬天下,确立了它无与伦比的地位,更促进江湖上的各大门派切磋武艺,取长补短,融会贯通。

二、以柔克刚的武当精神

> 他强任他强，
> 清风抚山岗；
> 他横任他横，
> 明月照大江。
>
> ——电影《太极张三丰》

北尊少林，南尊武当。少林以力量、速度、运动战取胜，武当则以静制动，以柔克刚，以弱胜强取胜。这种博大精深的内家拳，暗藏着一种变化莫测的功法理论，也是后来太极拳、形意拳、八卦掌的奠基理论。

纵观古今中外，凡搏击之术都是以强胜弱，以大力打小力，手慢让手快，这似乎是一个不变的真理。在我国武术史上，占有重要地位的少林拳法依旧遵循着这一规律。特别是少林拳发展到明代，已经非常成熟，许多技击问题从理论和实践上都得到了解决，但崇尚力量和速度的少林拳法此时却迫切需要解决一个重要问题，那就是对阵双方谁都无法保证自己在力量和速度上占有永远的优势。当自己处于劣势时，要想取胜就必须解决以弱胜强的问题。

武当内家拳在深入研究以速度和力量见长的少林拳法的基础上，创新地发展出以静制动、以柔克刚的内家拳理论。在战略、战术上对中国武术产生了深远的影响，是一个最符合哲学精神和心理学原理的武术流派。我们有必要做一番考察。

《黄帝内经》和道教学说的影响

西汉王朝灭亡前夕,当时著名的学者刘向(公元前77年—公元前6年)受朝廷的任命开始了一项浩大的宫廷图书整理工程。他和他的同事们将所见到的图书分为六个类别,加以记录和说明,最后的成果是一本叫作《别录》的图书目录学著作。这部著作中首次记录了一部奇特而深邃的著作——《黄帝内经》。这部作品据称是公元前27世纪黄帝和他的大臣岐伯的对话录,记载了关于人体的内在构造和医学的基本原理。

这部著作的出现是划时代的,它奠定了中国民族医学的基础,也是世界上最早建立的人体科学和生命科学理论。

事实上,在刘向之前,没有任何资料记载提到过这部自称来自远古时代的对话录。因此,《黄帝内经》可能仅仅成书于西汉时期,是当时综合道家、阴阳家和医学实践的学术研究成果。其中体现出这样的理念:人体是和天地相对应的小宇宙。正如外在世界一样,在人体中同样有着"自然山川"的变化,这就是被称为子"十二经脉"的系统。经脉分为阴阳两种,分别传递阴气和阳气,阳气上升而阴气下降,作为生命运动所需的能量循环不息。

这一划时代的发现具有极为重要的意义,为此后两千年中的中国生命科学和精神科学奠定了基础。同时也蕴含了这样的理想:人体与自然界本身一样具有不朽的可能性,这些思想在此后几个世纪中广泛传播,并成为道教的基础。

老子本是春秋时期著名的思想家,道家学派的创始人,后被道教尊为仙人,成为道教膜拜的神灵。他的思想反映在其著作《道德经》中,他的一个重要观点是"反者道之动",也就是说世界上的一切事物总是要向其反面发展。由此老子得出结论"柔胜刚、弱胜强"。中国武术,特别是内家拳法可以说一直以来都受老子的这一思想支配,在武术的具体功法上老子思想的影响也是非常直接的。

老子说"物壮则老",中国武术也最忌把招数用老,不论拳脚或器械,只要招数过了度,就会被人反制。

老子认为刚强者凭借自己的力量,喜欢以力降人;而柔弱者,不招不架,顺人之势,借人之力,通常攻击目标是敌人身体虚弱的部位,所以会强弱逆转,由敌强我弱变为我强敌弱,故柔能克刚、弱能胜强,所以内家拳法也强调要贴近打,这样才能发挥自己战术上的优势。

老子说"不敢为主而为客",在武术中,"主"的含义是主动发起攻击,先出手,先发制人;"客"是不主动,后发制人。作为"客"要以静待动,最终达到反客为主的目的。

老子思想中的"无为"与"不争"被视为美德,这种思想对武术也产生了深刻的影响。武术讲究武德,不争强好胜,中国传统武术以技艺高超服人,崇敬高级的武技,而不崇拜低级的拼搏打斗,也正是出于这种思想。

另一方面,在公元3世纪左右中国出现了许多传奇的人物,如左慈、甘始、郄俭、费长房和华佗,据说他们长生不老,拥有神奇的力量,能施行各种幻术并能预见未来。这些人中大多数是道教的修行者,深谙《黄帝内经》,通过艰深繁复的修炼过程开发出自身的各种潜能,在民间传说中享有崇高的威望。

其中最为重要的是,华佗发明了一种模仿五种动物动作特点的健身体操"五禽戏",被认为对后来的武术有重大的启迪作用。

上述这些道教法师修炼方法的效果究竟如何,由于缺乏史实记载很难做出准确的判断。令人印象深刻的是民间传说中有如下一些描述:他们具有超常的移动能力,即使骑马也难以追赶;他们刀枪不入,不为任何打击所伤害;他们能够施行多种魔法,譬如点石成金和分身万千;他们驻颜有术,甚至能够死而复活。无论在这些传说中有多少夸张和误解的成分,我们都可以看出这些道教法师和几个世纪后武术大师的相似性。后者往往也是通过同样的方式开发出超人的内力、轻功和感官的敏锐,以及某种控制心灵的幻术。

中国武学史上的又一个重要变革时期是在唐朝的末年,公元9世纪中,有一位被民间认为非常神奇的仙人——吕洞宾,原名吕岩,他是继佛教慧可以来,中国古代又一位伟大的武学家。关于他的传说太多,而真实的历史记载又太少。

吕岩活动于公元9世纪中期,在青年时代曾经广泛地学习道教、佛教和儒家的思想,并曾经通过科举考试,成为朝廷官员。但不久后他厌恶了官吏生活,开始了游侠生涯。他无疑精通剑术,并且在道教法师钟离权的指导下掌握了高超的身体技能,因此留下了被视为仙人的种种神奇事迹。因为对当时主导丹药学说不满,他发展出一套新的丹药理论,即为后代道教人士和武学家所熟知的内丹学。

什么是"内丹学"呢？它对后来武学理论有什么影响呢？相对于外丹学说在金属熔炉中通过化学反应炼制药品，内丹学说则指出，应当将身体作为熔炉，人的体液作为药物，意念作为火焰进行"内在的"修炼。这一学说在道教中最初作为解释为什么服食药物不会中毒而死的理论：因为缺乏了内丹的配合，外在的丹药并不能发挥应有的作用。吕岩的老师钟离权即持此种理论。事实上，这一说法可以说是本末倒置，恰恰由于内丹修炼的弥补，才缓解了外丹的毒害。吕岩更多地转向内丹本身的探索，他在9世纪中期撰写了多部丹道学著作，如《九真玉书》《金丹秘诀》《丹诀演正论》等，以及剑学著作《述剑集》。

这些著作在后来都变成了武功秘籍，也是现代武侠小说和影视剧中，《九阴真经》《九阳真经》《葵花宝典》等秘籍的原型。相当于北方的少林武功，南方的内家武功和宗师渊源更多地充满了神奇、变幻莫测的色彩，在心理上也更难加以分析。

张三丰和武当玄功

公元1416年，明成祖朱棣开始修建北京的紫禁城。此时，除了在他身边正在紧张施工的这处宏大宫殿外，朱棣心中还一直挂念着另一处道教宫观的修建进度。这处宫观位于1000多公里外的武当山上，朱棣亲自把它命名为大岳太和宫。事实上，武当山的庞大工程早在紫禁城修建的3年前就已经开工。朱棣从北京调派的军民工匠以及江南各地近30万人马到达了武当山，一修就是10年的时间。这是大明王朝历史最长、规模最为宏大的国家工程之一，史称"北修故宫，南修武当"。

那么如此偏远的武当山为什么会受到朱棣的格外重视呢？为什么他煞费苦心地在此建造规模宏大的庙观呢？

武当山，又名太和山、太岳山、参上山。这座位于湖北省丹江口市的道教圣地，自东汉末年兴建以来就有着数不胜数的玄妙传奇故事。

自道观兴建以来，历朝历代的人们口耳相传的神话故事，如谜一般萦绕在武当山峰之上，这也使武当功夫多了几分玄妙。凌霄、紫霄大殿前留下的历史名人的足迹处处可见，君王为山上的殿、阁、门、楼、庙题个匾在唐代亦为平常之事。

慕名而来的晋朝谢允、唐朝八仙之一的吕洞宾、五代宋初的陈抟都曾修炼于此。《历代神仙通鉴》记，蜀汉军师诸葛亮曾到该山学习道法，上知天文，下晓地理，九宫八卦，奇门遁甲，无所不知，无所不晓。

武当的神话和传说经久不衰是有其社会历史原因的。首先是基于人民生活境况的动荡不安，衣食有忧，这就为道教在劳苦大众的心中生根发芽奠定了深厚的基础。从心理上分析，人们渴望战火纷飞中寻求一个精神的安逸之所，有一些现实生活中所不存在且具有超凡能力的人会帮助他们。其次，统治者急于寻找一种麻醉人民却又让他们充满希望的办法，假借自己便是某一世界所派来之人，是其代理人，天赋君权，神仙便呼之欲出了。和蔼的三清圣人、勇猛的四方大将、三眼的马王爷、灵通的八仙、法力无边的雷神、呼风唤雨的龙王等都是这之中的代表。然而神仙毕竟虚幻，老百姓还是希望出现一位触手可及的现实"真人"。

其实，从明代开国皇帝朱元璋开始一直到明成祖朱棣，几代帝王都在苦苦寻找一位隐居在武当的现实版的得道高人，朱棣希望通过大修武当来感化对方，最终使他能同意出山和自己相见。这位神秘的人物，他的名字叫作张三丰。

朱棣曾先后四次下诏希望张三丰进京见驾，然而张三丰依然神出鬼没，不见踪影。不得已朱棣只好命人在他曾修炼过的武当山上修建了遇真宫，期望张三丰还能够回到这里与自己见面。

那究竟张三丰有何神通会得到明代帝王如此的重视呢？

《明史方伎传》记载说张三丰又名张邋遢，龟形鹤骨，大耳圆目，头发和胡须根根直立如同刀戟，终年只穿一件单衣，吃饭每餐能吃满满一斗，但又能数月不吃，读书能过目不忘，他行踪不定，有人说他能日行千里。但被民间所熟知的是，张三丰创造了武当博大精深的内家拳法。

传说张三丰在武当山修炼过程当中，仰观日月星辰，俯察山川河流，根据天地阴阳二气的原理创建了以养生为主的武当内家拳。它和少林武术一起形成了中华武功"北崇少林，南尊武当"的局面。

也有传说张三丰原名张君宝，他在少林寺学过武功，也修炼道教之术。张君宝年轻的时候因通晓炼丹之术还在宫中做过官，因其愤世嫉俗，不满当时朝中的大臣利欲熏心、明争暗斗而开始云游四海，机缘巧合来到了武当山的地界定居下来。因其习练各家武术，所以在修行悟道之中将理论知识与实践相结合，创出了独一无二的武当功法。他也是众多门派之中为数不多的能文能武的掌门人之一。在那个年代,如果不会个一招半势的,便很难在当地支撑下去,更何况是在江湖中混得个众人皆知的地位。

根据有限的史料记载,现在只能推断张三丰有可能是 14 世纪末至 15 世纪初武当的一位著名道人。他总结前人的武学精要,创造了独树一帜的内家拳法。

那么,明朝历代皇帝为什么要那么急切地见到张三丰呢?从心理上分析有两种可能:其一是希望利用张三丰的武功巩固明代帝国的军事力量。

14 世纪末至 15 世纪初,在常年和北方民族的征战中,中原地区军队在力量上一直不能占据优势,在实战中也发现了同样的问题。学者们认为,从古至今都是中原地区的人民体质较弱,因此无论是从防御外敌还是自身发展的角度,都必须要解决冷兵器时期以弱胜强的问题,以弱的体质战胜北方强悍的民族。这个问题就深刻地影响了中国的个体技击术,也就是武术的发展。

张三丰创造的武当内家拳,一般认为他是通过观察喜鹊和蛇搏斗时的行为,受到了以柔克刚的启发。蛇有一个特点,击首则尾应,击尾则首应,击中间则首尾皆应。它的全身在柔软之中含着一种至刚的道理。张三丰受到动物的启发创造了以柔克刚、以静制动、以弱胜强的拳法,所谓武当拳,也有人称为内家拳。

有关张三丰创立内家拳的记载最早见于明末清初大学者黄宗羲、黄百家父子所著的《王征南墓志铭》和《王征南先生传》中。

《王征南先生传》中这样写道:"外家的少林拳法已经发展得非常精湛,张三丰深刻研习少林拳法后将少林拳法的理论和技击方法反过来运用,从而得出内家拳法。内家拳法的真谛得其一二就足可以战胜少林拳法。"这个思路简单而奇特,既然与少林拳相反,那么它的目标便明确于要创造出一套以静制动、以柔克刚、借力打力的内家拳法。

从黄宗羲父子的描述中来看,张三丰的道家身份可能正是能创新变革的关键所在,因为内家拳法和以少林为代表的外家拳法有一个重大不同,就是它在拳术的战略思想上有了全新的变革,而这些变革的理论根源正是建立在道家的传统经典之上。

少林拳注重筋骨皮肉的外部训练,也注重练内力,然而它在拳理上仍然把重点放在力量的训练上。所谓一力降十会,意思是不管你会什么拳法,我只要力量

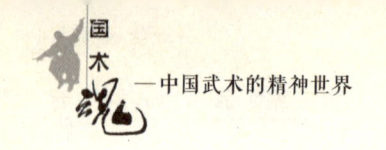

大就可以降服你。它的风格是勇猛、快速、支取。

而内家拳却相反,它偏重精、气、神的内部修炼,注重意念的训练,所谓"用意不用力",风格是安舒、沉稳、圆活,注重后天克服本能的训练。"得其一二者已足胜少林"的说法也许有夸张的成分,但内家拳法建立在深入分析少林拳法的基础之上,力求在技击的理念和策略上达到一个新的高度。

明朝历代皇帝急切想召见张三丰的第二个心理原因则是希望学习他的长寿术,以便能更久更好地统治自己的帝国。当然,最吸引人的长寿秘诀就是"内丹术"。

中国古代历史渊源深长的道家内丹术,强调的是内气的复苏、吐纳、流转、运用,因此古代的内丹术是一种生命高层次的修炼。其中"吐纳"就是将新鲜的空气吸入体内,将体内污浊的空气排除;"流转"则是让气息在体内运转不息,这是道士修行的一项很重要的内容,在道教中又被称为练内丹。

调养身息、通经活络是道教修炼内丹的主要方法。道士多习武,很自然地把修炼内丹的方法融入武术。练气是道士修炼之术,后来被运用到了传统武术中。道教认为,从自然界采纳气息以养精神,气息在身体中运行以打通周身经络,把气息灌输到肌肤之间可以保护体魄,最终达到克敌制胜的目的。这也许就是武当玄功的精华所在。

武当功夫的基本特征与内涵

武当的拳术与技击套路多是吸收有道教修炼特征的拳种以及在当地盛行的一些路数。武当拳不是一路拳或几路拳,而是一个庞大的拳系,据统计有260多个拳种。武当功夫充分体现了以柔克刚、以无形胜有形、无招胜有招的内涵。

后发制人,是由对手首先采取行动,此时经过观察分析,摸清对手来路招式之后,再有计划、有目的地出击,从而后来居上,达到克敌制胜的效果。但是,俗话说"先下手为强,后动手遭殃"。无论在军事还是武术上,"先发制人"也是一个重要的命题。

可是,事情并不是绝对的。在一定条件下,"后发制人"也是军事斗争的重要手段,它与"先发制人"之间存在着辨证的统一。后发制人的实质便是积极防御,即以防御为手段,以反攻为目的的攻势防御,它常常成为较弱一方克敌制胜的重要法宝。

武当武功以"后发制人"作为其战术原则,这与道家"无为""无事""无欲""不敢为天下先"的思想是相同的。老子说:"我无为而民自化,我好静而民自正,我无事而民自富,我无欲而民自朴。"(《道德经》五十七章)这就是老子的"无为而治"的主张。在此基础上,老子进而提出了"不敢为天下先"的思想。

在上述思想影响下,武当在击技战术上,强调"后发制人",倘敌欲发我,则应心中坦然,审候应机,静以俟之,微动即应。"彼不动,己不动,彼微动,己先动"(《十三势行功心解》),所谓"后人发先人至是也"(《太极拳经详注》)。

"守柔处雌""不敢为天下先"的战略思想是道家受水性的启发而得的。老子认为上善若水,天下最柔弱的莫过于水,最卑下的也莫过于水,然而,最坚强的胜利者也是水。坚硬的金属遇水会慢慢腐蚀殆尽,坚硬的岩石也会被柔弱的水冲刷得改变形状。不仅如此,"不敢为天下先"还在于能时时自己检查并改正自己的缺陷。以我之优势对待敌人的劣势,当然必胜无疑。此外,谨慎和退让态度又是冷静的。这样,不仅能把握自我,也能清醒地观察对方,可收到"寂然不动,感而遂通"之奇效。

"不敢为天下先"是以主动的方式将自己处于被动的局面,一切服从对方,把对方施展的攻击力如数还给对方,以求克敌制胜。遵照不敢为天下先的战略思想,武当武术在战术上的原则是"后发制人"。这与老子在《道德经》中所讲"无为而无不为""我惟不争,故天下莫之能争"的理论观点一脉相承的。

后发制人,在对方先手中,看似是不占任何优势,其实不然。于对方处于动态中,以敏捷的思维迅速查找到对方的破绽,然后以最佳的招式止住对方的进攻,俗称化力;或是反关节或是从其他的方向分解对方的力,并加以充分的利用,称为还力,以对方的力来打对方,自己于静态之中以最小的能耗来打击对方。武当功夫最大限度地诠释了"柔"的涵义,"柔"不同于圆滑、逃避,而是看似绵软无力的动作之中渗透着多种不同内容的御敌之术。

然而,武当功夫和技击动作中仍然包含了许多爆发力极强的发力动作,威猛迅速。这与修习者内在气息的开合是密不可分的,与对方一接招中,进气,气息下沉,用以承受最大限度的打击。而后由守转攻,气劲由丹田上升,俗称丹田劲,

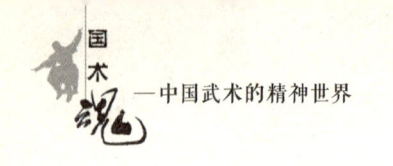

结合全身的力,一鼓作气,发出整劲来打击敌人。

呼吸吐纳、导引之术在武当武术之中有着举足轻重的地位。武当功夫在一动一静、一呼一吸之中便以使对方就范,将攻防技击之法展现得淋漓尽致而又不失大雅,以其人之道还治其人之身,不可不称其独特。武当拳法灵活迅捷,除了以养练功、防身保健外,具有尚意不尚力,四两拨千斤,后发制人的特点。先避开对方来势的锋芒,诱敌深入,再以多变的招式制敌。

以柔克刚是武当功夫的不二法门。老子说:"坚强者死之徒;柔弱者生之徒。是以兵强则灭,木强则折。"(《道德经》七十六章)他还提出欲刚必以柔守之,欲强必以弱保之的观点。一般地说,柔弱的东西代表新生,充满生机;刚强的东西代表盛大,缺少生机。柔弱的东西持久,刚强的东西短暂。抽刀断水水更流,滴水穿石等都说明了柔胜刚的道理。

在老子看来,人最高本性应该是上善若水。天下最柔弱的东西是水,水没有硬度、没有形状,总是处万物之下,但是以水来攻克坚强的东西,却没有什么能承受得住。滴水可以穿石,洪水泛滥时高山丘陵为之崩垮,大树也能被连根拔起。自然界和人世间共同遵循的道理:弱胜强、柔胜刚。

这个道理好像铁锤和棉花的碰撞。蕴含千钧之力的铁锤,在武士的手里能发挥出开山破石的力量,砸碎坚硬的岩石,敲破精铸的铠甲,但面对柔弱的棉花,却不能伤害分毫。十级以上的烈风能轻而易举地摧毁几个人才能合围过来的参天大树,却奈何不了一棵柔软纤细的小草。

太极拳在技击上别具一格,特点鲜明。它要求以静制动,以柔克刚,避实就虚,借力发力,主张一切从客观出发,随人则活,由己则滞。为此,太极拳特别讲究"听劲",即要准确地感觉判断对方来势,以做出反应。当对方未发动前,自己不要冒进,可先以招法诱发对方,试其虚实,术语称为"引手"。一旦对方发动,自己要迅速抢在前面,所谓"彼微动,己先动",后发先至;将对手引进,使其失重落空,或者分散对方力量,乘虚而入,全力还击。太极拳的这种技击原则,归根结底讲求一个"柔"字,柔中带刚,刚中有柔。用太极的"柔"化解其他拳法的刚猛之力,然后借力打力,将对手的力量化为己用,达到克敌制胜的效果。

值得一提的是,张三丰的得意门生张松溪所创立的武当松溪派至今仍存于世上,是研究武当功夫最好的样本,著者收藏了不少武当松溪派的武功书籍。在

以柔克刚的武当精神

拳种中,除了纯阳拳、混元掌、两仪剑、龙门枪、铁画银钩之外,太乙拂尘要算是武当派中最引人注目的兵器了,如同少林派中的禅杖一般。打斋做法的法器却可在转瞬之间成为制敌而不杀敌的兵刃,实为武当文化精髓。

从武功功夫中孕育出来的太极拳、形意拳、八卦掌三大拳种,名震武林。在内家拳派和武当功夫中,也产生了一批武林宗师。在他们身上所发生的传奇故事在民间被广为流传。

行云流水武当剑

如果说少林以棍法名震天下,而武当则以剑术誉满天下。武当剑术舒展飘逸,变幻莫测,其技击动作以静制动,后发先至,舞动起来是行云流水,轻灵圆活。既有很强的观赏价值,又有非常实用的实战技巧。

剑术的产生有着十分悠久的历史,据考古发现,早在新石器时代就有了用细长石亢嵌入兽骨的"石刃骨剑"。

到了铜器时代,我国的剑器铸造已达到了很高的水平,春秋战国时期的铸剑技术进一步发展。铸剑大师欧冶子所铸的"辟间剑"、欧冶子与干将合铸的"龙泉剑",以及越王勾践所佩的"步光剑",据说已达到了吹毛立断、削铁如泥的程度。出土文物越王勾践剑和秦始皇兵马俑墓葬中的宝剑深埋地下两千多年,至

武当剑法

今仍锋芒犀利,寒气逼人,经专家实验,一次尚能划透十八层纸。

随着铸剑技术的不断提高,春秋战国及秦汉时期习剑之气已蔚然成风。《孔子·家语》中就有子路戎服见孔子,仗剑而舞的记载。战国早期的《庄子·说剑》中亦有"昔赵文王喜剑,剑士夹门而客三千余人,日夜相击于前,死伤者岁百余人,好之不厌"的描述。在《吴越春秋》中还详细记述了越女论剑的动人故事。

唐宋时期习剑之风更为盛行。诗人李白少年学剑,时常"三杯拔剑舞龙泉"。其友崔宗之赞曰:"起舞拂长剑,四座皆扬眉。"可见李白剑术之精妙。唐代著名画家吴道子在天宫寺作画提不起精神,观裴将军舞剑后精神大振,奋笔力成,似有神助。而民间女子公孙大娘的剑术技艺更是出神入化,书法家张旭观公孙大娘演练的西河剑器后,草书大进,他说:"观公孙大娘舞剑器,而得其神。"

武当剑术的创立与发展,与中国的道教法事活动和权威神圣化有关。在远古时期,剑不但是杀戮的武器,更是帝王权威的象征,在宗教庆典和法事活动中,剑常被作为"斩妖除魔"的法器。《拾遗记》中就有"颛顼高阳氏有画影剑、腾空剑,若四方有兵,此剑飞赴指其方向,则克。未用时在匣中常如龙虎啸吟"之记载。加之一些道教传人在各种法事活动中披发仗剑步罡踏斗的精彩表演,更给剑术蒙上了许多神秘的色彩。于是民间便有了神仙高人以剑术"降龙""伏虎"

"斩蛟",以及"千里取人首级""单丁杀百贼"的离奇传说。

据说东汉时期隐居隆中(今湖北襄阳境内)的诸葛亮就曾到武当山跟北极教主学道练剑数年。《三国演义》中诸葛亮披发仗剑借东风的故事脍炙人口,流传至今。唐宋时期吕洞宾的剑术更是名扬天下,据《宋史·陈抟传》记载:"吕洞宾有剑术,百余岁而童颜,步履轻疾,顷刻数百里,世以为神仙。"相传流传至今的武当纯阳剑即为其在武当山南岩宫修真时所创,而其传人陈抟、王重阳、张三丰等都是武功高深之人。

真正集武当剑术之大成者是张三丰。近代武当剑术传人宋唯一于1922年撰写的《武当剑术》中详细记载了武当丹派剑术的系谱和流派发展。

武当丹派剑术系谱序

三丰祖师,籍辽东,姓张,名金一,又名君宝。时人因其形状邋遢,号为邋遢张。赵宋时,徽宗诏之。因北方多匪,道梗不得前,祖师以剑飞击之,群盗尽歼,故以剑术名于世也。嗣后,至元顺帝时,祖师在武当山收弟子八名,嘉靖时游四明山,续传张松溪一名,前后共九名,成为三乘九派焉。松溪列下乘第九丹字派之一也。其后代有传人,至前清同治八年,鄙人授野鹤先生教育,遂留下武当丹派八家之系谱。今日源源本本,详为叙出,俾学者知武当内家剑术之源流耳。是为之序。

从序中可见,张三丰的武功之高深,"以剑飞击之,群盗尽歼"。在武当山原来收徒弟八人,后到明代时又收一高徒张松溪。同时张三丰也成了传奇人物,他的长寿令人叹为观止,从宋徽宗起,横跨北宋、南宋、元代和明代几个世纪,共留下武当丹派8个剑谱。而其中张松溪的剑谱成今第一家,最负盛名,至今仍在流传。我们辑录如下:

第一家 张君剑谱

张松溪,河南登封县人,明嘉靖间击技家之最著名者也。偶游于四明山。见一道士行水上,趋过分水岭,异之。因近前为礼,约坐于石,见其人飘然若仙,谈诸理,有叩则鸣。研究武术,闻求与交手,慷慨不吝。于是各踞地步,方一举手,道士不见,似觉有物附脑后,左右闪摆不能脱却。许时,觉是道士,随想用手挥去,无奈屡搗不着,使用玉环飞脚踢去,反被道士托住脚跟,将张君掀翻伏地。道士上前谢曰:"孟浪孟浪,君其勿怪。"张君知道,此非凡人,因拜为师。叩问道号,道士曰:"吾非他,乃世传之三丰也。"遂留张君于四明山,在彼学剑。后二十五年入嵩山,毕传九转还原之功。道号称丹崖子。其后开传,名为武当下乘丹字第九派,四明内家之剑术也。

这段剑谱描写,并没有说明张松溪的剑术有多高超,而是描述张三丰与张松溪比试武功,收其为徒的过程,非常精彩传神。

武当剑套路分单练和对练两种形式。对练剑法共五种一百一十剑,其中不同的有六十剑,皆以抽、带、提、格、击、刺、点、崩、搅、洗、压、截、劈十三势剑法应用变化而成,并包括天、地、人三盘的姿势与动作,讲究太极腰、八卦步。斯术旋转则如盘中滚珠,其变化则身行如龙,剑行若电。练习以打(剑)法为主,尚有活步对剑、对练散剑、对剑三角、阴阳剑圈等法,内客极为丰富。曾有赞武当剑者云:"翻天兮惊鸟飞,滚地兮不沾尘,一击之间,恍若轻风不见剑,万变之中,但见剑光不见人。"

而松溪派的武当剑具有步走八封、腰如太极、剑似闪电的显著特点。其步法左旋右转,环转无端,似行云流水;其身法吞吐沉浮,翻转拧裹,如龙腾图翔;其眼法左顾右盼,瞻前顾后,目随剑走;其剑法轻灵圆活,变幻莫测,时而似轻风拂柳,时而如疾风闪电,许多剑法都是在疾速的旋转绕行和翻转拧裹中完成的,往往形成一势多圆,曲折回环,跌宕起伏的奇异效果。

战国时期的道家代表人物庄子在《说剑》篇中对其技击原理作了高度概括:"示之以虚,开之以利,后之以发,先之以至。"即在与敌方交手时要示之不能,示之不用,有意把弱点暴露给敌方。而当我一旦发现敌方的空当或弱点时则要像闪电一样迅速出击,使之防不胜防。敌先我而发,我先其而至,避实就虚,击其要害。武当剑术特别注重在"手前一尺下功夫",即在与敌较技时,要求在敌方手前一尺处制住敌方的器械,这样既便于化解其势,又便于乘势反击,或粘或接,或剃或采,或下杀其手,或进取其身。

武当剑在身法上讲究翻转拧裹,吞吐沉浮,大开大合,要求通过腰身的拧裹翻转带动剑法撩挽云扫。其中粘绵旋随为其基础技术,另有刺、剁、抹、捧、撩、提、拉、转八法为秘传绝技。习剑时训练双方互为攻守,或击或刺,或走或化,你来我往,如双鹤对舞,似彩蝶穿花,令人目不暇接。

三、刚柔相济天地广

> 大江东去，
> 浪淘尽，千古风流人物。
> 故垒西边，
> 人道是，三国周郎赤壁。
> 乱石穿空，惊涛拍岸，卷起千堆雪。
> 江山如画，一时多少豪杰！
>
> ——宋·苏轼《赤壁怀古》

中国的武学和功夫，以少林和武当为两大泰斗，皆为代表性的旗帜。少林以刚劲为主，武当以绵柔为主，它们的形成都主要跟中原和北方地区的武术文化有关。

然而，在中国的南方广大地区有没有可相媲美的武术拳种和主导门派呢？回答是肯定的。在中国的西南地区有与少林、武当一度齐名的峨眉武术。它有着阴柔凶猛的短打、让人眼花缭乱的奇特兵器和令人惊讶不已的独门绝技。在浙江、福建和广东等地，南拳种类如百花齐放，万紫千红，明末清初以后，出现爆发式的发展和传播。而现在许多影视作品都取材于南拳的传奇故事。

峨眉武术与南拳的最大特点就是——刚柔相济、短小精悍。

峨眉武功的神秘面纱

峨眉山,位于四川省峨眉县的西南部,是一座同时融汇佛、道传统的峰峦。云碧凝翠,峨月遥妆,眉黛流长,整座山细而弯,美而艳,如此得名。寺宇依山而建,高俊秀险,峨眉金顶更是享誉天下。此山起初流行道教,而后至唐代,佛教逐渐取代了道教的主导地位,成为全国的佛教圣地。《荆川先生文集·峨眉道人拳歌》中描述了明代峨眉道人演武的英姿。古今中外,仙道、僧佛、世外高人同聚于此山中,这就为峨眉武功披上了一层神秘的面纱。

武侠史研究者新垣平在他的著作《剑桥简明金庸武侠史》中将十五部金庸武侠小说和中国历史记载结合起来,以历史叙事的方式来研究考证小说中的人物事迹。他认为峨眉派成立于公元1283年,这一门派的创始人是《射雕英雄传》中郭靖的女儿——郭襄。

新垣平认为,郭襄的父母和姐姐、兄弟在1273年以来的一系列军事冲突中陆续丧生,唯独她本人幸免于难。为亲人复仇的渴望成为郭襄投身抵抗运动的最大动力,而她在13世纪60年代的游历则为她提供了江湖世界中广泛的人际关系网络,加上作为郭靖和黄蓉之女的极具号召力的独特身份,使得她足以组织起一支令人生畏的地下抵抗力量。但最后,郭襄及其支持者被迫退向四川盆地。第二年,郭襄不得不宣誓成为一名佛教徒,当然,这只是对其领导的地下抵抗运动的掩饰,郭襄及其弟子们的民族主义热情同佛教的虚无淡泊可谓南辕北辙。由于郭襄本身为女性,她的门派大多数由妇女组成,这些妇女大都在战争中失去了亲人或丈夫,因此和她们的领导人一样充满了复仇的渴望。

这一说法其实是错误的。许多峨眉派人士认为关键在于金庸的小说将峨眉武功的真正起源搞错了,而新垣平的考证是以讹传讹。

在金庸的小说《神雕侠侣》中峨眉派的创始人郭襄是个爱情失意者,最终遁入了空门。书中描写道:"郭靖的女儿郭襄十分爱慕神雕大侠杨过,却因为尊重杨过与小龙女的真挚爱情,不得不忍痛割爱云游天下。此后有缘聆听觉远大师念诵《九阴真经》,在四十岁时忽然大彻大悟,毅然出家做了尼姑,随后创立了峨眉派。"按照金庸小说的描述,峨眉武术应该是由一位尼姑创立的,事实上峨眉派武术的创始人并非尼姑,而是一位须发飘飘的男性。

据四川武术研究者考证,峨眉武术的起源大概是在战国时期,可能要远远早于少林和武当两派,而且根本与女子毫无关系。春秋战国时期,不少文人方士隐居峨眉山。其中一位名叫司徒玄空的武师长期在峨眉山中隐居劳作,他模仿猿猴的动作,在狩猎术基础上创编了一套攻守灵活的峨眉通臂拳,并收了许多门徒传授武艺。由于他常常穿着白色衣服,人们也称他为"白猿祖师"。司徒玄空被后世学习者公推为峨眉派的开山鼻祖。

但也有许多专家因为史料记载的证据不足,也曾经对白猿祖师创立峨眉武功提出质疑。也有人认为司徒玄空可能是出家人,是道教、佛教武术的集大成者。

也许,这与司徒玄空习武的地点——峨眉山有关。峨眉山地处长江上游,东距乐山市73公里,山势巍峨,树木葱茏,一山有四季,十里不同天,自古就有"峨眉天下秀"的美誉。东汉到魏晋时期,随着道教、佛教先后传至充满神秘色彩的峨眉山,这里渐渐吸引了众多出家人来到山上朝拜修行,峨眉山由此远近闻名。

实际上在中国历史变迁过程中,峨眉山中当时确实有许多出家人会一些简单的武术动作。道士们为了祛病延年,通过吐纳、导引等内练法门达到意与气合、气与神合的境界。僧人则为了调节枯燥的经课,强身健体、参禅打坐之外也常常练拳踢腿、舞枪弄棒。这些寺僧以及道人将养身气功与山民的狩猎技艺杂糅在一起,逐渐演练出了当地独特的武术,这是非常可能发生的事情。同时它又是巴蜀地区滋养出的独具特色的地域武术。

峨眉派在传承中不断吸收融合其他门派的拳法功法,它们在相互交流中取长补短。由于四川地处边远的西南地区,山多水多,自古就有"蜀道难,难于上青天"的说法,阻碍着巴蜀地区与中原的武术交流。然而,由于战乱的影响和佛、道两教的传播,仍然有一些武术大家或著名武将来到巴蜀地区,将各地武术带到四川,并与本土功夫结合。

史料记载东魏孝静帝年间,战功显赫的镇南将军林时茂因受权贵迫害,避祸于山西晋城析成山,继而出家,法名太空。后来又到南京妙相寺,出任副寺,一路上遍访武术名家,切磋技艺,辗转来到峨眉山,寻仙问道,继续修炼武功。他在经课之余,将自己的精湛武术传授给年轻僧人。

刚柔相济的峨眉武功

到了隋朝末年,少林寺武僧云昙到峨眉山游历时,也将部分少林拳法传授给了峨眉僧人。

明代洪武年间,道士张三丰云游到峨眉山传道时,不但将武当的拳械和功法教授给当地的道士和僧人,还向峨眉僧人学习了火龙拳和通臂拳。

明、清两代,峨眉派武术进入了鼎盛时期。太平天国冀王石达开的记室(也就是今天所说的秘书)四川人何崇政,曾经在峨眉山隐居多年,著有《峨眉拳谱》一书。何崇政跟随石达开起义,并在逃难时削发为僧,来往于川西、川东等地,以哥老会的形式结交八方豪杰反清。他用一首小诗将四川武术的规模做了以下概括:"一树开五花,五花八叶扶,娇娇峨眉月,光辉满江湖。"

明代抗倭名将唐顺之在其著作《峨眉道人拳歌》中曾经对峨眉武术与众不同的特点和高超技艺做过生动而形象的描述。唐顺之用"忽然竖发一顿足,岩石崩裂惊沙走"称赞峨眉派硬功的卓绝;用"百折连腰尽无骨,一撒通身就是手"来描绘峨眉软功柔若无骨,变化多端;用"去来星女掷灵梭,夭矫天魔翻翠袖"形容其动作敏捷;用"险中吴巧众尽惊,拙里藏机人莫究"概括其伸缩开合,变化自如。

唐顺之本身就是武林高手,曾经向戚继光传授过枪法,他以行家的眼光看待峨眉武术,不会像一般文人那样夸大其词地描写。由此可见,明代的峨眉武术应该相当成熟,在少林、武当之外,逐渐自成一格。

现在大家所了解的峨眉武术多是出自于当代武侠小说,如金庸的《倚天屠龙记》里所描述的峨眉派多是女子习练,并以剑法闻名江湖。小说中将峨眉武术描写得出神入化,飞檐走壁,剑之所及,无有不灭,实在是与真正的峨眉功夫有着天壤之别。其实,峨眉派的弟子之中,女弟子是存在的,但却是极少数,大部分为男性弟子;根本没有习练峨眉功夫而出名的女尼,她们仅凭简单的防身自卫并不能在江湖中立足。蜀地女子性格豪爽、泼辣对此并无直接影响。

峨眉武功的一部分已濒临灭绝的境地,或早已湮灭了。这与峨眉历史是分不开的。"灵岩叠翠"是峨眉山的十景之一,灵岩寺便是其中所提到的景点,但是已不存在于峨眉山之上了。灵岩寺是明朝嘉靖皇帝敕赐的,由于皇家寺院规模庞大,护院武僧自然必不可少。清军入关之后,明朝爱国人士与僧兵汇合,联合抗击清军,终因寡不敌众而失败,寺院也难逃劫数,全院被焚毁,院中的峨眉武术也就这样随着那一把火烧毁了。有一部分的峨眉功夫是后来的弟子根据人们对于女人没有防范的心理所创编的一种独特的武术形式,在生活之中凭借着观察女子的生活习惯和特征加以改编创造。

"走边门,近身巧打"这种技法体现了峨眉武术的一个特点——多善"诱""变",它区别于北方武术的大开大合,强攻硬打,同时也体现了四川人身材矮小,必先"诱"而后"打",善出阴招的拳术风格;如女子自示柔弱,实则以演示高深的功夫来迷惑对方,放松警惕,以"攻其不备,出其不意"。灵巧之中又不乏杀伤力,峨眉罗汉拳和猴拳便是峨眉功夫的极佳表现。闪躲腾挪,观赏性与技击性兼具。

代代的峨眉武者正是根据自身的特点与所处的地理、历史环境,运用灵活的头脑创造出了灵活的峨眉拳法。短小精悍、为当地武术的一大特点,再加上巴、蜀各族人民的民俗、民风及自然环境影响,又经过儒、道、佛等文化宗教与民间精华武术的相融合,人们最终独创出内外兼修的峨眉武功。

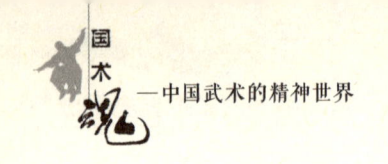

峨眉独门绝技与特色

短小锋利的峨眉刺,神秘莫测的峨眉枪,隐秘传承的黄林派,阴柔凶猛的盘破门,眼花缭乱的奇特兵器,这些鲜为人知的绝技构成了谜一般的峨眉武术。

静如处子,动若脱兔;闪转腾挪,浮沉吞吐;先诱后打,变化无常。加上上述这些让人眼花缭乱的奇特兵器、令人惊讶不已的独门绝技,共同构成了曾经一度与少林、武当齐名的峨眉武术。

峨眉武术发源地峨眉山的大峨山、二峨山如美女之秀眉,古称为"娥眉"。民间传说中认为:峨眉武术是"九天玄女"所创,后有玄女剑法传世。灵活多变,闪转腾挪是该门派的最大特点。刚、脆、柔、巧在峨眉功夫中有着很全面的表现。其中较为著名的是峨眉剑手,耍起套路来,两手各为剑指,双手即食指、中指点击对方要害部位,可谓是一招制敌。峨眉十二桩,为其所传气功心法。不是行走于木桩之上,而是站定而后调息阴阳,为一吐纳之法,调节各个脏器之间的协调性,达到呼吸均匀有度。大众所认知的峨眉刺,犹如女人所用的发簪,耍起来后,兵器在手中不停地旋转,轻便灵巧,这便是峨眉武术的独到之处。

其中,"三十六闭手"是峨眉散打的一种精妙的拳路。它的特点是"出手划圆,出脚走边;踢腿带钩,铲拳带弹;拳掌多变,峰肘连环。"在技击的特点上是"打拿摔跌,虚实相间;以力为本,以快为上;以脆发劲,以柔克刚,以活为主,以巧胜强。"它属于四川南拳系,融会了多种散打手法。例如吸取余门拳的"张绷束裹,手脚催逼";岳门拳的"勇灵滑毒,小巧轻快",以及洪门拳的"大开重击、柔化刚法"的不同特色。

在格斗技术上,讲究"先引后制",关键在一个"诱"字上,诱敌上钩,俗话说"若能善诱,使人束手"。可见"诱"字在峨眉武功中的重要作用。

"三十六闭手"在散打时讲究:连防带打,抢机抢势,偏身侧进。"连防带打",讲的是防守和攻击,攻击和防守要同时进行;不能被动地防,更不能盲目地攻,这样易处于被动挨打的地位。只有攻中寓守或者防中寓攻,才能变被动为主动,灵活机动地出击。"抢机抢势",讲的是散打时的"机口"和"势口"即进攻时的路线和角度,也就是攻击敌手时所占据的优势。"偏身侧进"是讲进攻或防守时,身子要偏,不能正面对敌,进步时要走边门,忌进洪门,这样便于避过其锋芒,接力乘势,打击敌手。

散打时主张"强打蜻蜓点水,弱打饿虎扑食;逢强智取,遇弱活拿";以闪为进,以活为主,以速制慢,打动不打静。俗话说:"长手不离短手,上手不离下手,打手不离救手,救手不离扑手;逢虚当守,遇实而发。"其技击特点在实战中最关键的还是要求做到"快、硬、劲",所谓"一快百无解,一硬百无解",这样的说法虽然有些夸张,但的确是峨眉武术的经验之谈。

"三十六闭手"善发长劲,每当发劲时,肩向前送,肘部尽量伸直,使劲力直达于拳面。俗话说:"一寸长,一寸强。"所以发劲时要尽量地放长。又说:"一寸短,一寸活。"所以拳发出后要立即回肘,以肘尖向下磕击。此法很厉害,也很实用,可攻可守,也便于蓄劲再战,这即是峨眉派拳术"长中寓短,短中寓长"的特殊风格,同时也是"三十六闭手"区别于其他拳种的明显特征。

此外,峨眉武术比较有代表性的拳种是盘破门和黄林门等,体现了峨眉武功"五花八叶扶"即"八门五派"的说法。

峨眉盘破门形成于四川内江市资中县罗泉井镇。资中县自古武风盛行,仅清代就先后产生过7名武进士,52名武举人。罗泉井镇兴建于汉代,当地盐业非常发达,清朝中后期已经拥有大小盐井1500多眼,商贾云集。当地富户乡绅,纷纷创办拳社,或者聘请武术名师保镖护院。

乾隆年间,在罗泉井新桥村有一位富家子弟叫刘赣,据传他是峨眉盘破门功夫的奠基者。刘赣性情刚烈,痴迷武功,自幼习武,因为喜好行侠仗义,人送外号"行义侠"。刘赣年龄稍大后,经常在巴蜀大地遍访名师学习众家之长,后来将祖传武术与峨眉武术融会贯通,新创了一门武功,由于其手法以盘绕和破解为主,被命名为峨眉盘破门。十分有趣的是,其他门派的站桩与步法中两只脚通常会一虚一实,然而盘破门却与众不同,他们摆桩的两只脚并列站立,脚跟稍微提起,每只脚的重心都似实非实似虚非虚,因此这种奇特的站桩方式被叫作齐步云脚高桩。

这种怪异的齐步云脚高桩在实战中极为有效,它移动灵活,转身和重心变化比四平大马桩快得多,不容易跌倒,变化一快就容易克敌制胜。

盘破门产生于四川东南的资中县,这里属于古代巴国。而黄林派则形成于

川西,这里属于古蜀。这个门派的习练者一般身材娇小,机敏聪颖。黄林派的创始人传说是火龙真人,他就是被当地推崇为火神和龙神的古蜀王。因此,黄林派的拳名几乎都冠以火龙字样,像火龙拳和火龙滚拳等。黄林派在唐朝时期逐渐形成规模,却在明朝末年由于农民起义的张献忠被剿灭而在四川一度消隐。

黄林派的技法主要表现为优美阴柔,用拳多,用腿少,掌和指当先,致力于打击对手的薄弱要害部位,特别强调步法灵活。运动中,讲究"脚似蛇形腰柔软,快速活变步为先"。

一些武术研究者将以盘破门、黄林派为代表的峨眉拳法特点归纳为:走动多含腿,定势多矮桩,腰柔紧缩远于臂,借力乘势,柔脆快巧,力聚掌指。

以黄林派和盘破门为代表的峨眉派与少林武术的最大区别就是跳跃比较少,讲究阴柔缠随,以柔克刚。而与武当派相比,峨眉派则更加小巧紧凑,机敏灵活。

峨眉派不但手法、步法灵活多变,而且器械怪异。除了其他门派常用的刀枪棍棒之类,当地的习武之人还结合生产生活创造出一些奇特的兵器和套路。像农田里常用的耥耙、日常家用的板凳,乃至拐棍、烟杆,还有翻晒粮食的大叉、劈柴的板斧等,都被演练成了得心应手的兵器,代代相传。

这些独特兵器不过是峨眉器械中极小的一部分。还有一种短小精悍的兵器更为怪异,无论路上水上都能使用,常常出其不意,令敌手防不胜防,这便是被誉为峨眉绝学的峨眉刺。

由于峨眉刺与古代女子的发簪非常相似,所以峨眉刺的使用技法曾被许多人误认为是由女子创立的。事实并非如此,从当地的一些传说来看,峨眉刺是由峨眉山上的白眉道人利用常人对女子缺乏防范的心理特点,创编的一种兵器技法。它中间有一个环可以套在手指上,两头是尖锐的20公分至30公分长的兵器。它可以在水里边潜水边使用,撒开双手也不会掉,可以在水中攻击对方,携带起来非常方便。

峨眉刺的技法体现了峨眉武术先诱后打、善出阴招、富于变化的特点,区别于北方武术的大开大合,强打硬攻,尤其适合女性使用。在今天的四川峨眉、四川成都以及河南开封一带,峨眉刺仍有流传。

峨眉剑术以优美精巧著称,有这样一首歌谣描述了出神入化的峨眉剑:"玉女素心妙入神,残虹一式定乾坤,身若惊鸿莺穿柳,剑似追魂不离人。临敌只需出半手,纵使越女也失魂。"

峨眉器械中能够与峨眉剑齐名的是名扬天下的峨眉枪。清朝康熙年间,明朝遗民吴殳在他撰写的《手臂录》中精确地阐述了各种枪法,更赋予了峨眉枪一种神秘色彩。书中说道:"西蜀峨眉山普恩禅师巧遇异能之士传授了枪法,枪法攻守兼备,变幻莫测,精妙绝伦。"吴殳是普恩禅师的第四代传人,算得上是一代武林高手,尤其精通枪法。他曾经汇集了五百多种枪法,而将峨眉枪法推崇为第一。明代中期,峨眉的枪法、福建泉州的棍法和剑术都曾经独步天下。

目前,峨眉武术正在申报国家和世界的非物质文化遗产的项目。

诞生于内忧外患中的南拳

中国是一个历史悠久、幅员辽阔的多民族大国,地理气候、文化、风土民情等因素极为复杂多变,因此武术文化形态也出现百花齐放的局面。

明末清初学者黄宗羲试图概括这种百花齐放的武术文化形态,提出了"内家"和"外家"的两个大类别的说法。他认为,凡是先发制人,刚猛进攻的为外家拳,以少林派为代表;凡是后发制人,以静制动、以柔克刚的即为内家拳,以武当派为代表。其实这种分类法并不妥当,因为中华武术博大精深,各个拳系都有不同文化派别融会贯通在其中,很少有至刚或者至柔的拳法。

于是又有人按照地域、文化形态,把武术分为北派和南派,即根据南北不同人群的生理特点、性格特征和技击手法来分类。简而言之,北方拳术以气势雄浑著称,南方拳系以灵巧敏捷取胜。于是南拳就与少林、武当、峨眉三家齐名,具有极高的知名度。

南方的代表拳种其诞生地,应以我国的福建、广东为中心,广泛流传于长江以南各个地区。目前以咏春拳、洪拳等拳法在国内知名度最高,而且以黄飞鸿、方世玉、洪熙官、铁桥三、叶问、李小龙等南拳大师为题材的影视作品风靡海内外,将南拳提升为中国武术的文化象征。

南拳何时兴起?为什么具有如此独特的武术形态?在中国历史进程中,经历了怎样的曲折演变?它的源头究竟在哪里?至今学术界仍有很多争议,还有

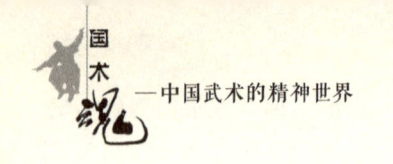

许多未解开的谜团。

我认为南拳的形成有三个重要的因素是不能忽视的：第一，由于异族的入侵，导致南北频繁的大规模战争；军事上的冲突，是武力争霸的野心所驱使，但这种冲突和碰撞也使武术的比试和交流也得以进行。第二，由于军事活动和战争的原因，又使各地域的移民现象加剧，在这些移民潮中不乏有许多武术家把他们的武学文化带到了各地。第三，封建王朝的帝国处于内忧外患中，即面临外族的入侵，又面临王朝内部的政权更迭，于是武术成为抵御侵略、巩固国防、加强政权稳固的重要军事手段。

从历史记载来看，南方武术的第一个兴盛时代是在南宋。南宋时期，南北战争，异族入侵，农民起义，社会十分动荡，其内部政权也存在着许多隐患，可以说是一个典型的外忧内患的时代。

公元1127年，北宋靖康之乱以后，宋高宗赵构南渡称帝，建都临安——也就是今天的杭州，改国号为南宋。一时间皇室宗亲、官宦贵族聚集弹丸之地的杭州，这里突然从经济中心转变为政治文化中心。根据当时文人笔记来看，杭州的武术界相当热闹，从平民到贵族，社会各个阶层都有。有宦官背景的角抵社、锦标社、射水弩社、英略社、马社，这些都是以相扑、弓马、射箭为主的武术社团。还有类似民兵组织的巡社，成员多为城郊农家子弟，他们平日执弓荷锄、仗剑巡步，边劳动边练武，随时能应召上阵杀敌。

来自北方的军人也带来了他们的武艺，北派武术强势进入南方，开始影响南拳的发展。南宋之初名望最高、号称中兴四将中的三位——韩世忠、刘光世、岳飞——都是北方籍高级将领。

史书中对岳飞的武艺颇有记述，《宋史》记载岳飞在十几岁的时候就显示出异乎常人的武术天赋，不仅膂力惊人，他的弓弩技艺更是高超，能够左右连射，箭无虚发。岳飞出生在中原腹地河南汤阴，据传他的老师周侗有少林功夫背景，教给岳飞弓箭、长枪及棍术。岳飞的长枪风格尤其硬朗刚劲，很受当时武学界推崇。明清时代江南盛行的岳家枪法据传就是当年岳飞驻军后裔一代一代传下来的。今天在湖北武穴和广东客家地区流传的岳家拳法、枪法仍然保留了若干功架舒展、刚劲硬朗的北方特点。

岳家枪和岳家拳的流传，除了本身的武术技术特点之外，还有精神因素——

精忠报国的爱国情愫——在影响着它的发展。中国人传统文化中"忠孝节义"的思想，以及机智灵巧、不畏强敌的心理素质，使其受到南方民众的喜爱。

南宋临安武术的盛行又与当时抗击北方辽金入侵的历史背景密不可分，人们熟悉的诗句"山外青山楼外楼，西湖歌舞几时休？暖风熏得游人醉，直把杭州作汴州"描绘了临安末世纵情的萎靡世风。但很少有人知道，其实一味苟全求和的宋高宗赵构据说也曾是一位胸怀雪耻复国之志，具有武术家旗帜的尚武皇帝。

史书记载赵构可以双臂平举一百一十斤的重量行走数十步，他还擅长骑马射箭，开弓可达一石五斗。按照宋朝军队的制度，他算是武艺超群，达到了选拔皇帝禁卫军的标准。在皇城中，他组织了相扑营，一百多名相扑高手从全国选拔征调而来，每三年举行一次比赛，选拔优胜者出任军队基层官员。皇帝的身体力行以及推动武术的种种措施极大促进了南宋时期武术的发展。

公元1156年前后，宋高宗赵构重开停废多年的武科举考试，在临安设立了培养军事人才的最高学府，并规定武学学历与国子监同，大大提高了武科举地位。一时间，临安成了全国习武者最向往的中心。然而出乎人们意料的是，在随后若干年武科举考试中，北方武艺并没有显现优势，而来自江南温州一个偏僻乡县的武举子们却大出风头。

温州苍南，旧属平阳县，自古以来尚武传统闻名。在今天的乡镇民间，只要有宗祠庙宇的地方就能见到热闹的习武场面。而至今被人们津津乐道、引为自豪的是南宋时期奇特的苍南武状元现象。

著者曾两次走访苍南县，发现在南宋150年的历史中，仅苍南县就出了14个武状元，5个榜眼，6个探花，124个武进士，成为全国少有的"武学之乡"，成了武术人才扎堆出现的地方。

南宋时代的南方拳法武艺到底是什么样子？很遗憾没有当时的拳谱秘籍传世。从目前苍南平阳地区流传的多种拳械套路来看，有的拳法保持了相当古朴的形态桩架和自成系统的功法理论。民间口口相传在一定程度上保存了南宋以来家传的拳法。

现在苍南流传的拳法套路大多是经由家族内部祖辈相传而来，有些套路名称在以往普查的全国武术名录中难以查到。由于古代这里地处偏远交通不便，许多古朴观念技法得以保留至今，我们可以从中领略些许早期南拳风貌。

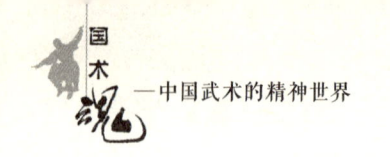

像苍南平阳这样的江南武状元之乡,还有南宋首都临安和福州永泰,这些地区至今仍然是武术人才辈出的地方。这横亘千年的尚武传统折射出南宋时代南方武术所具有的强大生命力。江南武状元现象堪称南拳发展史上令人瞩目的武术文化奇观。

明朝中期以后,由于倭寇的入侵威胁日益迫近,南方的武术又再次迎来发展机遇。其中两位南派的武术大师成为泰斗级代表人物,他们就是戚继光和俞大猷。

明朝嘉靖年间,倭寇之患发展到了极点,这些来自日本的浪人都是多年亡命海上杀人越货的暴徒。他们较大规模的攻击往往会集合上百艘战船,人数上万,在浙江福建沿海一带,攻城略地,杀人放火,奸淫掳掠,无恶不作。沿海民间传习的武艺功夫远远不能抵抗倭寇。

戚继光,山东蓬莱人,出身将门。不仅是一位军事家,也是一位精通武艺的武术家,他在东南沿海抗倭期间撰写的几部著作成为我国军事武艺实践指导方面的典范之作。

公元1560年前后,素有威名的戚继光被调任到倭患最为严重的浙江台州地区主持抗倭战斗。他深知要想扭转抗倭战争的颓败局面,就要从训练士兵的个人武艺功夫着手。戚继光在台州抗倭期间,所著《纪效新书》里写道:"学拳要身法活便,脚法轻固,进退得宜,腿可飞腾。而其妙也颠起倒插,而其猛也披劈横拳。"这些话针对倭寇善于跳跃的特点,强调士兵在实战攻防中腾挪闪转的身法要领。

作为一位来自北方的武术家,戚继光十分重视吸取南方武艺之长。《纪效新书·拳经捷要》中两次提到一位台州籍将军刘恩至,他是当朝武进士,其家传武艺是一种强调攻防结合的拳法,名为"刘家拳法"。

所谓"不招不架,只是一下。犯了招架,就有十下",注重连续快速进击的理念,即是后来戚继光三十二式长拳要领的由来。戚继光把拳法绘制成图,写出口诀,发给士兵练习。他强调拳法是所有武艺的入门根基,要想学好刀、枪、剑、棍等兵器,都必须学好拳。

戚家拳后来随着士兵退役在东南沿海传开,至今流传在台州地区的南拳还保留着戚家拳的若干特色。这就是"蹦闪跃转,势势相连,动作紧凑,劲力刚健,刚柔并济"。从拳法的特点来看,戚家拳与峨眉武术的技击有着很多相同之处,即讲究灵巧、紧凑、刚柔和应用实战。

然而,即使在北方武术强势影响下,南方特有的地域和历史中仍然保留了一些原汁原味的拳种,这就是至今流传在江浙沿海地区的古老拳种——船拳。这种武术拳法,对于沿海船民抗击倭寇的侵犯和骚扰起到什么效果,目前已没有相关的文献可以查阅了,但是对渔民的武装自卫应该起到关键的作用。

传说船拳最初是由一位不知名的渔家女子发明的,因为是专门在渔船上演练,所以称为船拳。船拳的特点是步伐稳固,下盘动作小,出拳贴身紧凑,讲求步步紧逼,先发制人。船拳是江浙沿海地区最具本土特色的拳种。

上个世纪八十年代出版的《浙江省武术拳械录》里记述了船拳的奇特来历:传说江浙沿海一带渔民出海作业常常受到海盗的骚扰,尤其是以船为家的妇女更是屡遭凌辱。她们为了强身自卫免遭灾难,就观察海龟以脚爪拍击猎物和扑食的凶猛动作,结合自身抗暴格斗的经验创造出一套以形为拳、以意为神、以气催力,并且适合在船上狭小空间施展的拳法。据说最初这种拳法主要是在女性当中习练,后来被加入更多技击动作,更适合男性演练。就这样它由女子到男子,进而由船上发展到在陆地上也可以演练,一代一代流传下来。

船拳注重桩法稳固,脚趾抓地,基本上没有跳跃,也很少高腿攻击。技击理念强调先发制人,擅长短打进攻。船拳的许多技术特点都与现代南拳一致,但船拳在技术上的单调质朴也很突出,很难与北派功夫的浩大气势和丰富性相匹敌。但对于在海上作战、格斗的渔民来说,它是非常简单实用的拳法。

戚继光的拳法理论后来还通过一位南方武术家传播到日本,进而形成日本的国技,即柔道的前身——柔术。明末清初浙江余杭人陈元赟迁居日本,他是一位在哲学、文学、绘画方面修养很高,又精通中国南方武艺的通才式人物。日本十七世纪古籍《拳法秘书》中说"今世所谓之柔术也,于《武备志》中称为手搏。在日本开始有此事是近世有陈元赟者",即将来自明朝的陈元赟奉为柔术的创始者。

那么,陈元赟带去的是怎样一种武艺呢?

书中说"此术须持之以柔,修虚静之心",是指一种颇具禅修之意而又攻法凌厉的擒人术。柔术之得名据传是来自戚继光《纪效新书·拳经捷要》中的一

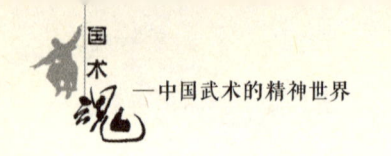

句话:"活捉朝天,而其柔也。""活捉"是生擒,"朝天"就是仰面摔跌之意,"柔"是以柔制刚之意。

但是作为军事家,戚继光对拳脚功夫的局限看得很清楚。《纪效新书·拳经捷要》开篇就讲"拳法似无益于大战之技",明代士兵上阵杀敌配备的是以枪棍为主的长兵器,这些才是戚继光所说的大战之技。

与戚继光齐名的抗倭名将俞大猷,他是明代南方武术发展里程碑式的人物,身为统帅千万兵马的将军却始终保持武林侠士的孤胆英雄本色。他的武艺根底来自南方宋代皇族后裔的家传功夫。他的棍法据说源自少林,却又青出于蓝,号为天下第一,以至于少林寺将他的棍法引为正宗。

在明代文献里常见到这样一句话"继光如虎,大猷如龙",意为北有猛虎戚继光,南有蛟龙俞大猷。俞大猷,福建泉州人,是明代文武兼备的抗倭名将,与戚继光齐名。他不但是个军事名将,更是一位技艺精湛的闽南武术家。

与戚继光不同的是,俞大猷的作战事迹保持了更多孤胆英雄的武林豪侠气质。有一次在广西清剿流匪时,俞大猷亲自带领几位副将深入匪徒藏身之地,期望晓之以理,劝其归顺。但流匪依仗人多,不为所动。俞大猷于是以切磋之名在席间演示自己的棍法,明为教传棍术,实为武力威吓。果然,一套棍舞下来,匪徒们大为惊骇,为俞大猷的棍术所镇服,立刻接受劝降。

俞大猷家乡至今流传的俞大猷棍法,其棍长五尺,直立高度正好齐眉,又称齐眉棍。它横可抢、竖可劈、直可刺,动作强调以气催功,风格彪悍刚健,实为南派棍法的经典之作。

俞大猷的棍法在当时就享有盛名,戚继光对它推崇备至,在《纪效新书》中详细做了介绍,作为士兵的必修武艺。明代另一个军事家何良臣在其著作《阵记》中谈及棍术时,认为俞大猷的棍法已经达到别人难以超越的境界。

据传,俞大猷的棍术源自一种糅合了剑术的独特少林棍法。证据来自明代《俞公大猷功行记》和地方志文献。据记载,俞大猷有一位老师是闽南民间棍术高手,名叫李良钦。李良钦教授给他的棍术起了一个独特的名字,叫作荆楚长剑,据说是融合了击剑和少林棍技法的独特棍术。也许是因为俞大猷对剑的名字情有独钟,直到后来他撰写自己的棍法专著,还将书命名为《剑经》。

俞大猷《剑经》的内容由剑、射、阵三法组成,其中的精华部分在于剑,也就是棍法。俞大猷认为棍法是长兵的基础,他很巧妙地以儒家经典作比喻,他说:"用棍如读《四书》,钩、刀、枪、耙等器械就像是《五经》。《四书》读懂了,其他的也就容易理解了。若能将棍术精通,那么其他兵器也就很容易掌握了。"

明嘉靖十四年三月,俞大猷率军自北方南下,途径嵩山少林寺,会见了当时少林寺住持小山上人,希望能看到正宗的少林棍术。小山上人久闻俞将军盛名,赶忙集合全寺所有精通棍术的武僧,各人施展看家本领。但是俞大猷看了以后却大感失望,他认为少林棍术已偏离实战技击精髓。在武僧议论纷纷之时,俞大猷挥去长衫,挥舞齐眉棍,将平生练就的荆楚长剑棍法尽数练就出来。众武僧从未见过如此凶悍风格的棍法,齐声赞叹,小山上人也意识到久不实战导致少林棍术的退化。而他的回应也颇显一代名僧的大家风范,小山上人当即决定要学习俞大猷棍法,重建少林棍法正宗精髓。但学习棍法绝非一朝一夕可成,于是就在众武僧当中精选两人,跟随俞大猷南下,在实战中学习棍术。三年后,两位武僧艺成出师回到嵩山少林寺,将俞大猷棍法一代代传承下来。至今少林寺出版的武学书籍仍将俞家棍列为少林棍术必修的宝典。

俞大猷回传少林棍法,是南方武艺发展的鼎盛时期,也是多年以来,南派武术第一次有可能超越北派武术的证明。

火烧少林寺与南拳传奇

南拳诞生的另一个源头,据史料记载是明末清初出于福建泉州的少林寺,因此人们又把南拳称之为"南少林拳",以区别于北派嵩山少林的拳法。

由于南方少林在清康熙年间曾因反清复明而被清政府焚毁,但寺中尚有几位僧人幸免于难。这几位僧人虽流落民间,隐姓埋名,但始终没有忘记自己的身份和使命,于是四处求访当时广西、广东、福建、湖北的英雄好汉、绿林豪杰,在结合他们自身武艺的基础上,取众家之所长,创立了天地会(洪门),发誓为寺中死难僧人报仇。据传,因为当时留下的僧人为五位,因此称他们为"五祖"。有少林五祖长拳流传于世。

他们在南少林总结平生所学,结合本地武术,开创了福建最重要的拳法流派——五祖拳,并传授给当地百姓。从此,南派少林武术在福建生根发芽,并衍

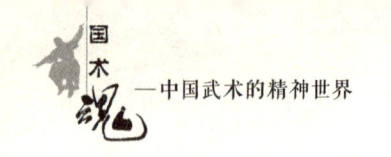

生出后来诸多南拳门派分支。这就是民间广为流传的"火烧少林,五祖创拳"故事。许多影视作品都是以此为蓝本创作出来的,至今仍为痴迷武侠故事的人们所津津乐道。

所谓的五祖拳就是太祖拳、罗汉拳、达尊拳、行者拳、白鹤拳。五祖拳的特点是刚强、步马紧凑、手技为动作。五祖拳硬朗的风格与北少林拳法有着诸多相似之处,而五祖拳所包含的太祖拳、达尊拳、罗汉拳、行者拳也可以在北少林武术里找到完全相同的名字。

在闽南的民间传说故事里,"五祖"分别是蔡德忠、方大洪、马超兴、胡德帝、李色开,但是在嵩山少林寺历代武僧名录里根本找不到他们的名字,倒是在清代官方收缴的民间秘密组织文件里能见到他们的姓名。在一部名为《西鲁叙事》的清代天地会内部文件里,他们被称为洪门前五祖。

因此,"五祖"很有可能不是少林武僧,而是南方反清复明的地下民间帮会或武装组织的首领,他们各怀武功绝技。而且火烧少林寺的惨案,并不见记载于正史文献之中,因此这可能是他们借少林寺的宗教性和武装化两个特点,更方便地聚集民众,建立地下武装组织的一种宣传手段。

"少林寺武僧"的传闻,给了这五个人正统的名分,同时火烧的惨案,引起了民众的同情和对统治者的不满,为了反抗统治阶层,就需要秘密地习武强身,自卫造反。这就是南拳为什么在明末清初如洪水般爆发式传播的原因之一。

"五祖"所在的天地会,也称洪门,是清代以来闽粤地区影响最大的民间秘密组织。天地会香堂的排位名册中,洪门前五祖排在第三级,前面是赫赫有名的郑成功、史可法,以及武侠小说里常出现的陈近南。那么,天地会是怎么与少林寺攀上瓜葛呢?

这是因为明清以来的民间秘密会社通常都以拜师习武为名来发展组织,而武艺当然首推少林寺的最好。《洪门问答》中说:"武艺何为先?少林为先。猛勇武艺四海闻,出在少林寺内僧。"而火烧少林的故事,也很可能是清代民间秘密组织故意编造故事的神来之笔,因为在习武者心中,少林寺是武艺功夫的圣地,这个故事成为民间秘密组织凝聚人心的最好宣传。南拳就是在这样的时代背景下获得了爆发式发展的历史机遇。

在现在的南拳套路中,依然能够看见少林拳、罗汉拳、梅花桩的影子。南方人虽身材矮小,但下盘灵活、身形敏捷。这也就塑造了南拳的独特拳法。门户紧密,动作紧凑,手法多变,功架较低,体现出以小打大、以弱取胜、以快打慢的特色。南拳特别重视下盘功夫。鉴于南方人身材瘦小、体重较轻、气力较弱,因此特别重视下盘的稳定性。同时也很讲究步法的灵活多变,步法除了常见的弓步、马步、虚步之外,还有扭拐动作,如骑龙步、拐步、盖步等,使身体可以灵活转向。上肢动作小而多变也是南拳的一大特点,有时练起来下肢基本不动,拳掌可连续出击数次。南拳中的一些手型和指法,如单指手、撞拳等,可谓是独具一格。这时期的南拳,主要在福建流传广泛。

清代中期以来,广东南拳开始崛起。广东南拳五大家洪、刘、蔡、李、莫五家,加上侠家拳、蔡李佛拳等共计十余个流派拳种,遍布广东省全境。这其中又以洪拳流传最广,影响最大。洪熙官、铁桥三、黄飞鸿的功夫都属于洪拳一派。他们的出现成为南拳发展史上最富传奇色彩的一页。

相传洪拳的创始者洪熙官早年是福建茶商,后来藏身于少林意图反清大业。在广东流传的火烧少林寺故事里,洪熙官是少数幸存者之一,逃出少林寺之后,洪熙官创始洪拳,传给了天地会人士,从此洪拳在闽粤地区秘密相传。

洪拳包括以金、木、水、火、土五行命名的五行拳,以及龙拳、蛇拳、龙拳、豹拳、鹤拳等十大象形拳。相比福建南拳,洪熙官创制的洪拳手法更为丰富多变,有一步三变手的说法。而套路的编排更趋繁复,显示了清代南拳形态多样化,拳理精细复杂化的演变趋向。

铁桥三,原名梁坤,广东南海县人,他对洪拳的贡献在于发展了桥手功夫,也就是手臂格挡攻击能力。铁桥的意思是说手臂如铁一般坚硬有力。据说,有一次梁坤向人们展示铁桥功夫,他双臂平展开来,吊挂上数人行走百步,人们惊得目瞪口呆。从此,铁桥三的名字不胫而走。

据说,铁桥三惊人的臂力来自一套自创的拳法——铁线拳。通常说来洪拳以刚猛见长,人们多认为洪拳是典型的外家拳,但是属于洪拳的铁线拳功夫却因为注重内功修习而被武林人士称为内拳法。

铁线拳后来又通过铁桥三的徒弟林福成间接传给佛山一位南拳大家——黄飞鸿。他是南拳英雄的杰出代表,洪拳、铁线拳、无影脚无不在他手中发扬光大。但是他的武林生涯却经历坎坷,一度对江湖心生厌倦,只以行医卖药为生,淡然

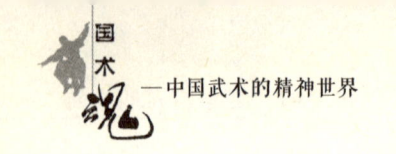

隐于世。

黄飞鸿1856年生于一个习武家庭，父亲也是武林中人，他早年饱受漂泊之苦，五六岁时便开始跟随父亲走街串巷，靠演武卖艺售膏药为生，这给黄飞鸿打下坚实的武术根基。十几岁的时候，一个偶然的机会黄飞鸿结识了洪拳大师铁桥三的得意门生林福成，学成铁线拳和飞陀技艺。十五六岁的时候，黄飞鸿已是名满佛山的少年英雄了。18岁这一年，黄飞鸿应同乡行会之约到广州定居，开始独当一面开设武馆，以其高尚的武德和精湛的武艺匡助弱小免受恶霸欺凌，赢得了江湖人士赞誉。尤其是黄飞鸿擅长的无影脚，将北派腿功融入南拳攻击技巧，多次在实战中运用，令人耳目一新。

作为民间武术家，黄飞鸿曾有过一段投身军旅以武艺报效国家的荣耀经历。黄飞鸿中年时期，一度追随晚清将军刘永福以医官和技击总教练的身份投身军旅，这是他施展抱负的难得机会。但是黄飞鸿的行伍生涯并不顺利，1895年转战闽粤一带的刘永福黑旗军连遭失利，黄飞鸿返回广州。昔日的少年英雄，已是一位神情凝重的中年人。对于重回江湖，黄飞鸿毫无兴趣，他决意只行医，不收徒弟教授武艺，在宝芝林堂前张贴告示"武艺功夫，难以传授。千金不传，求师莫问"。

1919年春，黄飞鸿已是63岁的老者了，他在广东精武会成立仪式上最后一次演示了他绝世的武功。当时黄飞鸿并没有表演显示实战技击性的铁线拳、无影脚，而是拿出一只飞陀。飞陀，也称作绳镖，这是铁桥三弟子林福成传给黄飞鸿的功夫，通常是在舞狮等热闹场面表演。但是武林人士深知，在高手演练中，软软的绳镖同样可以像长枪一样发出千钧之力，这看似简单的绳镖表演也是最能见功力的武器。人们的目光汇聚在舞台中高高悬起的罐子上，看黄飞鸿最后用怎样的绝技将罐子击碎。但是出乎所有人的意料，黄飞鸿闪电般射出的镖头在最后一刻竟然戛然止住，轻飘飘落在小小的罐口中。在场武术界人士暗自抚掌叫绝，黄飞鸿的功力已经达到举重若轻、出神入化的境界了。

时隔六年后的1925年，黄飞鸿在晚年丧子之痛和困窘中郁郁而终，广东南拳一代宗师溘然长逝。此时，中国时局动荡，黄飞鸿的悄然离去并未受到社会关注，甚至难以找到当时主流报纸的相关报道。

此外，南拳中的象形拳（仿生拳）也颇多，不仅有龙、虎、豹、象、蛇、鹤、马、猴、鸡等最常见的拳种,还有狮、鱼、狗等罕见的拳种,体现出南方人敏锐细致的观察力及丰富的想象力和创造力。南拳的风格总是威猛迅疾,孔武有力,灵巧绵密,上肢及手型变化多端。

例如狗拳,又名为"地术犬法",与以往南拳重视下盘稳固不同,狗拳是卧地之后才发起攻击的,专门攻击对方的下三路,具有很强的实战价值。

闽南民间传说,狗拳始于清初的五枚大师,她与至善禅师、白眉道人等五人在小说里被称为"少林五老"。古时由于女子缠足,脚下自然不稳,五枚大师潜心观察犬类敏捷的身手,创立了失手倒地反败为胜的偏门功法。后来又传给传说中的广东少年英雄方世玉,经改进增加技击实战招式而成。

狗拳的技术结构分为上盘、中盘、下盘,下盘是其中的核心技术。地术犬法在战术上经常反败为胜,被击倒后在地上实施各种交剪动作,利用各种反关节把对方锁住、捆住、交叉住。像无形的绳子一样,把自己的关节与进攻者的关节交叉纵横叠在一起,使他动弹不得。有人曾做过统计,在真实的徒手搏斗中,有七成以上最终是以地面扭打而决出胜负,因此地面锁控技术至关重要。近年来,搏击界风行的巴西格雷西柔术也正是基于这种实战理念,加强倒地缠绕和锁扣关节技术,在世界自由搏击大赛中获得了令人瞩目的成就。

南拳另一个特点是讲究以声催力。在发力时要发声,以吐气催力。打南拳时的呼吸声可能要算是中华武术之冠了。大声呼喊,一是添势增威,为自己壮胆,震慑敌人;二是借吐气以瞬间增加爆发力。因而南拳操练起来,往往是虎虎生风,呼呼作响。

这方面的代表性的武术人物就是国际武打巨星李小龙了。他在影片武打格斗场面中,令人印象深刻的莫过于一声吐气呼呵了,常常起到震慑敌手肝胆的作用。李小龙的拳术起源于咏春拳,而咏春拳的诞生和灵感又是来自于象形拳中的"鹤拳"。

清代中期以来,以福建鹤拳为代表的象形拳诞生,渐渐摆脱北方武术的影响,开创自己独有风貌。白鹤拳,是福建本土创始的独特拳法,被誉为南拳象形拳的灵感之源。然而,人们很难想象这发力彪悍拳法的创始者却是一位风姿绰约的女子。在福建永春县一带,流传着白鹤仙人、方七娘、方种公三个人的故事。

方种公和女儿方七娘并不是永春本地人,方氏父女早年靠江湖卖艺为生,日子过得很清苦。因为方七娘生得俊秀靓丽，时常遭受无赖泼皮的骚扰，父女俩武艺寡不敌众，只得忍气吞声。这一天，方七娘梦见一只白鹤翩翩而至，腾身挥翅演练种种奇特的招式，任凭方七娘拳脚进攻，都能轻易化解，而它看似轻柔的展翅攻击却有着千钧之力。于是，方七娘仿照梦中所见白鹤的招式，编排演练出一套奇特的拳法，在对付那些无赖泼皮时，方七娘往往以一当十大获全胜。从此，江湖盛传方七娘得白鹤仙人指点创制拳法的故事，方七娘于是将这套拳法命名为白鹤拳，尊奉梦中白鹤为师祖。后来方七娘来永春定居，将白鹤拳传给家人和邻里街坊，从此白鹤拳在永春扎根落户传播开来。

永春鹤拳在清代后期传至福州地区，并拓展出宗鹤、鸣鹤、飞鹤、食鹤四大分支。福州鹤拳中最大的一支是鸣鹤拳，套路中善用各种掌法，注重发声，以声助力，故有"鸣鹤"之称。鸣鹤拳套路一气呵成、勇猛矫健，极富阳刚力量之美。许多门派都从白鹤拳中汲取营养。温州苍南的拳术有明显的白鹤拳特色；李小龙的广东咏春拳招式也能让人联想起白鹤拳的发力方式。

白鹤拳甚至流传到海外，被其他国家武术所借鉴，日本空手道便是突出的例子。上世纪八十年代，日本冲绳刚柔流空手道传人赶到福州认祖归宗，并立碑撰文纪念。在刚柔流的传承谱系中，将福州鹤拳大师尊为创始祖师。刚柔流空手道以小架三站步、猫足立为主，讲究刚柔并济，在修习时讲究气、息、体的锻炼，有明显的南拳特色。在中国所有拳法派别中，只有南拳的种类最为丰富，有数百种之多，而且目前在海外流传的中国武术也主要以南拳为主，尤其在南洋的一些国家中形成了一种奇特的武术文化形态。

四、丐帮的真实与虚构

> 唐朝起，宋朝兴，
>
> 千古流传到如今。
>
> 不做强盗不做贼，
>
> 不祸国来不害民，
>
> 三条大路行当中。
>
> 花子莫要看不起，
>
> 洪武皇帝讨过米。
>
> 汉朝大将算韩信，
>
> 九里山前十里埋伏也把霸王困。
>
> ——丐帮乞讨《莲花落》唱段

在金庸先生的武侠小说中，丐帮的传奇色彩被大大地放大了，引人关注。在《天龙八部》中，他刻画了武功盖世、英雄末路的丐帮帮主萧峰的形象，而在《射雕英雄传》《神雕侠侣》等作品中，又刻画了一位英雄了得的九指神丐洪七公和一位聪慧过人、心思缜密的女帮主黄蓉。而近年来，影视片中"武状元苏乞儿"或"广东十虎苏乞儿"的题材也非常红火。

这说明在丐帮中，确实是武艺人才辈出。丐帮和江湖武林究竟存在着什么样的关系呢？称之为丐帮的镇帮武术之宝——"打狗棒法"和"降龙十八掌"究竟存在不存在呢？如果存在的话，又是怎样一种格斗技击功夫呢？我们来一探真实。

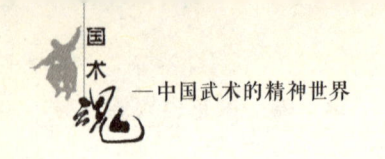

丐帮组织的创建

丐帮在武林和江湖争霸的世界中，扮演着极其重要的角色。著名武侠小说家金庸先生认为其始创于唐末宋初的动荡战乱年代中。这一点遭到某些学者的质疑，认为在一个战乱的年代不可能养活乞丐。其实这种说法并不成立，相反只有在动荡战乱的年代中，才会有大批的农民失去土地，流离失所，最终沦为乞丐。乞丐的出现，与一个社会的贫穷和富裕没有绝对的关系，而乞丐的帮会组织的出现与社会的机制如何，其关系反倒是更加密切。

在一个动荡战乱的年代，底层的流民、破落的贵族、残废的军人和沦落天涯的侠客都有可能成为乞丐，但是为了维护他们自身生存的利益以及满足他们在心理上的相互依恋感，就必须要有一个帮会组织来凝聚这批"散民"，于是丐帮的组织就应运而生了。

然而，丐帮究竟于何时正式成为帮会组织，还是没有定论。在历史上和文献中，丐帮从来没有出现过全国统一的组织，只是以地域为划分，在全国不同的省份有过不同的丐帮，而帮主实际上是乞丐群中的丐头，掌握着一定财源和生杀大权。

乞丐中的丐头是论资排辈，一辈续一辈地熬出来的。光辈分大但无组织能力也当不上头；有辈分，有资历，有经验，能管理，不负众望的才能当丐头。清朝规定，乞丐头应穿戴顶戴、纱褂，还有迎送官府、见官等仪式。乞丐头就本着这套穿戴打扮去应酬，虽然没有官级，当一个乞丐头在乞丐中是很有威信的。

据传，乞丐供奉的祖师牌位是窦老，这个窦老叫什么名字，无从考证，只传说此人是汉平帝时的宰相，曾抱着太子逃国，靠乞讨维持生活。以后太子登基后封窦老为天下乞丐头。如果真是这样，汉平帝是公元元年登基的，其子刘婴于公元6年继位，推算下来，乞丐有头的历史已近两千年了。

丐头手里有一根皮鞭，是专治乞丐用的刑具，也是丐头的一种权力象征。只要帮中人犯了帮规，轻者驱除出帮、赶出本地，重者打死勿论。要说这根鞭子为什么这样厉害，还有一段非凡的来历。

又传说，当年唐明皇被皇亲奸臣迫害，化装逃出宫殿，流浪江湖，落入讨要的乞丐群落,交下了不少哥儿们朋友,成了乞丐的崇拜者,当上了花子头。不久,他的皇帝身份显露,众乞丐拜真龙天子,发誓要为龙头大哥报仇。唐明皇说:"有朝一日,重登宝殿,朕要把所有奸臣坏人杀掉,让咱穷哥儿们扬眉吐气!"丐帮兄弟们问:"到那时您还能认我们这帮穷哥儿们吗?"唐明皇为了不忘共患难的穷哥儿们,用皮条编织了一根圆桶龙形的黑皮鞭,起名叫"龙鞭"。然后把"龙鞭"挂在墙上,双膝下跪道:"这把鞭子上打君、下打臣,亦打丐帮变心人。我登基后若变心,你们任何人都可用这把鞭子打我,打死勿论。"唐明皇留下了这根龙鞭,并被敬奉为丐帮始祖,千百年沿袭下来,乞丐们见了鞭子又敬又怕。

然而,根据更多的传说和野史记载,大量的丐帮组织出现在元末明初,自明太祖朱元璋称帝之后,帮会开始在各地运营起来。朱元璋自身有过行乞的经历,因此统治阶层对丐帮组织有一定的容许,这是其能生存发展的一个重要因素。

据传朱元璋在困厄时,曾遇二丐以饭相救,朱元璋登基后,招二丐欲封以官职,二丐坚拒不受。朱元璋乃赠与尺长木棍各一,棒外缠布,下垂有穗,一黄色,一蓝色,赐名为"杆",并指定黄为长,蓝为次,言明持此杆讨钱可以走遍天下,无人阻碍。二丐自此遍游天下,积资甚富。二丐各有后辈相继,扩成七个门户。门户虽增,仍以"杆"为主。带"杆"办事者为"杆头",众丐称之为大哥。"杆头"身着官服,头戴官帽,然而手持打狗棒,所以依然是乞丐身份。

丐帮帮主的权力标志从"龙鞭"到"打狗棒"的转变一事,其含义是深刻的,象征着丐帮的组织权力从没落的皇亲国戚、贵族宰相向底层民众劳苦大众转移,使其更具有现实和平民的色彩。

乞丐中大多数人是失去土地、从农村涌入城市的农民,他们惊喜地发现,在城市中行乞反而胜过了在家乡土地上进行辛劳而收入微薄的农耕生活。乞丐帮会本身在理想上是乞丐的互助组织。一个孤立的乞丐是社会的最底层,可以被他人随意欺凌,但如果加入帮会,则会得到来自其他乞丐的庇护,不过需从行乞收入中缴纳一定的比例给帮会组织,如果遇到雨雪天气,无法行乞或濒临冻死时,帮会也会提供一定的衣食。每个城市中的乞丐头目,俗称为"丐头",倚赖其他乞丐的供养,有一定的资金和田产,生活条件较为优裕,并且他们还能对有权势的统治阶层产生影响或构成威胁。

尽管丐帮的出现和发展对于官府而言是一个潜在的威胁,但从另一个角度看,协调和管理数目庞大的乞丐,不让他们变成作奸犯科甚至犯上作乱的盗匪,也有利于维持王朝统治,官府实际上也是受益者。因此,总体而言,官方采取了默认态度,在各大城市,允许"丐头"的半合法性存在。

丐帮也非常讲究义气,以仗义疏财为重,因此也受到了武林世界的尊重,双方有过许多重大的合作。在武侠小说《天龙八部》中,第六代帮主萧峰就是少林派的武术弟子,这说明少林派在向丐帮提供武术人才;而小说中的雁门关事件则是丐帮担任保卫少林寺的外围警戒任务。少林被尊为武林世界的精神领袖,而丐帮则成为少林的"民团"和自卫军组织的一部分,双方相得益彰。

在某种意义上讲,丐帮还是容纳江湖诸行的一种综合性组织,它表面上属于江湖白道人,而又有黑道中的帮派的性质,是江湖中一种两栖性的奇特组织,而受到江湖白道和黑社会双方尊重。

当然,武林世界与丐帮的渊源不仅在于武侠小说中,也反映在真实的历史和民间传说中。例如,热播的影视片中的"苏乞儿",就是清末时期"广东十虎"之一的苏灿。苏灿本为广东当地一霸,生性不羁,沉迷武学,由此与当地的黑帮组织斧头帮结下冤仇。

苏灿本是富裕人家的子弟,但在遭遇斧头黑帮的挑衅、洋人买办的阴谋,以及因自己的过错而使心上的恋人离去等困难后,终于沦为乞丐。在朋友余枫、父亲苏贵、挚友兼情敌铁桥三的倾力帮助下,人品、武功不断提升,同铁桥三一起名震广东,被民众推选为"广东十虎"之一。其锄强扶弱、匡扶正义的豪举使其真正成为受人敬重的一代武林宗师。在丐帮的历史发展中,像这样身怀绝技、武功高强的英雄应该不在少数。

据明清小说记载,在元末清初,有许多随朱元璋打江山而不愿为官的猛将,逃进卑田院。"鸟尽弓藏",朱元璋最后火烧卑田院,有武功的猛将逃出,隐迹江湖,成了丐帮鼻祖,也就有了洪七公、柳迟一类的武林高手。传奇小说不足为据,而历代农民起义,从者多为失去土地沦为流民的"游民无产者",却是史实。清代四川的流民在川、陕边境,从个别(或携子女)乞讨集为一群一伙吃大户、抗官差,成为丐帮。后来裹胁为啯噜(匪),为义军,为"教匪",也有入行伍者。这是一部金戈铁马、刀光剑影的武林故事,常见于清人笔记中,颇有史料参考价值。

江湖面目和帮会行规

武林人士闯荡江湖,需要寻找靠山。帮会讲究同根连气,义气为先;武林门派和江湖帮会都有着相同的江湖性和宗派性。因此,武林人士加入帮会,也是一条出路,可以凭借着这样的后盾,在江湖上打打杀杀,扬名四方。

江湖帮会本是一种民间结社形式。凡结社必习武,这在明末清初是一种普遍现象。商帮最先与武林结缘,它雇用武人保护货物安全流通。当产业越做越大的时候,看家护院也成为武人谋生之路,从而促生了保镖行业。行帮为了霸占地盘,垄断业务,也会组建以武人为主的打手队伍,以保护本帮利益。流氓团伙一类的帮会更推崇有武功的人,因为不同团伙之间会产生许多矛盾,械斗不可避免。因此,帮会重视习武,重视武人,理所当然。丐帮当然也不例外。

秘密结社的帮会创建初始冠冕堂皇,但多年来它在组织发展中,不分良莠,吸收了大量游民,其中不乏光棍流氓,江湖习气由此渗透帮会。至清末民初,帮会的政治目标淡化,一部分人终沦为巧取豪夺、敲诈勒索的暴力团伙。这个时期武术反而成了他们多行不义的工具。

丐帮在江湖实际经营乞讨的方式主要是两种:文讨和武要。

一般把依靠某些"技艺"、对方怜悯而乞讨的手段,叫作文讨,也叫软讨。其中,有的靠表演文艺节目去讨要;有的席地而坐,闭口不言,以一张求告书招人围观而进行讨要;有的妇女抱着小孩哀求讨要;有的脸涂黄蜡和假造毒疮,装病讨要;有的把"病人"放在医院门口痛哭流涕,求人行善帮钱住院讨要;有的假装被扒手偷了钱,为求路费回家而请求帮助;有的装成出差公干,手拿被割了口子的提包而向人告借;有的打扮邋遢,在饭馆前打竹板或做肮脏的动作进行讨要等。

武要,则是指使用一些自残和讹诈的手段进行乞讨。因其手法残忍、无赖,故又称为"恶要"。武要的形式很多,五花八门,如有用砖头自打胸膛的,有用菜刀自拉脑皮的,血流满脸的,你给不给钱?不给就继续用砖打、用刀拉。还有的跪在地上,脑袋碰石头;有的用铁锥穿舌头;有的用钉子钉手背;有的用铁钳拔牙;有的在饭店里往顾客饭菜内吐唾沫或用手乱抓;有的大人打孩子;有的丈夫打妻子……。心慈面软的老妇少女以及一切善良的人们,一见这些情景,生怕出事,赶紧扔钱就走。其实这大都是一种表演,说穿了,都是江湖生意门儿,有的属魔术门之道,有的属于气功性的表演,当然也有少数是属于武术功夫展示的。

武林门派和江湖帮会都非常重视帮规。帮会的建立、发展,武林门派的传承、壮大,也不能仅靠江湖义气来维系,也需要有家法、帮规来约束。江湖社会没有统一的法律。各门派、各帮会有家法帮规,虽不尽相同,但内容实质大同小异,无非是向徒弟、会众讲清可以做什么,不可以做什么,违反家法帮规如何惩罚。帮会对违反帮规的人处罚是极其严酷的,轻则拳棒相加,重则酷刑处死。

丐帮乞讨:文讨和武要

这种帮规相当于一个军队的军纪或者法规和秩序,它使一个帮会组织在行事中发挥出极大的战斗力。

丐帮组织,相互之间或在江湖上很讲义气。如有时遇到独霸一方的地头蛇欺侮外乡商贩、小民百姓,丐头会出面干涉,或调停,或劝解,使外乡人和小民得以保护,不致受侮。如地头蛇不依不饶,恣意闹事,丐头也不示弱,要打抱不平到底。丐头集合全体花子,轻者与其纠缠,甚者则与之拼命。拼命时乞丐们都做了死的顺序安排:打死对方,按号顶着偿命。被对方打死一个,后边又紧跟着续上一个,乞丐中先死、先排号的,都是拉破头在最前边,到那时义气当先,死不足惜。

他们既不怕死,更不怕打官司。因为一打官司,全体乞丐成群结队地都到县衙前候审,哭喊连天,叫骂震地,官方无奈,只好管饭。打官司时,全体花子在花

四处行乞

子头的带领指挥下,齐心合力,不得胜利,不肯离去。在与地头蛇的争斗中被打死的乞丐,其遗属由全体乞丐供养;如被打伤则以此为借口,对对方百般刁难,倒有了养病生活的来源。这样一来,尽管地方上邪恶势力猖獗,但一般都不去惹花子群,就连单个的乞丐也不敢惹。花子们有头、有组织,无产无业,不怕经济惩罚;无牵无挂,不怕人身坐牢。要罚,一文钱也没有;要打板子,请,平日乞讨还自己打自己呢;要下牢狱,更没二话,坐牢就得管饭,比整天乞讨还保险。所以官府对乞丐也就另眼看待了。

乞丐头需要集合全体乞丐时,就在花子院的大门上挂个筐子。在家在外的乞丐看见挂上了筐子就知道出事了,要集合。随即一个传一个,很快就集合起来,听从丐头的吩咐指使。

花子平时个人讨要的食物和钱财主要都归个人,到了春节、端午节、中秋节这三大节日,因人们都改善生活,乞丐们讨要回来的东西也统统归拢在一块,集中起来共同吃用。

乞丐讨要时也有规矩。不许偷盗,不许妄说,不许妄听主人言谈,上门者只能在大门口或靠门框,不许过院中影壁,等等。如有人违犯了这些规定,丐头就

145

可给以剁手、挖眼、打折腿、活埋等处分,以示惩处。

乞丐内部规定,每年认一次宗亲,即乞丐头让不同区域的乞丐群相互引见,排辈分,认宗亲,他们的行话叫"续捻"。此后丐群各个区域之间,就可互相往来,而且互有照顾。认亲完了要喝酒庆贺一番。结束后,各领各的弟子返归原地,开始乞讨生活。

然而,一个帮会的发展和兴旺,最后总决定于这个组织的首领,即"帮主"是一个什么样的领袖。帮主拥有无上的权利,但又要具备特殊的才能和精明的头脑,并且要管理统治好帮会上下的组织关系。

丐帮有个故事很能说明上述的问题,即帮主应具备有一定的悟性和教义。

有个老乞头准备传衣钵。为了测验谁堪此任,老乞头把平时最得意的三个徒弟叫到面前,发话道:"吃我们这碗饭,全靠一个'穷'字。你们且各做一首说穷的诗,看哪个说的最穷,我就把这个打狗棒传给他。"乞丐头的打狗棒,犹如埃及法老的"权杖"、佛祖的袈裟,乃是世世相传的圣物,谁得到它,就得到了它所辖范围内的最高统治的权威。三个徒弟当然知道它的魔力,便挖空心思作诗,以期得到老乞头手中那根"乞丐王朝"的权杖。

大徒弟想了想,念到:

"吃的在肚皮头,穿的在身上,住的'桥公馆'(意为桥洞),睡的'八脚床'(意为两根长板凳搭的床)。"

老乞头皱着眉头,评道:"吃有吃的,穿有穿的,又有住处又有床,不算穷。"

该二徒弟了。他吸取了大师兄的教训,念了以下一首诗:

"穿的在肚皮头(意为衣服卖来吃了),吃的在身上(意为再吃还得卖衣服),盖的是裳衣,垫的是衣裳。"

他回避了住处和床不说,只诉说和衣而卧,连铺盖、席子也没有。这该穷了吧?殊不知老乞头还是摇头,笑着评道:

"哪来那么多衣裳?开成衣铺都可以了。也不算穷!"

精明的三徒弟最后念了四句,老乞头很满意,两位师兄也自惭弗如。他咋念的呢?

"穿的'千家衣'(意为从千家万户讨来的小布块缀成的破衣),吃的万家谷(意为搜罗人家残羹剩饭为食),盖的肚囊皮,垫的背脊骨(意为不但无铺盖,甚至连蔽体之物也没有）。"

一穷至此,简直是"赤条条来去无牵挂",这乞丐头不该他当还该哪个当呢？老乞头的打狗棒传给了三徒弟,两个师兄也口服心服。

然而,做帮主除了需要头脑的悟性和通晓教义之外,还需要其他方面的组织管理能力,具体而言,分以下四个方面：

第一,要能维护"乞丐王朝"的共同利益。须知乞丐是些"自由公民",都有着"泼倒坛坛充罐罐"的逆反意识,要得到同伙拥戴,必须用行动证明自己是他们利益的守护者,在"乞丐王朝"里,谁也别想摆出"绝对权威"的臭架子,否则,乞丐头的打狗棒也会失去"法力",指挥不了手下臣民,甚至会因此而易主。

第二,要有相当的组织能力。乞丐散漫四方,品类繁多,内外矛盾不少,乞丐头必须了然于心,处置得宜才搁得平、玩得顺。

第三,要具备比一般乞丐更高一筹的悟性、文化或武功及必不可少的行乞艺术、技术修养和能力。因为落入乞丐群的人,总不免灰颓、消极,遇事浑浑噩噩,而这些,对"王朝"的整体利益是没有好处的。乞丐头必须有进取心、有眼光、有魄力、有鼓动力,须不时给乞丐们灌输那些孔夫子周游列国、韩信拜帅封侯一类的古今乞丐"发迹史",来建立他们"乞丐王朝"的荣誉感,鼓起他们生活的信心、行乞的勇气,同时传授给他们行乞的门径、技术和技巧。

以上三条是乞丐头对内须具备的条件。而还有一条对外的本领也很重要,那就是——第四,须熟谙人情世故、社会动态。比如各阶层的社会地位、心理特征、生活习惯,特别是市面上人家的婚丧嫁娶,大人物的升迁、寿诞、新居落成、新店铺的开张以及一切乞丐可以介入的好事、歹事,四时八节的常规乞讨,等等,这些都是"乞丐王朝"赖以存在的社会基础和生计主要来源。乞丐头如果把握不住或支应不开是不行的。

以上四个条件,虽不是每个乞丐头都必须全备的,但至少也得要具三条,并擅长其中之一才行。由此可见,丐帮帮主的人选来自三个方面：一是由乞丐们自己发现并共同推举出来,有"民主性质"的人选；二是有特殊才能或特异功能,能带领丐帮兴旺发达的人才,这种人才不乏来自于其他江湖帮会,武林中的高手异士,或者破落的显贵人士。因为只有他们才能具备特别的文化才能,受过特殊的教育,具有特异的记忆能力。三是由有权威的前一代丐帮帮主挑选出来的,指定

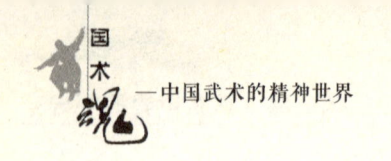

的接班人。这个继任的帮主得到前一代帮主的"真传"和"衣钵",使丐帮组织今后的发展和活动,具有一贯性、不变性和安定性,不过这么做已经具有"世袭制"的意味了。

丐帮武功的虚与实

由于金庸先生在《射雕英雄传》和《天龙八部》中塑造的洪七公、萧峰等丐帮帮主的形象是具有绝世武功的高手,其中不乏神秘和怪诞的场面,以致令人怀疑丐帮武术的真实性。其实丐帮武术在历史上是真实存在过的,对中国的武术也有着不可磨灭的贡献。

丐帮中的一个支派又叫"流民教",在明末清初大动荡的时代,它曾经盛极一时,流行于山东、河南一带,后来逐渐南传,重心遂转至两广地区。

由于"流民教"中的人物都活跃在"下九流"社会中,结伙出现,多以演卖江湖技艺为生;个体活动,则行"艺讨"。他们从不储蓄财产,一路行侠仗义、惩强济弱,走到哪吃到哪。因为他们的社会地位低下,处处受人歧视和欺侮,所以习武护身对他们说来是既自然又必要的事情。

丐帮的门派甚严,决不把武功轻易传人,因此不能普及,以至逐渐衰弱。丐帮的发展对象主要是赤贫无靠的孤儿、被官府追缉的逃犯,也有少数参加起义失败了的英雄豪杰。他们有严厉的教规约束,是一个伸张正义的组织。他们的教规有这样一些主要内容:行乞三年以上者,方可吸收入教帮;习丐帮武功者,须严守"十不打"的规定,所谓"十不打",就是凡遇老、弱、妇、孺、僧、道、同门、认识者不能出手打外,同人对打还要不打对方要害,不打阴掌;师兄

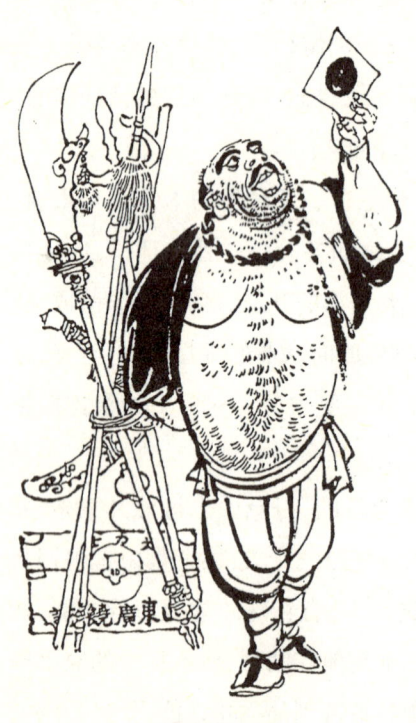

武丐江湖卖艺

妹可以通婚,但须得到双方长辈同意;严禁强奸妇女,犯者要处以生剮极刑。

丐帮武术的第三代嫡传掌门人郑启明先生居住在香港,可算丐帮武术的振兴者。他在50多年前就开门收徒,于今又下传了三代。从郑开始,弟子不再受某些旧教规(如入门者必须行乞三年以上)的限制,不再是"流民",郑本人亦在社会各方面的鼓励和推动下,以开设医馆行医和建国术馆授徒的方式,重整丐帮旗帜,把渐被湮没的丐帮武术传授给一些品德佳、悟性好的后生,使此派有了后继之人。

丐帮以武术行走江湖

丐帮武术的神秘和传奇色彩很浓厚。在金庸小说《射雕英雄传》中,丐帮帮主洪七公是参加华山论剑四大高手中的北丐,号称九指神丐,是郭靖的第七位师父。

在遇到洪七公之前,郭靖已跟着江南六侠学了整整十年武功。虽然他刻苦练习,武功练得也还扎实,以他的鲁钝资质,学到一身武功也算是不易。与同龄人相比,虽有些差距,但勉强可以算是小学或中学毕业,不过,以他的武功要与江湖上的高手相比,却还有相当大的距离;若要与东邪、西毒、南帝、北丐这一类的绝世高手相比,那更是相差十万八千里。

郭靖、黄蓉与洪七公相遇,洪七公只教了郭靖一招"亢龙有悔",便使他的功力连超几个层次,可与一般高手相抗数十招。而洪七公连教了他十五招"降龙十八掌",一个多月后,郭靖的武功便已判若两人!这乍看起来像是神话,实则大有道理。一是因为洪七公乃当世绝顶高手,"降龙十八掌"乃是绝世神功,学了它当然要威力陡涨了。二是因为郭靖的武功虽然不高,但根基已不错,身体更是健壮无比,所以遇高人指点,又学绝招,当然大不一样。

同样,上述两点原因还不是最主要的,关键的原因还在于洪七公不仅武功高,而且又是一位武学宗师,看了郭靖与黄蓉的对练,不仅看出黄蓉的家学渊源,更看出了郭靖武功的特征与弱点,从而能因材施教。那一套简单朴实、威力无穷的"降龙十八掌"好像是专门为郭靖准备的。

有趣的是,黄蓉虽是东邪黄药师的独生爱女,却做了北丐洪七公的传人。她与郭靖同时拜在洪七公的门下,但洪七公却从未教她降龙十八掌,而是先教她一套极其美妙复杂的"逍遥游",后教她天下至巧的"打狗棒法"。这说明洪七公真正是因材施教,让不同资质与性格的徒弟学不同的武功。同时,这"逍遥游"与"打狗棒法",正是黄蓉机灵聪颖、活泼多变的性格的最好写照。

而洪七公本人呢?则是身兼降龙十八掌的阳刚朴厚与逍遥游、打狗棒法的灵巧多变,既表现出他作为武学宗师的渊博,同时又说明他的性格决非黄蓉那样的机变或郭靖那样的简单。他糊涂其表,精明其里;洒脱其外,执着其中;既可逍遥(早年),又能降龙(晚年)。

另一个丐帮武功的精彩展示在《天龙八部》中,玄难与萧峰的"太祖长拳"之战的激烈场面。玄难与萧峰所使用的确确实实是说一不二的"太祖长拳",一招一式都是大家常用常练的熟套。然而,在玄难手中却具有如此不可思议的威力,而在萧峰的手中则更是打出了许多武士毕生梦寐以求的理想之境。当然更多的人恐怕连做梦都不会想到,一套寻常凡俗的"太祖长拳"居然会有如此威力、如此境界,如此可惊可叹、可圈可点,令人神驰,更令人寻味。

从对香港郑启明先生的采访中得知,真实的丐帮武术和技击套路等其实更加丰富多彩。早年的流民教徒入教后,除传授武艺外尚传以各种谋生技能。武术中,南北少林拳是必须熟悉之基础。后来开派,丐帮武功已融入了南方各派及客家籍功夫,独立成家。丐帮拳练前的基本步法有"二字拑羊马""八字马""子午马""双蝴蝶""单蝴蝶"等;基本拳种有"指条功""凤眼""鸡心拳""羌牙拳"

"虎拳"。一般初学者先由"四门打"练起。除"四门打外",丐帮拳还有"五形健身法""猴拳""阿摩搪墙掌"以及名闻大江南北的有一百零八变之称的"打狗杖法"等几个主要套路。

"五形健身法"是很奇特的套路。起式像"洪家拳",接着的手法像"客家支流"和"江东支流",随即又踢起北派的钉脚、点腿和扫蹚腿等架势,收式又像"白鹤派"的大开大合的架势。真叫旁观者眼花缭乱、摸不着头脑,分不清是"南拳"还是"北腿"。

"猴拳"又名"猴鹤双栖",是丐帮中唯一的仿生拳术,形肖猴子。全套共三十余式,主要是蹲身翻滚,是一套地蹚功夫,难在急骤的动势中保持平衡。学习"猴拳"者需要花两年多时间打好基础,然后才能入门,不然在不断的翻滚跌扑中,很容易跌得头破血流。

"阿摩搪墙掌"和"打狗杖法"是丐帮的两套镇帮法宝,是其他武术流派所没有的。

"阿摩搪墙掌"是一套模仿盲人筑墙的掌法,故又称"阿盲捉棍掌"。同丐帮拳术其他一样,此掌也重实用,不讲究形体的所谓美感,看起来招式相当古怪、笨拙,而力量却异常的狠劲。"阿摩搪墙掌",共有招式八十八式,没有一定的套路。即八十八式没有固定的先后顺序,但它们之间又招招相连,节节相通,可以由头打到尾,也可以从尾倒打回头,甚至可以任意衔接。比如第一式不一定接第二式,而可与其他任何顺序的招式相连。由于打起来千变万化,因此令对手防不胜防,在技击中威力很大。八十八式变幻多端,能化出无穷的招式来。故就以一生的时间来练"阿摩搪墙掌",也难于达到精通。

"打狗杖法",就其名称即可见丐帮特色,而其实质,也的确是一朵独放武林的奇葩。但据说此套杖法,每代只传一人,故识者甚少。"打狗杖"以长三肘,杖招共三十六式,上十八路以守为攻,下十八路以攻为守。以打为消,互相应照,打上取下,打左防右,上十二路为左手,中十二路为右手,下十二路为左右互变,变幻莫测。一招三变,三招九变,三十六招则一百零八变。它和"阿摩搪墙掌"有异曲同工之妙,使杖的身形,步法无一定之规,可攻敌之前后左右任何一方,上中下任何一路。

除打狗杖外,丐帮武器尚有流水棍、撩阴棍、蜻蜓点水棍、黄龙缠身棍、打虎刀、打虎叉、刺虎大扒、春秋大刀、铁尺、九节鞭、罗汉枪、锄头,等等。

至于前面所说的萧峰与玄难之战的"太祖长拳"属于南拳流派,并没有记载到丐帮武术中,但这两种武术在香港的交流应该有所存在。在宋朝时期,更为人熟知但又讳莫如深的,是少林寺和开国皇帝赵匡胤之间的关系。在许多民间传说中,赵匡胤在少林寺学习武术,并创建了著名的拳法"太祖长拳"。虽然这一说法并无确凿依据,但至少这套拳法极可能来自他本人在军旅生涯中对少林拳术的改良,属于少林武术的一个支脉。

至于洪七公传授黄蓉的"逍遥游"拳法,很可能是丐帮武术中"五形健身法"和"猴拳"的综合体现。这套拳法要求人的身形东纵西跃,轻灵至致,像燕子或老鹰翩翩飞舞一般,让人眼花缭乱,目不暇接,在快速的变换之中出招,攻击取胜。

俗而能雅的文化艺术贡献

由于丐帮中的人物来自三教九流,乞讨时多以演卖江湖技艺为生,又称之为"艺讨",因此丐帮对于俗文化和俗艺术的贡献也是不能磨灭的。

丐帮在乞讨时,常用的卖艺方法是打竹板,唱"莲花落",以丐帮中的"穷家门"派较为有名。他们都是现编现唱(临时抓哏),逗人发笑。店铺中也有喜欢听他们歌唱的,听几段再给钱,因为常来常往,每次给钱不多。他们开始唱的歌词都是好话,给钱就走;如果听者置之不理,歌词就变了;要是再不给,就唱些刺耳的词,而且越唱越有刺激性,直到给钱为止。他们接钱也很特别,不用手,皆用所持的器具去接。

穷家门中人虽说学识不高,但社会经验很丰富。其说唱技艺是通过拜师、勤学苦练得来的。学艺期间主要学习辙韵,然后背着钱褡子随师外出实习。开始唱上句,由师傅接下句。接下句很难,既得有笑料,还要押韵,临时现编实属不易。待能随机应变、发挥自如,并且辙韵相合时,就算学成了。

例如,碰到红白喜事赶堂会,就进行笼统性的专题演唱:

挨过打,受过骂,好歹学会江湖话;

江湖话,江湖口,走遍天下交朋友;

第二编 武术世界的主导

> 说朋友,道朋友,秦琼当过马快手;
> 秦琼当过马快手,好汉出在瓦岗寨;
> 瓦岗寨,大有名,有个八弟叫罗成;
> ……

> 笑谓喜,喜谓先,五彩祥云上下翻,
> 要问来了哪一个? 来了和合二位仙。
> 笑谓喜,喜谓先,五彩祥云上下翻,
> 要问来了哪一个? 来人刘海撒金钱。
> 金钱撒在府园内,富贵荣华万——万——年!

遇到大户人家婚丧嫁娶,乞丐们便纠合在一起前去赶"串",在更棚或场院里吃上一顿,还可以端回一些残汤剩饭。那些打响器闯江湖的则上厨房里去道辛苦。厨师把一方白肉用尖刀插到门框上,他们即兴唱一段喜歌即可把肉拿走,如果唱得好,还可以再赏一块肉。例如:

> 老东家,有眼力,请的师傅好手艺。
> 炸的好,炒的香,胜过皇上御膳房。
> 菜刀响,大勺颠,惊动上界中八仙。
> 张果老,倒骑驴,要到下方来坐席。
> 何仙姑,把笊篱端,要到人间来赶"串"。
> 铁拐李,把葫芦扛,来到厨房把菜尝。
> 韩湘子,挎花篮,连吃带拿装不完。
> 曹国舅,吹横笛,赶到厨房来道喜。
> 蓝采和,拿阴阳板,来请师傅把饭管。
> 吕洞宾,汉钟离,想夸师傅没了词。
> 八仙品尝心喜欢,要请师傅当第九仙。
> 长命百岁永不老,逍遥自在胜当官。

当然也有针对个别人家、个别情况的特殊唱段。例如一个乞丐正在挨户乞讨时,发现门口有两位老太太,在照看孩子,他走近跟前,只听大老太太叹息道:

"这要饭的不知有多少,走了一人,又来一个。一天给出多少米,你说愁人不愁人?"要饭的一听,忙打板唱道:

老太太,不用愁,听我把十大忧愁说根由——
天也是愁,地也是愁,
天愁乌云来遮日,
地愁下雨流水打成沟。
牛也是个愁,马也是个愁,
马愁的临死扛着两夹板,
牛愁的命亡背个弯木头。

公鸡也是愁,母鸡也是愁,
公鸡愁的这辈子没下蛋,
母鸡愁的下蛋憋得乱咯嘟。
你也有个愁,我也有个愁,
你愁的天天有人来要米,
我愁的你不开付,多咋是个头。

大老太太说:"我不是忙着吗!"打板的又唱道:

对!
我长长的工,慢慢的性,
专等老太太腾出来空。

二老太太顺口说声:"你还挺会说话呢。"打扳人瞅她一眼,然后唱道:

这老太太不是人……

老太太一听生了气,刚要开口,又听唱道:

你是南海观世音。

老太太消了气,但又听道:

你的儿子都是贼……

老太太一听可急了,而花子不慌不忙补上一句:

>偷来蟠桃献母亲。

老太太听后,才放了心,忙回房舀一碗米,打发要饭的乞丐走了。

这里展示了演唱乞丐的机智灵活,反应敏捷,口才过人。为什么会有这种现象出现呢?可以从两个方面来说。一方面,乞丐中本身就有不少有名无名的文艺创作者,他们在行乞中,根据自己对社会的认识、生活的体验、艺术的感受等,创作出一些文艺作品,特别是民间文学、音乐作品。这些作品不仅包括"乞丐王朝"本身的题材内容,也必然涉及乞丐们感知的"王朝"以外的广阔世界的历史和现实社会生活的内容。

此外,以乞丐为主角的川剧剧目就有好些,如《绣襦记》《归正楼》《花子骂相》《双拾黄金》《收烂龙》,等等。这类角色还给川剧创出了一派别开生面的丑角行当——"襟襟丑",如已故的川剧艺术家王国仁(绰号"红灯教主")和名丑刘金龙就是此中佼佼者。

襟襟丑之所以受人喜爱,不单是因为它为以"三小"(小丑、小生、小旦)著称的川剧艺术园地又添新花,还在于襟襟丑自它诞生之日起,就因其特有的战斗姿态得到广大观众的情感共鸣。在黑暗的旧社会,广大人民群众饥寒交迫,无处申诉胸中的郁闷,而襟襟丑们不畏恶势力,忍把浮名换作浅斟低唱,他们常常借剧中人之口,时作新词,嘻笑怒骂,针砭时弊,淋漓尽致地数落人情冷暖、世态炎凉,诉说穷人的无限辛酸、满腔愤懑。

此外,还有不少描述乞丐生活的民歌、童谣在民间广为流传,它们也给社会、民俗的研究提供了丰富的素材。

丐帮对烹饪艺术也有一定的贡献。"叫化鸡"即是已经进入名菜谱的一道菜肴。电视上曾经介绍过它的烹饪过程,虽然已经是在瓷砖铺就的厨房里,由穿白衣、戴白帽的高级厨师在亮堂堂的厅堂中操作,但菜名仍然叫做"叫化鸡"。名字如此古怪,甚至鄙俗,但并不影响食客们对它的喜爱,反而更因此为之倾倒。当然今天的"叫化鸡"已远非当年的原始面貌,其取材、用料、烹制的工艺手段已相当考究、艺术化,但"叫化"之本仍留下当年痕迹。

当年乞丐们偶然搞到一只鸡后,以他们行乞时候的烹饪条件,最多一口砂锅和几只破碗,调料根本说不上,如果照常用的白宰、黄焖弄法,是不会做出美味的。就算清炖吧,如果鸡的来路有问题,处理鸡毛之类既费时间,又担心被人发觉。于是,在别无他法之中就逼出了"叫化鸡"这种别致的烹饪法来:把鸡放血后,连毛也不拔,只在肛门上开个口,掏出内脏,用水略为冲一冲。然后塞入葱、花椒、盐巴及香料之类,用稀泥和草绳把整只鸡密密扎扎地缠成一个橄榄形的泥坨坨,再在野地上生起火堆,先把这泥坨坨在火头上翻来覆去地烘烤,待外壳渐干,柴草也积成一大堆火炭时,再把红炭扒开,把鸡塞进去,外面继续加火,待红炭化成灰堆,便把鸡扒出来,此刻,草绳已全部炭化,整个泥坨坨宛如一只灰色皮蛋。这时,轻轻敲打,很容易就把"蛋壳"连鸡毛的毛根一起敲下,呈现出一只光鲜亮丽、形体完整的熟鸡来,再扯出鸡肚内的填充料,顿时香味四溢,老远就能闻到,直令人馋涎欲滴。

《射雕英雄传》中的丐帮帮主洪七公,好吃"叫化鸡"。他号称"九指神丐",其中一指,正因为贪食误了大事而被自己砍掉、引以为戒的。洪七公虽然砍掉了一根手指,可贪食好吃的毛病依然没有改掉。他有那么大的本事,又当了丐帮帮主,既可以到皇宫中去偷食,帮中徒众也少不了孝敬,开会出差的机会大吃一顿的可能性更大,他成了"美食家"也就显得可信了。然而,妙就妙在,他虽是高等的美食家,但他的"吃相"还是那种贫穷、低贱的习惯。他在小说中第一次露面,说的第一句话是"撕作三份,鸡屁股给我",然后见他"脸上一副馋涎欲滴的模样,神情猴急,似乎若不将鸡屁股给他,就要伸手抢夺了"。黄蓉撕下半只鸡,连同鸡屁股一起给他,"那乞丐大喜,夹手夺过,风卷残云似的吃得干干净净。一面吃,一面不住赞美:'妙极,妙极,连我叫化祖宗,也整治不出这般了不起的叫化鸡。'"黄蓉将剩下的半只也递给他,他口中说"那怎么成?"但"却早伸手接过,片刻间又吃得只剩几根鸡骨"。吃完之后,又"拍了拍肚皮,叫道:'肚皮啊肚皮,这样好吃的鸡,很少下过肚吧?'"

此外,四川有名的"牙牙饭""锅巴肉片"和"青筒鱼"等菜肴也与乞丐的饭菜制作有关。特别是"青筒鱼",其烹调同"叫化鸡"也有神似之处。这菜肴在各家食谱中均无制作方法的记载,但已进入清朝宫廷筵席,为某御厨得意之作,后为成都名厨访得,经其提炼,成为名餐馆"姑姑筵"的独营名菜之一。

"青筒鱼"中并无竹笋,但却具有很浓的笋子的鲜香之味。这是为什么呢?

在有烹饪技巧的乞丐看来,弄这道菜,关键是要找一根刚由斑竹笋长成的新竹子,连节巴砍下一筒,然后把经过初步调制的鲫鱼加上海味放入竹筒,密封好,再在炭火上旋转烘烤竹筒,一直烤到竹筒蔫萎为止,倒出鱼来,端上席桌,便取得了不见竹笋而具笋香的独特效果。

就像出淤泥的莲花一样,丐帮的文化艺术也是从底层民众生活的低俗污泥之中长出的一枝奇特的花朵。在丐帮流传的武术中,以"打狗棒法"和"降龙十八掌"最为著名,这两种武术都具有浓厚的象征意义,是俗而能雅的绝妙体现。

丐帮们在乞讨时,经常要碰到有些大户人家放出狗来,驱咬他们,此外他们在野外也会遇到一些狼狗或其他野兽。"打狗棒法"体现了乞丐如何使木棍与狼狗进行厮杀的经验。在长期搏斗的经验总结的基础上,形成了杀伤力巨大的"打狗棒法"。

"降龙十八掌"中的"龙",可以看作是"蛇"。乞丐中有不少人是捕蛇、表演蛇舞的"蛇丐"。而他们露宿野外时,也常常会遭到树根、岩洞边毒蛇的袭击。这需要捕蛇的乞丐手眼敏捷,身形灵巧,反应迅速,一招制敌。而"降龙十八掌"也许是总结了乞丐们大约十多种捕蛇、打蛇的招术,并结合《易经》中的经文来加以命名,形成的一种神秘而高贵的拳术。

[三] 武学的职业化与衰落

挽弓当挽强,用箭当用长。
射人先射马,擒贼先擒王。
杀人亦有限,列国自有疆。
苟能制侵陵,岂在多杀伤?

——唐·杜甫《前出塞 其六》

一、武科举制度的盛衰

> 昆仑大山世间传,名曰弹腿奥无边。
> 头路冲扫似扁担,二路十字人拉钻。
> 三路盖锤双披打,四路转磨生奇关。
> 五路栽锤登来益,六路堪管封毕然。
> 七路双称十字腿,八路庄跺如转环。
> 九路碰锁重闪门,十路栽花如箭弹。
>
> ——武学秘籍《教门弹腿歌》

中国历代的封建王朝推崇的是儒学,信奉"学而优则仕",在一个重视官本位的社会体系中,只有通过读书才能改变一个人的命运。因此,绝大多数读书人的信念是"万般皆下品,唯有读书高",舍此无他。

然而在唐朝,一代女皇武则天既颠覆了男性占据权力中枢居于绝对统治地位的世规,又颠覆了只有读书升官的文官科举考试制度,在公元702年的唐朝首都长安城首次开创了武举考试制度。那些读书不好,但又想改变自己命运的人,如果你在武术、武艺方面具有一技之长,通过考试,你可担任朝廷的军事官员。相比文科官员,在一个战乱动荡或政权更迭的年代,握有兵权的军事官员有时比文科官员更加具有权力和仕途晋升的机会。

武学登上封建王朝的"国考"殿堂,究竟有着什么样的历史发展契机?在其后的岁月又是如何盛衰变化的?我们来一探究竟。

中国武科举制度的创设

在电影《武状元苏乞儿》中,最为精彩的部分当属苏乞儿在京城参加武举考试的片段。争夺武状元的双方经历了举重、射箭之后,在最后一个比赛环节即对打决斗中,苏乞儿的对手被自己投射出去的毒镖射中,苏乞儿最终赢得比赛。周星驰的这部影片给今天的人们留下了有关武科举考试状况的深刻印象。但事实上,这部影片所描绘的内容与真实的中国古代武科举考试相去甚远。

隋朝开始"开科取士",但只是选拔文官的途径之一。唐朝科举制度开始时"六科"也都是以文取士。到了武则天当政,在长安二年(702年)首次举行"武举"考试,考试内容为各种射箭技巧以及马术、负重,等等。在封建王朝的军队中,这些都是非常重要的军事技术,射箭是军人进攻和防御的重要作战手段,马术是组建骑兵部队必要的技术,负重则有利于携带更多的军事设备和物资。唐代的这次由兵部主持的武科举考试级别很高,在最后的决赛中,女皇武则天将到现场观看,并将最高的奖赏——状元牌匾赐给最后的胜者。那么,在武则天开设武科举之前,中国古代的习武之人又是怎样在仕途上晋升的呢?

在武举时代之前,习武之人只能够通过在战场上的过人表现来获得功名。其中最为著名的例子就是唐朝的大将薛仁贵,这个出身贫寒的武士天生臂力过人,假如没有唐朝东征的一次战役,或许他会一生卖艺江湖。唐太宗李世民征高丽的时候,当时薛仁贵应募参军,在一位名叫张士贵的将军带领下去辽东打仗。就是凭借其非常勇敢,一马当先,能冲锋在前,屡立战功,最后才取得功名。正所谓艺高人胆大,有着过人胆量的薛仁贵在战斗中格外勇猛,他甚至还穿上了与众不同的白色铠甲来吸引更多的敌人与他搏斗。当时唐太宗刚好登高望远,一下子就看到了薛仁贵,在出征高丽的战役打完回师之后,他立刻得到了一个非常高的官品职位。

但是,对和平时期的习武之人来说,在战场上获得军功的机会可谓渺茫,因此武则天设立的武科举制度首次为武林中人带来了实现梦想的公平门径。那么,这位中国历史上的第一位女皇究竟为什么要开创这个历史的先例呢?

就在这次武举考试的前一年,武则天刚刚取得了李氏家族所建立的大唐王

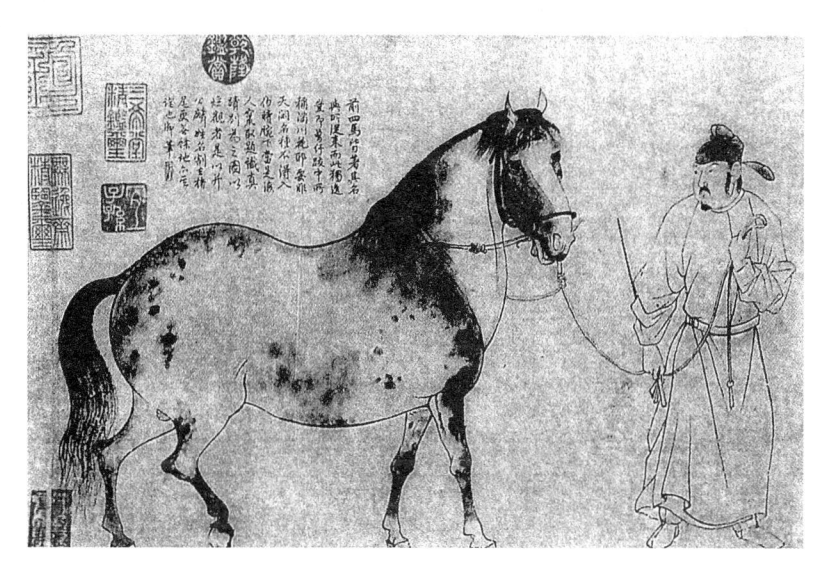

牧马图

朝的政权。虽然她位于九五之尊,但毕竟还是一位名不正言不顺的皇帝。令武则天格外担心的是,此刻朝廷的军事力量还掌握在李氏家族手里。这时一些李氏家族的诸侯王公开始表现对武则天的不满,相继发生军事暴动。武则天一方面想尽快剪除政敌,一方面急需建立自己的军事力量。

武则天也看到唐朝王公贵族对她统治权力的威胁,这些王公贵族还与各地军阀勾结,企图实行兵谏或者在适当的时机发动军事政变。因此她需要不惜官位以拢四方豪杰为己用,也就是说,她需要把权力和利益给那些希望取得这个官位的人,让一些有军事才能的人成为自己的统治集团中的中坚力量。这就是武科举制度创设的缘由。当然,另一方面,唐朝的边境地区与少数民族和其他国家的武装力量也日益频繁,唐朝的边关经常受到这些外族武装的骚扰和入侵,也是一个因素。

尽管武则天希望不拘一格选拔人才,但事实上,并非每一个人能有参加武科举考试的资格。每个参加武科举考试的人除了要将自己的籍贯、父亲、祖父的名字和婚姻情况上报以外,还要详细列出自己的相貌特征、优劣行为以及是否有前科,一一阐明并上报到户部进行资格审查,合格者方能参加武科举考试。

那么,这些合格者在正式的武科举考试中,又将参加哪些项目的比赛呢?据记载,唐朝的武科举考试时,要考的内容包括骑射、步射、马枪、举重和才貌,等等。其中,长垛、骑射、步射、马枪这四项内容都是测试考生在不同状态下射箭的准确性;举重则是对臂力的考察;而才貌考核则认定身材六尺以上者为上,以下为次,也就是身高相当于今天的1.8米以上者才能被评为优等,对身形素质的要求显然不低。考生中身材魁梧、伟岸、强健、壮实者优先录取。

由以上考试内容可以看出,射箭和臂力是最受重视的科目,这直接影响了后人对那个时代英雄形象的塑造。在描写隋唐时期的小说《隋唐演义》中,像臂力过人的李元霸、宇文成都、裴元庆等人都是那时英雄好汉的楷模。而"力大"则成了小说家最常用的对习武者的赞美之词。

此后唐朝武科,考试项目基本上确定为长垛、马射、平射、步射、翘关这五科。长垛指靶射,翘关是举重。据《新唐书·选举志》记载:"翘关,长丈七尺,径三寸半,凡十举,后手持关距,出处无过一尺。"要求单手持一端举起。这是考察马步箭的优劣和臂力的大小。唐朝还设有马枪一项,考察马上使用兵器格斗的本领,"枪长一丈八尺,径一寸五分,重八斤",驰马运枪刺木入靶,刺中四板或三板为上。还有负重一项,身负重五斛米,"行二十步,皆为中第",这是考察考生的体力和耐力。除此之外,还有掌握特殊兵器的附加项目,如筒射、机弩等。

古代骑射图

第三编 武学的职业化与衰落

唐朝武科举从宣传上说其目的是为了"恐人忘战",鼓励人们习武强身,常于"里闾间教人习射",实质上是强军强兵、巩固国家统治的重要手段。从此,武科考与文科举共同成为人们追求仕途的门径。

那么,在经历重重筛选考试之后,中举者又将获得什么样的待遇呢?唐朝规定,凡是考中武状元和武进士者均授予不同的军中官职,最高者可以封为五品以上的三位执仗官阶。而同时期文科进士最高只可以获得九品左右的官阶。这个差别说明,武科举考试在当时的统治者看来的确重要很多。

就这样,武则天举办的中国武科举考试首次为习武之人提供了一条报效国家的前所未有的道路。但实际上,自从武科举一开始,社会上就对它议论纷纷。武则天希望通过武科举的选拔笼络一批忠实的武士,这也就决定了那个时代的武科举只考武力和臂力,不论韬略智谋。因此,整个武科考场就像是一些蛮勇之士在炫耀自己力量和凶猛形象的演武场,而受到有识之士的质疑。

有一位谏官薛谦光曾经上书反对单纯以武艺来选拔将帅的方针,他提出一个新的概念,就是谋将。谋将可能并不通晓武艺,也不能够亲自打仗,很可能是一个文弱书生,但是却有运筹帷幄的本事,能够决胜于千里之外,并且能够从战略的高度把握战争的变化艺术,指挥作战。薛谦光给武则天举了一个例子:不管张飞、赵云有多神勇,他还需要诸葛亮来运筹帷幄,才能够打胜仗。薛谦光并不理解武则天急需培养自己的武装力量来保卫大周江山的真实用意,因此,薛谏官的劝告并未影响到唐朝武科举考试的实质内容。

从公元702年开始到907年唐朝灭亡这200多年的时间里,一共有1000多名习武之人通过武科举考试获得武状元和武进士的身份。但令人迷惑的是,在流传至今的古籍中,只有4名武状元和34名武进士的名字保存了下来。

以后唐朝的武举考试兴盛不废,但很少有官员是以此出身的。在新、旧《唐书》的列传中,提到武举出身的人只有一个,而这个人正是唐朝中兴名将郭子仪。郭子仪出生寒素之家,年轻时"以武举异等"得以起家为军官,先是补左卫长史,后来逐步升迁为边防军将领。安史之乱爆发后,率军平乱,成为当时唐皇朝最得力的大将。

根据《新唐书》记载,郭子仪"以武举异等补左卫长史,累迁单于副都护、振远军使"。郭子仪之所以能被历史记住,与著名的安史之乱有关。公元755年,

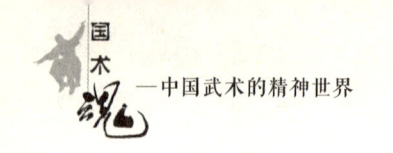

安禄山、史思明发动叛乱。叛军击溃长安门户潼关20万守军,首都沦陷,唐玄宗仓皇出逃四川,唐肃宗继位。为了收复河山,肃宗命郭子仪执掌平叛军大旗。郭子仪不负众望,率军击败叛军,先后收复长安和洛阳两城。因为战功显赫,郭子仪被封为代国公。后来,唐肃宗激动地对他说:"大唐虽然是我李家的天下,实际上是由你再造的啊!"

一位出身武举的军官郭子仪就这样挽救了大唐王朝的命运,他死后被特许与唐肃宗的陵墓相伴。而且,他的墓碑要比同等级别的文官还要高出3米多。

然而,在当时的武进士中,郭子仪的武功并非超群,他与其他人的不同之处在于他是一位十分熟悉兵法韬略的武进士。史书记载,郭子仪除了习武之外还好读兵书,这正是郭子仪之所以名垂青史的重要原因。诞生于唐朝的武科举制度就这样在历代封建王朝中轰轰烈烈地拉开了序幕。

武举的变革:军事理论修养

在宋代,关于武举有名的文字描写是精忠报国的岳飞在教场武艺比试中"枪挑小梁王"的故事,其比武场景令人印象深刻。岳飞不仅武艺高强,同时也熟读兵书,通晓行军打仗、排兵布阵的军事理论,在南宋抗金战争中屡立奇功。

宋朝一建立之后,就进一步规范了武科举的制度,考试内容除了武艺和体力外,还要考"策"(就时政提出建议)或对兵法书籍的熟悉程度。

王安石变法时,正式在朝廷设置"武学"每3年举行一次全国性的考试,录取名额以百人为限。各地最高级官员可保送1名免试入学,其余的都必须参加考试:骑、射,另外加考兵法和对策。按照考试成绩,优等的直接送枢密院试用为低级武官;其余的按成绩进入武学上舍或外舍学习。武学讲授"诸家兵法"以及"历代用兵成败、前世忠义之节",学制3年。毕业考试及格后授予初级武官官职。以后还曾在各州设置武学。

武科举在宋代得到了突飞猛进的发展,但是假如唐朝的习武之人来宋朝应试的话,他们中绝大多数将不会中举。因为,宋朝的武科举考试内容已经发生了根本性的变化。宋朝的武科举大大强调了当中包含的军事理论修养成分,宋朝的武举也考骑马和射箭,但是除此以外增加了兵书大义和策论的考试。兵书大

武科举兴衰:历代帝王图(美国波士顿艺术博物馆藏)

义就是考武经七书的内容,策论是写文章,这两点是唐朝所没有的。如果你只有武勇之力而没有文化知识,在宋朝是不能考武举的,用现代话来说既要专业化也要知识化。

宋代武举考试内容有了极大的变化,1078年《大小使臣试弓马艺业出官法》规定:第一等,步射1石弓,10发3中;马上能射7斗弓,并掌握5种马上格斗武艺;《孙吴兵法》10道题答出7道的,"时务边防策"5题"文理优长",法律题10道答出7道,就可以出任低级官员。第二等,步射8斗弓,10发2中,马上能射6都弓,有3项马上武艺,答出一半兵法题目和法律题目,可以见习低级武官。第

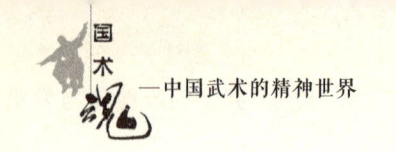

三等,步射6斗弓,10发1中,只有两项马上武艺,兵法、法律只能答3题的,记录在案。每3年考试1次,任命武官不过30人,后来逐步增额,以至于3人中取1,每次都有百人入流,比文科举得官还容易。从公元1110年起规定限额,每次考试只能取10人,其余的入武学选官资格预备役中。

南宋进一步改革,1135年开始由皇帝亲自"廷试",合格的都赐予武进士,授予武官衔"保义郎""承节郎"等名目。但实授的职务往往并非军官。1166年武举进士也比同文科,有第一、二、三名的排名。以后又规定参加廷试的都必须由各地方长官先行选拔,作为"武举人"保送朝廷。这样一来,武科举体系与文科举体系基本相同。1177年明确武科状元之称,状元愿意从军,授予正将之职,第二、三名副将,第四、五名准备将。

宋朝武科举已经从根本上改变了唐朝单凭武艺选拔人才的做法,仅仅保留了射箭这项考试,而且增加了谋略的考核。他们把《孙子》《吴子》《司马法》《尉缭子》等武经七书作为主要的考试内容。宋朝规定要是不能对武经七书烂熟于胸,武艺再高也不能考中武举。因此,识文章、应对策成了许多习武之人难以逾越的障碍。

很显然,宋朝的武科举已经修正了唐朝一味注重武艺的缺点,大大增加了兵书和军事谋略的考试内容。但是,宋朝的转变明显有些矫枉过正了。这种重文轻武的武举方针限制了当时一大批习武之人的报国之梦,而更令人感到可笑的是在宋朝的武科举考场上甚至出现了大量的文科考生。由于宋代流行着这样一种重文轻武的倾向,在这种倾向的影响之下,来参加武举的人大半都是文科科考屡考屡败的人。实在考不中了就权习弓马,稍微地练习一下就来参加武科举,侥幸博取一下。这些人考中做官之后,就赶紧地锁上官厅参加一种专门为在职官员举行的文科举考试,叫作锁厅试。他以现任官员的身份去参加文科举就比较容易考中,而且所授官职也比较高。

为什么会出现这种情况呢?这是因为宋朝文人政治已经非常成熟了,科举出身的文人已经到了包打天下的地步,他们掌握着国家的政治、经济、文化甚至军事。那么,由他们来设计的武举考试,我们可以把他们的意图理解为:用他们文人的理想来改造武官。

两宋正式建立武科举系列,但是在当时重文抑武的风气下,很多人只为了谋一当官出身而已,考取后不愿从军。因此两宋时期由武科举出身的名将极少。

较为著名一点的有北宋末年的何灌,他在武选登第后即为军官,在宋朝与辽朝边境地区任巡检,以善射闻名,号为"何巡检神箭"。后来在"靖康之变"时受命防守汴京,战死疆场。

另一个有名的人是同时期的徐徽言,在1108年应"求材武士"的征招,"武举绝伦及第"。以后即担任武职,长期在河西地区为军官。1127年金朝攻破开封,而徐徽言率领本部军队坚守晋宁近两年,最后这座孤城被攻破时,徐徽言将防御器械全部烧毁,力战被俘,宁死不屈,最后被杀害。

南宋的王令做宰相的时候,曾经主持过一次武举考试。按照当时的制度,中举者应该从军服役,这是《从军法》实施后规定的,然而这些武进士去拜访他们的老师时,一位叫林飙的武进士说"我们不愿意到军中去"。王令问他们原因,他们就说是不堪笞辱,也就是不能忍受被竹鞭子、竹板子打。当然,在宋朝的军中确实有非常严厉的阶级之分,下级犯了错误要受到上级的打板子惩罚。他们为什么不愿意?就是因为他们在内心深处是把自己当作一个文人,并不认同自己是武人。

两宋时即使是武状元,也并不一定担任军职,例如1235年武状元朱熠,仕途最初是"阁门舍人,差知沅州",担任了地方行政官,后来以担任监察御史敢于弹劾权臣而闻名天下。1260年升为"知枢密院事兼参知政事",算是主管军事的副宰相级别,但仍然不算武官。不久也遭御史弹劾而罢官。

从某种意义上说,宋朝的这种文弱化的武举体制注定培养不出国家所用的军事人才。而那些身怀绝技的习武之人也只能浪迹于民间,遥望庙堂而兴叹。自然,文弱的大宋王朝也无法抵挡来自北方凶悍的游牧民族的打击,最终由元朝取代了宋朝。

另一方面,与南宋王朝征战连年的金朝,却继承了中原的武科举制度。主要考试内容为骑射,要求挽1石力弓,射150步至210步远的靶;并且要求策马飞驰,在150步内接连用枪刺落4块靶子。此外也有书面考试,考兵法书。武举入仕,都授予巡尉之类的军职。

到金朝末年,贵族世袭军官大多腐朽不堪一战时,武科举出身的军官却在军队中起过很大作用。比如金末将领古里甲石伦,武举登第后勇武异常,提升很快。他建议组编"义军","三十人为一谋克,五谋克为一千户,四千户为一万户,四万户为一副统,两副统为一都统,外设一总领提统",以抵御蒙古军队。古里甲石伦长期在西北地区主持防务,最后兵败而亡。

另一个金末武士出身的将领纥石烈鹤寿,原来是世袭猛安,但只是一名亲兵,考中武举后才得以担任军官。当南宋与蒙古约定夹击金朝时,他负责防守金朝南部边境,在与南宋军队的战斗中多次获胜。最后战死沙场。

元代自始至终没有设立武科举。元朝的统治者仅用蒙古人、色目人作为世袭的军官,汉人则被视为是可能造反的隐患,不能录用。元朝规定几家汉人只允许有一把菜刀,严禁私藏兵器,更不准许他们学习武艺。因此,也就没有武科举而言了。

公元1368年朱元璋建立明朝,明代很多制度都沿袭自宋朝,于是就有大臣向朱元璋提醒道:国家初建,尚未安定,需要大量的武备人才,朝廷应该尽快恢复宋代的武科举考试。但是对于这个建议,朱元璋却始终不置可否。因为他害怕武科举制度培养出的军事人才,会影响到他和子孙的皇位长治久安,他非常惧怕武人造反,因此一旦坐上皇位后便大肆杀戮有军权的功臣。同时还宣布谁要提出恢复武科举,他要给予严厉的处置。

直到80年后,明英宗才在众人的劝说下恢复了武科举考试。尽管明英宗开设了明朝的首次武科举考试,但他也畏于先祖朱元璋的训令,所以从未举行武举殿试。在长达200多年的时间里,明朝几乎一直没有武状元。

明朝最初只是在京师以及卫所设置武学,训导军官子弟。凡10岁以上应承袭军职的子弟都应入学学习,教材为《武经七书》。地方青年可以通过考试获得武学学生资格,号为武生,与文科举生员(俗称秀才)相同。

武科举制度与文科举相仿,武生通过乡试(省级考试)成为武举人,可以到京师参加会试。会试内容曾规定:"先策略,后弓马",策不中就不可试弓马。但以后改为三场考试:第一场试"马上箭",射35步远的靶子;第二场试"步下箭",80步的靶子;第三场才是笔试。每3年会试,录取进士定额为100人。

由于明朝武科举制度比较长久,武科举出身的官员相当多。比如明中期抗倭名将之一的俞大猷,就是武科举出身。他"少好读书",学《易》又学剑。考中秀才后因家境穷困,在父亲死后,承袭了父亲"百户"世职。不过他并不甘心,1535年考中武进士,被授予"千户"军职,守御金门。他上书对海防提出建议,却被上级训斥:"小校安得上书?"被责打一顿后罢官。1542年蒙古大军入侵山西,朝廷征诏天下武举勇士。俞大猷向巡按御史自荐,得以上京,被送到宣大总督翟鹏处,他和翟鹏论兵,翟鹏几次被他说得下不了台,于是说:"我不应当把你看作武夫。"可是仍然没有用他。好在兵部尚书毛伯温欣赏他,在他回家以后任命他为汀漳守备,这位命运多舛的武进士此时才真正成为一名带兵军官。以后他长期在东南沿海抗击倭寇,靠着战功由都指挥佥事、参将,逐步升迁为备倭都指挥、总兵官。但期间仍然曾多次被降级、查办,甚至被判死刑、戴罪军前效力以赎死罪。

明朝武科举起先没有殿试,因此没有武状元之称。比如嘉靖年间有个名叫尹凤的,武科举乡试、会试都是第一名,但不称状元。他本身世袭府军后卫指挥同知,考中武举第一名后,提升为署都指挥佥事,派到福建参加防倭作战。以后因军功升到福建参将。

直到大明江山在农民起义和关外军队的压力下,明朝末代皇帝崇祯才开始重视武举,他在明朝临近终结前的13年举行了明朝历史上第一次武举殿试。一名叫王来聘的武士成了明朝第一个武状元,并当即被授予副总兵。但为时已晚,尽管王来聘拼尽性命为崇祯皇帝效忠,也依旧挽回不了摇摇欲坠的江山。三年后在攻打农民军占领的登州时,他身先士卒并最终战死在城头。

这位武状元能够诞生,还是因为一件偶然的考试风波而促成的。这一年武科举考试因为考官不公,引起武举人聚众闹事。崇祯帝派人复查,发现武举中能够挥舞百斤大刀的只有两个人,而其中居然有一个人没能中进士。崇祯帝下令将考官全部抓起来治罪,将有关的兵部22名官员贬官。另外派人重新主持考试,录取100名,仿照文科举形式,也分为二甲。崇祯帝亲自调阅前30名考卷,钦定一甲3名。头甲头名为状元,他就是王来聘,是能够挥舞百斤大刀的武举人之一。

当然,不是所有的武科举出身的军官都会这样对大明朝忠心耿耿的。明末引满清入关的吴三桂,也是一个能够挥舞百斤大刀武举出身的军官,但他是明朝覆灭的关键人物。

清朝武科举的再变革与废止

清朝以铁骑马劲弓箭得天下。前朝几个皇帝都很重视讲习武艺,力图保持满族尚武的传统。清朝入关当年就举行武科举考试,于是武科举成为清朝沿袭明代的制度之一。

清朝武科举的另一个目的是用以笼络汉族好勇斗狠之徒。以后一直与文科举考试同期,每3年举行一次。凡通过基层考试即获得武生资格(俗称武秀才),可以参加武乡试,另外绿营兵丁也可以报名参加乡试。通过乡试的武举人以及绿营的千总、把总,通晓文义的都可以直接参加会试。但是,统治者很快发现前朝的武科举考试并不合他们的心意,必须要做一些变革。

1693年,康熙皇帝在翻阅武举会试录的时候发现了一个奇怪的现象:取中的武进士当中大半都是江浙人,而山西和河南两个省都各只有一个人。这个原因其实很简单,因为当时武举的录取是以文章的优劣来决定的。康熙皇帝觉得这项制度完全没有道理,因为武举选拔的是武官,目的是为了指挥打仗,文章做得好不好根本无关紧要。因此他强调以后的武举一定要重视弓马技勇的考试。

于是清朝摒弃了宋朝沿袭下来的武举考试方针,首先是取消了报考限制,规定任何人都可以报名,凡通过基层考试,就能获得武生资格,俗称武秀才。然后可以参加乡试,也就是省一级的考试,通过乡试的武举人则可以直接参加会试。会试合格后,进入殿试,并最终考取武状元、武榜眼、武探花。清朝的考试科目除了弓箭以外,一个很重要的内容就是力量考试。

满族官家子弟因有世袭之职,开始时不得参加武科举考试,雍正年间开始允许满族人参加,以后时停时开,没有定制。会试及格后进入无淘汰的殿试,排出三甲名次,一甲3人,和文科举一样有状元、榜眼、探花之名。武乡、会试都分内、外3场。首场马射(35步远靶子,10发3中);二场步射(80步靶子,10发2中)、技勇(拉硬弓、舞大刀、掇重石);三场是内场,考策、时论(首题用《论语》《孟子》,次题用《孙子》《吴子》《司马法》)。当时规定的官位授予是:一甲进士可授副将、参将、游击、都司,二、三甲进士授守备、署守备。以后武状元授一等侍卫,榜眼、探花授二等侍卫,二、三甲进士三等及蓝翎侍卫,获得这些官衔后,再到兵部选实职的官位。

清朝每次乡试录取举人名额,全国总计将近1000名,会试名额300至100人不等。因此通过这一途径成为军官的人不少。据张仲礼《中国绅士》一书的统计,18世纪末清朝军队中有将近三分之一的军官是武科举出身。如鸦片战争中著名的"定海三总兵"中,葛云飞是1823年武进士,王锡朋是武举人出身。

康熙皇帝对于武艺的注重影响到了后来的清代武科举考试,人们似乎又看到了武科举最初的样子,以至于在当时很多的文人看来,武举人就是没有文化的代名词。

尽管如此,武科举还是为清朝输送了大量的中下级军官,据统计,到18世纪末,清朝军队中有将近13%的军官是武科举出身,尤其是为汉人进入统治阶层提供了一条渠道。

不过就清朝制度而言,规定武科举出身的军官只是"杂途"出身,升迁不如"正途"行伍出身的军官顺利,正好和文官的情况相反。清朝70%以上的军官都是行伍出身的。

和文状元很少成为宰相或者著名权臣的情况相仿,武状元成为全军统帅或一代名将的情况也很少见。清代武状元中经历比较具有戏剧性的是马全。他是山西阳曲人,原来的名字是马瑔,乾隆十七年(1752年)考中一甲三名武进士(探花),以二等侍卫出任福建抚标右营游击之职。可这位武探花当官不久就因为和同僚争吵而被夺职,他就改名马全,寄籍在北京的大兴县。

1760年再次参加武会试,居然又一次名列前茅。乾隆皇帝亲自主持殿试,见了马全很眼熟,说:"你不就是'马瑔'吗?"马全赶紧叩头请罪,想不到乾隆皇帝爱才,居然钦点马全为武状元,授头等侍卫。两年后乾隆皇帝下江南,命令他代理江西南昌镇总兵,负责护驾警卫。马全这次尽心尽力,很讨乾隆皇帝喜欢,南巡结束就提升他为江苏苏松镇总兵,以后提升为江南提督,成为绿营最高级军官。1773年,乾隆皇帝发动征讨金川战役,又想起马全,特意将他调来为领队大臣。想不到木果木大营遭到敌军夜袭时,马全垫后掩护,在夜战中战死。乾隆皇帝知道很是惋惜,说:"提督马全乃为国家出力之有用之人,今力战死事,实堪轸惜!"

武举制度贯穿了大清帝国的历史,但鸦片战争之后,在频繁的抵御外强的战

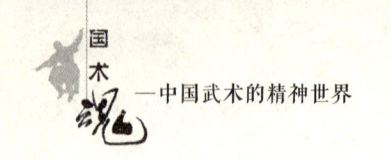

争中,早就显露出武举人不能适应新形势的弊端。除了长矛大刀与坚船利炮之间的差距外,更重要的还是基本素质和军事思想上的差距。然而,清朝在"祖宗之法不可废"的影响下,武科举考试中一直延续着骑马、射箭、举重的内容。

清代武科举自建大清国开始,共开武科一百零九榜。一直到清光绪三十二年皇帝下诏:"著即自丙午科(1906年)为始,所有乡会试一律停止;各省岁科考试亦即停止。"至此,清文武两科全部终止。

在武科举的废除过程中,有一个人起了很重要的作用,那就是军机大臣荣禄。1895年,也就是光绪二十一年,荣禄曾经上过一个奏章说武科考试本来是要通过持弓箭来选拔武艺人才,但是现在能够掌握弓箭的人在实际战争中已经起不到任何作用了。这就出现了一个问题:武举人学非所用,武举考试也不能选拔出国家真正需要的人才。所以他建议应该改革武举,让这些武举人去学习现代军事技术,把他们编制到军队里面去。

清朝自从开国以来,虽然自称文武并举,历来实行"武以安邦,文以治国"的政策,但武科举仍然稍逊于文科举。总体上,武科举制沿袭明制,较之更趋于完备;同时,科考弊病也更加严重。清朝取中武进士不少于8800余人,其中包括109名武状元。在为数众多的武状元中,有两朝四元的王玉,先探花后状元一人两榜鼎甲的马全,兄弟状元刘国庆、刘荣庆等事迹传为佳话。中国古代武科举史自周唐朝的武则天开始,历1200年,到清朝光绪二十七年,才落下帷幕寿终正寝。

中国武科举制度的兴衰变迁,既有着封建王朝政权内部和社会体制运行的强制原因,也有一些重要的心理因素在起作用,有必要做一个分析。

第一,中国的"国学"历来是以儒、道、佛三家的学说为正统的。读书人的心里也把接受这三家的教育或修养作为"正途"。武科举制度的设立,通过统治阶层和国家的认可,把"武学"与儒、道、佛三家学说一同并列,作为"国考",这对当时的知识分子和民众的教育观念和心理具有很大的冲击作用。

第二,武科举考试制度展示了选拔人才的另一条途径,对"万般皆下品,唯有读书高"的儒学思想也产生巨大的冲击作用,它表明一个国家、一个民族的人才并不是单一层次的,并不是"读死书"出来的人才是唯一的人才。人才可以来自多方面、多层次、来自各领域。

第三,对于底层的民众和江湖上浪迹的人才来说,武科举考试让他们看到了另一条改变命运的途径。并且,封建王朝的统治阶层通过武举考试,也可以化解一些政权统治的危机,即把心怀不满、企图武力反抗、有军事组织管理能力的人才吸引到统治阶层中来,分享利益,这有利于封建王朝的长治久安。

第四,武科举的考试内容变革、停考和开考,与当权者即当时朝廷皇上的个性和心理特征有关。例如,女皇武则天,陈桥兵变黄袍加身的赵匡胤,从底层阶级摸爬滚打上皇位的朱元璋,雄才大略的康熙皇帝等显示出不同的治国策略,他们的性格特点和思想都影响了武科举制度的变迁。

第五,随着社会的发展、资本主义萌芽的产生以及西方科技的引进,火器逐渐代替了冷兵器。中国旧有的武科举思想越来越不适应世界形势的发展,许多有识之士心理上的抗拒,也是武科举制度必然被废止的一大因素。

军战武术的搏杀精神

武科举考试制度不仅为封建王朝的国防培养了大批的军事人才,也催生和促进了军战武术的发展。以往江湖上的侠客豪士、武林门派和地方帮会的打斗,讲究的是单打独斗的技术;偶尔门派与门派、帮派与帮派之间的小团体搏杀,还是以其中武功高超的首领单骑挑战为主。而军战武术与江湖武艺有着很大的差异,它讲究的是排兵布阵、骑兵野战。对于成千上万人大部队之间的军事战争,武将个人的高超武艺不再是夺取战争胜利的关键,主要看集团作战的能力。

春秋时期,车战是战争的主要形式。一乘战车是一个战斗单位,车上有甲士,车下有步卒。远用弓箭,近用矛戈。作战的时候,双方把战车排列成阵势,然后进行厮杀。这种车阵一旦被冲乱或冲散,就很难重新排列起来继续作战,战争的胜负往往由此决定。

战国时期,由于武器的进步,特别是发明了用扳机发射的机弩,可以在百步外射中密集的车阵,使战车无法发挥威力,因此车战便逐渐变为以骑兵和步卒为主的野战。这个时期更加重视阵法、险阻、给养、士气和兵法等因素。《孙膑兵法》中列出十种战阵:方阵、圆阵、疏阵、数阵、锥形阵、雁形阵、勾行阵、玄襄阵、火阵、水阵,各有各的用法,如方阵用来截击敌军,圆阵用来坚守阵地,锥形阵用来突破和切断敌阵。

军战武术——关羽擒将图（北京故宫博物院藏）

两汉时期，西北一些游牧民族入侵中原，使骑兵野战的威力彰显。他们往往以强攻劲骑作为开路先锋，纵横驰骋，势不可当，这也促使中原汉族地区的军队发生变化，重装骑兵开始成为军队的主力并往往主宰着战争胜负。军事武艺则以骑射为主。此时涌现一批善骑劲射的名将，如飞将军李广、李陵、甘延寿、赵充国等。至隋唐，弓箭已是每个士兵必备的武器，并且经常进行骑射比赛。"凡伏远弩自能施张，纵矢三百步，四发而三中；擘张弩二百三十步，四发而二中；单弓弩百六十步，四发而二中；皆为及第。诸君皆近营为棚，士有便习者，教试之，及第者有赏。"不仅制度如此，在射箭技术与理论方面也取得成就。《新唐书·艺文志》就录有王琚《射经》、张守忠《射记》、任权《弓箭论》各一卷。

历经唐、宋、金、明、清五朝千余年，武科举考试内容虽各朝多有变化增减，但有关武艺的考量，大抵不离"弓刀石马步箭"。所谓"弓刀石马步箭"，指步射、马射、开弓、舞刀、掇石，是清代武科举考外场内容的简称。这五项内容综合考察考生的射箭本领（包括射远和射准）和膂力，包括武技和身体素质的考核。这个考试项目的确定，有着上述悠久的历史渊源，符合冷兵器时代战争形式的需要。

第三编 武学的职业化与衰落

例如,"翘关""扛鼎"是古代军中练力和较力的方式。"翘关"是力举关城门的大木闩。春秋时诸侯国都城门一般都有四五丈宽,木门闩得有几百斤重。据汉朝人高诱的解释,翘关的方法是"以一手捉城门关而举之"。这是单手举重。"扛鼎"是力举青铜巨鼎。"扛,横关对举也。""鼎,三足两耳,和五味之宝器也。"鼎是烹煮食物的饮食用具,也有四足的。可用双手力举。一个青铜鼎少说也有几百斤。当时,只有力能扛鼎之人,才有资格成为虎贲之士,而武士军将也多凭力大而勇冠三军,扬名天下。如楚霸王项羽,就是力能扛鼎的勇士。对士卒的武艺尚且如此要求,对军将的要求自然更高。当然,兵法及谋略是选将的另一个条件。"翘关""扛鼎"就是后来武科举考舞刀、掇石之来源。

汉唐在重视骑射的同时,也强调兵器格斗的训练。主将熟悉兵法之外,还必须弓马娴熟武艺高强。汉末关羽"策马刺良于万众之中";东晋陈安"左手奋七尺大刀,右手执丈八蛇矛,近则刀矛俱发,远则左右驰射";唐初秦琼"每敌有骁将锐士震耀出入以夸众者,秦王辄命叔宝往取之,跃马挺枪刺于万众中,莫不如志,以是颇自负";尉迟敬德"善解避槊,每单骑入贼阵,贼槊攒刺,终不能伤。又能夺贼槊,还以刺之";精通骑射的名将薛仁贵则有"三箭定天山"的功绩。类似的例子举不胜举。

宋朝时,两军对垒,更加讲究排兵布阵,武将个人武艺高超并不起决定因素,而是要精通野战。宋将岳飞在宗泽手下为将时,好野战,屡立奇功,宗泽大感惊奇,说:"尔勇智才艺,古良将不能过,然好野战,也非万全之计。"因授以阵图。说明岳飞好野战并不被宗泽看好,很想传他作战阵图。岳飞有自己的见解,他认为:"阵而后战,兵法之常,运用之妙,存乎于心。"也就是说,"布阵后作战,是兵法的常规,要把它运用的巧妙,在于自己内心的体会。"岳飞是摆阵与野战并重,尤其重视设伏、奇袭、使诈、攻心,乃至离间、卧底等。金人攻常州时,"飞设伏牛头山待之,夜,令百人黑衣混金营中扰之,金兵惊,自相攻击",这是设伏。绍兴元年,岳飞与张浚同讨李成时"飞重铠跃马,潜出贼右,突其阵,所部从之",这是奇袭。岳飞还重视以己之长攻敌之短。战李成时,岳飞"举鞭指王贵曰:尔以长枪步卒击其骑兵。指牛皋曰:尔以骑兵击其步卒。合战,马应枪而毙,后骑皆拥入江,步卒死者无数,成夜遁",这就是野战。金兵组建一万五千"拐子马"攻宋,岳飞令步兵手持麻扎刀冲入敌阵,不要抬头仰视,只管砍马蹄,"一马仆,二马不能行,官军奋击,遂大败之",这彰显出岳家军野战的威力。

明朝时的战争已应用了火箭、火铳、火炮等火器,以及长弓、劲弩等远程兵器,但集团作战的形式仍没有改变。

明代戚继光在《纪效新书》中有这么一段描述:

> 开大阵,对大敌,比场中较艺,擒捕小贼不同。堂堂之阵,千百人列队而前,勇者不得先,怯者不得后,丛枪戳来,丛枪戳去,乱刀砍来,乱杀还他,只是一齐拥进……

可见,在明朝中末期,军事战争仍然是集团"一齐拥进"的作战形式。

集团作战时千百人乃至数万人一起行动,为了便于指挥,便于极大限度地发挥士兵的作用,搏杀技术要简单、实用,诸如砸打、刺戳、劈砍等单纯几招,练熟即可。在两军对垒的大规模作战中,战争的胜利是集团的胜利,士兵个人的武艺高低对胜负没有太大影响。因此军队中反对突出个人武技的江湖武术,更是极力反对"周旋左右,满片花草"的花架子。因为两军对阵,"只是一齐拥进,转手皆难,焉能容得左右动跳?一人回头、大众生疑,一人转移寸步,大众亦要夺心,焉能从容得或近或退?"何良臣在《阵记》中也说过:作战方式是"长短器械错杂阵头,一齐拥进,起手就戳便斫,虽转身回头尚不可得,岂容活泼动跳,做作进退,身势手法耶?"由此可见,在集团对垒的大军战斗中,跳跃往还的武术反而会碍事!

在军战中,士卒在武技方面是要掌握简单速效的技术,如长枪,要柄颤手熟,分枪即进;大棍,要一打一戳,棍沉力猛;倭刀,要举落疾速;藤牌,要遮身严密活利。还有锐钯、狼筅等要势大力猛。当然还要练习射箭,有的还要掌握火器如鸟铳的发射。

在军战中,士卒更多的练习是练体能。要练负重、练长跑、练臂力、练跨越障碍等。尤其要练胆气。胆气在一个军队中是精神,是灵魂,就像电视连续剧《亮剑》中李云龙所说的,是在两军交战中一个人、一支部队无所畏惧,敢于亮剑的精神。

封建时代,各朝武科举考试,本意在选拔谙晓韬略,明习战阵,长于骑射,臂力过人,有克敌制胜之能和守土安边之策的军事人才。但这些考试内容往往过分重视武艺的考核,轻视兵法即集团作战和指挥能力的实际运用,实在与选才的目标相距甚远。明末曾有举子发出"今日选将才乎,选家丁乎"的质疑,指出将才"须存将体,须识将略","至于骑射,虽武人应所有事,到临阵之时,也全不恃此"。至于真能举石300斤,舞刀120斤,"有力诚有力,一旦遇敌,安所用之?"一般战将都不靠这个,何况大将呢? 在这位举子的眼里,武考内容是在选家丁、保镖、护卫,而不是选带兵打仗的将才。

因此,脱离战争实际状况的武科举制度,到了近代社会,流弊越来越多,最后只能"寿终正寝"了。

另一方面,武举制度的废止未尝不是一件好事。在封建社会中,原先掌握江湖武术的义士和侠客们,他们对社会和民众的问题还抱有正义感,对社会不合理现状,还能仗义执言,打抱不平,甚至拔刀相助,他们有一种习武之人的强烈责任感:要伸张正义,铲除一切不公正现象。因此,他们的灵魂是自由的。

开设了武科举制度后,许多人练武的目的是通过武科举考试去博取功名,他们被封建王朝的政权选拔为王朝统治服务的奴才、鹰犬或打手,丧失了社会的责任感和灵魂的自由性。他们唯帝王之命是从,成为一个只是会使用武力的木偶或机器人。史载,唐太宗李世民对科举制这种选才方式,十分推崇,他曾得意地说:"天下英雄尽入我彀中!"意即原先对封建王朝有不满,有反抗之心的江湖英雄,现在为了博取功名,都掉进了科举制度这个陷阱之中。

武举考试也是如此,成了练武人士的考试指挥棒,成千上万的江湖人士为了选官和功名,都围着这根棒子转。原先练武的价值观和责任感等取向也悄然发生变化,即原先那种江湖人士的正义感和独立不羁的自由精神也彻底沦亡了。武举制度在历史发展过程中的得和失,是值得我们认真分析和探究的。

二、镖局和保镖生涯

龙蛰飞腾健四肢，
虎卧扑身消化食。
豹力勇猛精神壮，
蛇遛随行把病欺。
鹤翅扇动蹬活爪，
锻炼强身气充实。

——武学秘籍《五拳歌》

在武侠文学和影视作品中，镖局和保镖的生涯也是一个炙手可热的创作题材，如果说武举制度是把武术与国防、军事结合在一起，那么镖局和保镖是把武术与经济、商业活动紧密地联系在一起了，所谓"镖局"，用现在的话说就是"武装押运"，而保镖除了武装押运的任务之外，还要对重要的对象或大人物进行"武力保护"。即使到了现代社会，世界各国政要首脑、企业界的大人物的出场，身边还是少不了有精挑细选出来的保镖伴随左右。

在封建时代，身怀绝技的镖师，威风醒目的镖旗，走南闯北的镖车在刀光剑影中纵横江湖，而背景神秘的镖局又周旋在各种武林门派、盗匪和官府之间，上演着鲜为人知的故事。习武之人充当镖师，以此来保护商旅和客户的人身财产安全，从中获利，即镖师是以武功作为资本来换取利润和报酬的。他们有着什么样的发展轨迹和生涯，我们来做一个探索。

镖局的起源与消亡

旧时的镖局相当于今天的保安公司,兼有武馆的性质,镖局从其诞生到消亡经历了二百余年,而不是像武侠小说中所说,存在于以往各个封建王朝的年代里。但镖局里的镖师其渊源可以追到古代的侠客,侠客经过历代的逐步演变,分为两种人:一是"刀客",相当于现在的刺客或杀手;另一种则是"镖客"。

"镖客"成分,大多是武馆里的习武者或官府的警卫人员等出身,有一定的武艺,他们加入镖局后,就成为正式的"镖师"。他们如退出镖局,武功高的也可以自己开武馆,或者仍然去给官府和大户人家当护院或保镖。

镖局是个保安兼警备性质的机构,它承接保护人员、财物安全的业务。它的经营模式主要是走镖和护院两项。走镖是护送人员或财物转移,它既为私家护送财物,也为官方护送饷银、税银,同时还承揽护送官员上任,护送官眷返乡,护送商人收款等业务。护院则是保障雇主(官员、财主、商号、豪宅)的人员、财物安全,提供安保服务。

其实,这种保护人员财产的"安保"职业,古已有之。三国时典韦就充当曹操的保镖。《兴唐传》中有程咬金、尤俊达长叶岭打劫杨林护送的一十六万龙辰纲的故事,《水浒传》中有杨志押解生辰纲的故事。这些押解的形式,很类似镖局走镖的雏形,但两者的本质不同。《水浒传》《兴唐传》所描述的是官方派遣的押送队伍,而镖局是民办的保安公司,是承揽保护运送财物的生意机构,是纯粹的商业行为。

宋朝时,商业日渐发达,随着大量城镇的兴起,形成了市民阶层。与杂技、曲艺一样,武术也在平民的主要娱乐场所即勾栏瓦肆中成为一种表演形式。这时,一种具有后世保镖性质的武术职业在宋代开始萌芽。

从一些文学作品中,人们不难发现这些早期镖师的身影。《水浒传》中写道北宋末年,朝纲败坏,奸臣当道,民不聊生,大名府留守梁中书搜刮了大量民脂民膏作为生辰纲献给远在汴梁的蔡京,由青面兽杨志负责押送。不料被晁盖、吴用等人在黄泥岗用计智取了生辰纲。

梁中书要把搜刮来的财宝运到京城,就让手下的人改扮成商队,然后由青面兽杨志带着一队人作为保护。实际上,杨志就担当了保镖的任务。只是当时没有使用"镖师"这个词而已。尽管这样,因为消息早已泄露,还是招惹来了抢劫,这就说明在陆路上运输大量的财物需要保护的几率更高。

正式的镖局究竟创始于何时呢?比较通行的说法是清朝康熙末年到乾隆初期。比较通俗的说法是清朝康熙末年到乾隆初期。康熙在位61年,在他主政的后期,社会相对稳定,显现出康乾盛世的征兆。经济有了发展,人民自给自足,商业活动也频繁起来,货物流通已成为社会发展的必需。但满汉之间的民族矛盾还存在,反清的天地会、白莲教活动频繁,治安状况堪忧,强盗土匪占山为王,恶霸地主鱼肉一方,再加上交通运输的不便利,都成为货物流通的障碍,因此需要有一群人为流通的货物、客商提供安全保护,并以此业务赚钱谋生。而以此谋生的人为了保护和壮大自己的力量必须成立一种机构,镖局因此而应运而生。

打劫镖车(《水浒传》智取生辰纲)

然而,在明末清初社会上已有大量的镖客存在,但那时还无镖局这种组织。大概到了清朝雍正、乾隆年间;尤其到了道光年以后,全国各地的镖客人数越来越多,每一批镖客拥一个镖头而且又都各自收有许多徒弟。在许多地方,形成了不同的大小集团,为了彼此都能很好地走"正义之路",不至"大水冲了龙王庙,

"一家人不识一家人",并且在业务上"相互照应,各显神通",于是开始有了这种镖局组织。

明清两代商品流通越来越频繁。康熙年间平定三藩之后,社会日趋稳定,商品贸易十分繁荣,至乾隆年间达到鼎盛。当时的异地贸易多数采取现银交易,商人成了盗匪袭击的主要对象。商户们为了保证商路畅通,维护自身利益,不得不高价聘请武师押运现银或者重要货物。此时,镖局作为我国民间早期的保安业迅速得到发展。

近代学者卫聚贤所著的《山西票号史》记载,乾隆年间山西的"神拳无敌"张黑五领旨在北京前门外大街创立了兴隆镖局。据说,这是我国历史上有据可查的第一家镖局,张黑五也被公认为镖师的鼻祖。

因此,镖局组织最早设立的地方,应该是在北方各省。当时河南、山东、河北、山西及东北各省都有此种组织。陕西成立镖局的时间较迟。各省的镖局成立起来以后,在北京西河沿也成立了东光裕镖局。许多人都叫这个镖局为"总号",其实各省的镖局和东光裕镖局,都是各自独立,并没有领导和被领导的关系。如果按内行话来说,只不过是"同气连枝"的关系而已。

各省的镖局,一般都设立在省会地方,在外县设立的很少。北方各省的镖局,以河南开封北土街的聚盛镖局为最早。而河北的沧县,则是出镖客最早的地方。俗话说"镖不喊沧",就是因为沧县出镖客最早,路经这里,应有礼貌,以表崇敬。山西因有"盐运镖生意",除了在太原设有镖局外,在运城也设有分支机构。这些镖局开设的最早,其资格自然也最老。山东的济南有镖局,而在黄县、昌邑、潍县以及长山县的周村等地,则设了很多分号,这是一种例外,因为这一带的商人,主要和俄国人做大量的绸缎生意,每年的交易额特别大,所有流通的大批资金及利润,常常需要及时汇总,必须托由镖局保护运送,以策安全,所以山东各县的镖局设立,就形成一个特殊的发展局面。

成立镖局是要向当地政府立案注册的,镖局和官府的关系非常密切,为的是关键时刻可以动用官府的力量。例如,会友镖局在光绪二十五年、光绪二十七年发生两次失镖事件,最后都动用了官军围剿,才夺回镖银。会友的东家是当时直隶总督、北洋大臣李鸿章。据说李鸿章并没有资本注入,只是挂名东家,会友还派镖师为李鸿章宅邸护院。仅凭李鸿章的名号,哪家官府敢不买会友的账?

由此可见,开设镖局这个行业极具风险,不是等闲之人便可开办。创办镖局得有几个必备的条件:一是得有熟悉镖路详情的总镖头,他对所走镖路的路况、匪情了如指掌,并且与沿途豪杰有交情;二是得有武艺高强的镖师,是有真本事的"尖卦子",镇得住土匪盗贼;三是得有本钱,一旦失镖赔得起;四是在官面上有靠山。一旦失镖,官府能派兵协助缉拿。这就是说,开镖局的人,得在当地官私两面都叫得响。

早年间的镖局都有大富商的背景。这类镖局只为某一个东家服务,有相对稳定的客户,可以说,这类镖局相当于某一个东家的私人保镖队伍。早年间山西祁县、太谷、平遥一带的镖局就带有这样的性质。后来,随着客户多、客源广,镖局的业务范围也逐渐扩大了。由服务于一个或几个东家发展成承揽多种安保业务了。

而镖局与镖局的关系,在乍一成立,彼此往往都要把自己的成员名册送给对方,作为互相联络的根据。在路上,或到了某一镖局所在地,则以行客拜坐客和递名片的方式打招呼,而且以先递名片者为大或表示有礼貌,这是镖局之间一种通常的联络方法。

按照当时的江湖规矩,镖局开张时一个非常重要的仪式就是"亮镖"。亮镖这个仪式很有讲究,如果牌子亮不响,那这个镖局就开不成。亮镖首先要由总镖头下帖邀请当地的官宦世家、富商豪绅、社会名流和武术名家前来捧场。如果人缘不好,捧场的人少,那这个镖局就很难开展。如果碰见前来踢场子的人,在比试中打不过他,那镖局就更不好开了。

镖局亮镖顺利,第二步是头趟镖,这是最最要紧的。因为沿途劫匪、恶霸、武林高人知道是新开镖局的镖车,多数会前来寻衅,也主要是看你懂不懂江湖规矩,看你的武艺本领高不高。而当地买卖家也都在关注你这头趟镖的成败,来进一步考察镖局的实力和可信度。这头趟镖顺利走完,就算在这条路上立住了"万儿",一路上会交不少朋友,包括黑道的朋友,从此再走这路镖便会畅行无阻,买卖也随之兴隆起来。

到了清朝中后期,全国重要的省会和商埠所设的大小镖局已经不计其数了,其中较出名的镖局有30多家,以北京为例,镖局全盛时期,从业的镖师和个体户镖师共有一万多人,当时最有名的是会友、永兴、正兴、志成、国兴、光兴、义合、义友,俗称"八大镖局",从业者在几百人之上,会友镖局达到千人以上,营业范围广,客户众多。

1911年辛亥革命后,封建王朝帝制被推翻,西方近代资本主义的文化和科技进入中国,社会和经济体制都发生了巨大的变化,保安和武装押运的商业保护形式也随之发生了变化。诸如铁路的修建(平汉线、北宁线、平绥线、津浦线等相继通车),邮局、银行的业务飞速发展,警察制度的建立,都为人员财物的往来提供了安全方便的有力保障。加之武器的现代化,促使冷兵器退出战场,这都造成了镖局业务的萎缩。特别是主办镖局的人不能依据社会的发展调整镖局的经营方向和管理策略,也不能适应资本主义的工业管理模式和商业经营模式。那它的客户就只剩下那些仍坚持小农经济商业模式的经营者了。中国近代社会的发展,从外部环境到内部条件,都对镖局的运作产生了巨大障碍,镖局便只有消亡一条路了。1921年,中国最后一家镖局——会友镖局宣告停业,镖局退出了历史舞台。

全国的镖局消失后,镖师们各谋生路,有的被富豪家请去做护院,当保镖;有的开设武馆,传徒授艺;也有的街头卖艺,下海唱戏等;也有的镖师自己开货栈,集资做生意,或开茶馆、酒店等。镖局的从业者真所谓秋后的树叶,一阵风来,落得一片干净。

从清朝末年到民国初年,日升昌、蔚盛长等票号相继兴起,票号开出的银票可以在全国各地汇兑,便于携带,导致了现银交易逐渐减少;而且,火车、汽车、轮船的开通,方便加速了货物的转运;银行的出现又给货币汇兑提供了更为便捷的途径。因此,镖局生意逐渐难以为继,这是许多镖师被迫放弃走镖生涯另谋出路的真实原因。今天如果去参观山西平遥古城等地历史遗址,人们或许能够从一些遗留下来的镖局院落、锈迹斑斑的兵器以及一些见证了世事沧桑的镖旗、镖车上去感受那段已经消失的历史。

镖师的业务和武功

镖局的出现是因为在当时交通异常不便,既无银行组织可以汇兑,也无邮电部门和交通机关负责保运,而那时使用的货币不是铜钱就是银两。银两笨重,要从甲地送到乙地,必须将所谓"元宝"钉在"银鞘"以内,装在大车里,由人押送。古时封建社会的报解钱粮、运交军饷,都采用这种办法。"银鞘"是用三尺多长、五六寸宽的两块木头,将木头挖开坑眼,将元宝放在里面(有时也装碎银子),每鞘可装元宝20个,每个50两,计共重1000两。装好后用铁条箍好,并加上封条,才可托交镖局运送。山西的"盐运镖"(当时起镖的地点,在河南灵宝的会兴镇)、陕西对甘肃省的"协饷",以及商人大宗银两的转送,都需要通过这种手续办理。而一路长途跋涉,常常要经过深山长沟,如果没有人负责保护,自然随时都会发生被打劫以致失镖的事情。

保镖业务的承接要由双方订立合同,每送银千两,得利四两五钱,利之多寡,按总数核算。但在路途上如有损失,则应照原数赔偿。按时送到,不得误期,要求是很严格的。

镖局一般由当家人、总镖头、镖头、镖师和趟子手组成。镖局的主人——也就是行内所说的当家人——是整个镖局的核心人物,他们无一例外都身怀绝技,以自己的高强武功和武林威望行走江湖。当家人以下便是总镖头,他们一般在江湖上赫赫有名,或者是武艺超群的江湖高手,或者是隐退的官府捕快。镖头与镖师通常是负责护镖的实际行动者,不但擅长陆地和水上功夫,还精通拳械、马术、暗器。趟子手则是走镖时吆喝开路的伙计。

开镖局用镖客,是雇佣性质。而镖师所教的人,则全都是师徒关系。换句话说,镖头和镖师所收徒弟,是为自己收的,并不是为镖局来收。镖头或镖师收徒弟,其手续并不简单,凡在收徒以前,先必经人介绍,收与不收,并不一定。经人介绍的徒弟,被引到师傅门下,往往还要经过师傅在各方面极其严格的审查。其首要条件,要看投师的人诚不诚意。旧时审查徒弟,有经过一两年之久的,这种详细认真,有时比科举考试还难。

此后,想要做一个著名的镖师也很不容易。这些人出了师,很想自己在社会上有所表现,名震一方,其中一个出路是:每年十月初一,在直隶(河北)省顺德府,有一个"武术赛会",会展和比赛时间长达一个月。来参加这个会的人,都是在拳术上有造诣的。你要自己显示本领,事先可以把自己所学的拳派和技能以及师傅姓名,报到这个会上去挂号,经过这个会的认可,到时就可以去亮本事,经到会的公众承认确有成就,并由这个会的主持人发给你一个凭证,证明你的成绩和一切本领,你就可以到全国各地去当镖师或者去卖武艺了。

镖局的从业者,许多都是武林高手;且往往是一个拳种门派中的师徒、师兄弟,为的是同门同宗,人亲义亲刀枪把子亲,遇事会舍生忘死,互相照应。像会友镖局,全是练三皇炮捶的。会友镖局的李尧臣原练太祖拳,进入了镖局,先得拜宋彩臣为师学习三皇炮捶。源顺镖局,则是练六合拳的,以大刀王五为首。所以镖师们不是师兄弟便是徒弟、徒侄。

通常一个投靠镖局的人,必须会拳术、刀术、枪术。拳术、刀术为步战,枪术为马战。入门后还要学些镖局本门的功夫。一个镖师必须做好与群匪搏斗的准备,所以像一些"一龙斗三虎"的技法,擒拿与反擒拿的手法都是要会的。走镖时,镖师尽量不杀人,所以擒拿法对化解争斗,防止死伤很有用处。

镖师还得会几手暗器,为的是出其不意,突出重围。飞蝗石子、飞镖、袖箭、袖弩等,都应会一两样。不少镖局的武师还会飞镖,例如阳手镖、阴手镖和回手镖的打法。尤其是把飞镖加在刀法、剑法之中,更有令人防不胜防之功效。清末民初,火器流行,很多镖师还配有火铳、六轮手枪,也是到关键时候才用。

镖师还得会夜行术,就是轻功。例如"粘糖人"的轻功,那是隐蔽自身,防敌发现的功夫。还有飞檐走壁,就是能蹿到房上,并能在房脊上疾跑,这是针对"房上有贼"需要的功夫。还有一种"夜行步",是不出声响的大步跑,要求双脚不能像跑步一样有腾空,必须双膝弯曲,擦着地皮,步子很大,跑起来速度不低于跑步,无声无息,跑长了人也不喘,夜间追贼用得着。

保镖是个有很大风险的职业,一旦在荒郊野外失了镖,镖师得有在野外自救、野外求生的本领。他得会辨方向,会找能吃的食物,会找水源,会搭炉灶,会修鞋,会理发,能忍受不洗脸、不洗澡、不洗脚的艰苦,能野外宿营,会防野兽蚊虫袭扰,会自疗跌打损伤,会正骨,等等。此外,还应会驯鸽子、驯狗来查找踪迹和信息,会驾车,能驾船,会游水,还得善奔跑。

既然镖局是属于保安,武装押运和经济商业活动兼而有之的组织机构,就有一定的"行规",主要分为以下五点:

第一,身世清白。镖局的镖师要自身清白,没有污点,也就是不能干过"黑道""暗卦子"的事。亲友之中也不能与黑道有瓜葛。

第二,忠诚守信。镖局忠于雇主,信守承诺,绝不干"监守自盗"的事。所以

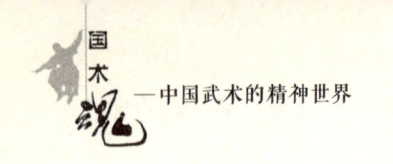

走镖时,镖师绝不主动询问所护送的财物是什么。

第三,镖局要维系与官府的关系。走镖沿途要疏通官府,礼敬四方。尽快拿到官府的"路引"通行证,到关卡时方便通行。

第四,尊重四方。走镖时要遇山拜山、遇庄拜庄。对当地士绅名人,皆要礼拜。对武林名人,更要礼拜,甚至以武会友。遇到黑道则要通过"春点"来点春。点过春的,以后为友。点不过去,少不了动武,也是以化敌为友为目的。

第五,严守规则。走镖的守则,要求晓行夜宿。路上要插镖旗,喊镖号,前有"趟子手",中有镖车,两侧有镖师,后有"大镖头"。在镖局辖区内,镖师们不得骑马,出了地界才可上马加鞭。太阳下山前要住店,进店要查店内、查店外、查厨房。住店一定要住熟店。新开张的换过东家的旅店绝对不住,提供娼妓的旅店更是不住。

此外,镖师在走镖途中执行任务时,因负有重大责任,所以有几条严格的纪律必须遵守。简单地说,要极力戒除"酒、色、财、气"这几方面的事,总结起来,即是:

(1)上路保镖,绝对不许饮酒,以免与人发生斗殴纠纷。

(2)每到一地,绝对不准宿娼乱逛。

(3)住在店内,不得离开镖车他往,以免因失镖而负赔偿责任。

(4)除镖局所交给自己的任务外,尤其不得给其他客商捎带银钱货物,违者均须责罚追究。

另外,镖师之间的团结互助也是很重要的。只要是同行发生事故、需要援助的时候,一经用"通传单"(等于农民所用的鸡毛传贴)号召,就都得准时前来。这种患难相助和不怕牺牲的精神是异常强烈的。

镖师在镖局应得工资,是按其本领大小来定高低的。领头等工资的为"镖头",也就是"舵把子",其次的称为镖师等。镖头在保护镖车时,负有完全责任,如有失镖事件,往往根据不同情况,需和镖局共同赔偿。

镖师们在走镖时,本来是"无路不走"和"非路不走"的,但个体镖户影响不大,能走的镖路也不太远,通常一二百里路,而比较大的镖局则走相对固定的路线,这是因为熟悉道路交通情况,关系户多,有沿路的官府照应,因此主要分为以下三条大路线:东大路,西大路和北大路。

西大路以河南开封为中心,通往开封以南的朱仙镇、许昌的八里桥、唐县、南阳,直到湖北、湖南和云贵各地;东大路包括山东半边,即自山东的历城、枣庄,走向江苏的徐州、南京、上海,一直去福建、广东;北大路则包括东北各省和热河一带在内。

以上所说的这些地方,都常有镖局的足迹,但不论走哪条路线,不仅面积很大,而且情形复杂,稍一不慎,就会有各式各样的人物挡住去路。当年镖局走热河一带,就有著名的八郎沟、八郎寨和塔子沟这些土匪出没无常的险要地方。其时,有这样一些传说:"八郎沟,八郎寨,三岁女孩会打劫。"又说:"八郎沟,八郎寨,行人经过吓破胆,一过要有买路钱。"可见当时这些地方的治安毫无保障。在清光绪二十年前后,热河省朝阳县境内塔子沟地方,曾出了一个很著名的草莽英雄,名叫康小八,他有飞檐走壁的功夫,常常拦路抢劫客商,横行一时,弄得路断人稀。清政府费了很大力量,才将他捉拿归案。京剧《塔子沟》,就是描写这一段事实的。

奔波于东西大路上的镖客人物,他们因所生的地域不同,在性格上有很大差别。跑西大路的人,好成群结党;而跑东大路的人,则为数甚少或一人单干。一般说,跑东大路的人,人数虽少,但功夫过硬,中途遇上事变,既能打出还能打进,不愧是一些英雄好汉。但这并不是说,出门保镖,不该打也要打,硬找事和惹麻烦;而是要有勇有谋,随机应变。

受镖局当家人的委派,选出经验老到且能独当一面的总镖头,带着一些武功高强的镖师与一群手脚利落的伙计,推着装有银货的镖车,车上插着镖旗,趟子手一路吆喝着自家镖局的名号,便开始走镖了。早期的镖局走镖一般分为银镖和票镖,到了清代末年还形成了粮镖、物镖和人身镖三大镖系。

到了后期,镖局所保送的镖,主要分为两种:一种是"硬镖",即保送公家的公款和私人的货款;另一种叫"软镖",则是保送土药局(包括经营烟土的机关)和商人所交保的大烟土。保硬镖年代久远,而且是镖局的正常业务;至于保软镖,则是清朝末年到民国初年的事,其时间靠后多了。失镖之后,要按照合同赔偿损失,不仅在经济上不利,在信用上也"丢人",因此结局常常是镖局解散。

黑白两道的镖行天下

镖局是对保镖行业的原称，相当于现在一个企业或公司。大型镖局还可以在镖路的要塞或终点站像省城、军队驻节地等处设立分号。例如会友镖局鼎盛时期，镖路涉及直、鲁、晋、陕、江、浙各省，以及东北三省和张家口、热河等地，在天津、南京、上海、西安都设有分号，从业者一千多人，业务也极广泛，既为客商护运银钱、财物，也为官府护送税银、饷银；既受雇当私人护卫，也为商场、豪宅坐夜护院。有些小镖局还会为偷盗库银的库丁以及妓院、赌场的从业者提供保护。民国时期则为歌舞厅、夜总会"看场子"。

镖行天下

江湖上把携带重要物品上路，分为"轻重"两种走法："轻走"指秘密上路；"重走"指请镖局的镖师护送，主要分明镖、暗镖、软镖、硬镖等几种主要方式。

插着镖旗、挑着镖灯、喊着"合吾"的保镖队伍称作走明镖。把财物加以伪装，镖师乔装打扮，兵器暗藏，不插旗、不喊号、不事张扬，悄悄护送的保镖队伍，称作走暗镖。自然是明镖显耀，暗镖隐蔽，明镖比暗镖风险大。镖局走明镖还是走暗镖，决定于镖局的势力、镖路的风险、路况的好坏、货物的价值等多个客观条件。目的是不出事,走个平安镖。

软镖,就是和土匪拉关系,交朋友。镖局常走的镖路上有多少座山寨,多少处庄园,镖局了若指掌。在走头趟镖时,早已通过点春拉上关系。此后,逢年过节镖局常有财礼奉送,镖车过时,土匪不但不抢,有时还会也喊着"合吾"前来会友,甚至礼送一程。有时,会遇上不懂事的生瓜蛋子,或是想较量较量长长见识的初出道愣头青,拦住镖车找事的,这也需要镖师先去谈判,争取通过谈判使对方让路。

硬镖,就是和劫匪动武,凭武力打败劫匪,以保证镖车的安全。敢于硬抢镖车的劫匪不外这么几类:一类是初入黑道,不懂江湖规矩的初出道者;一类是久未开张的山中饿虎;还有一类是持武逞强,鱼肉一方的恶霸。遇到这样的劫匪,是谈判不成的,因为他"志在必得"。这时候,镖头大喊"轮子盘头,一齐鞭托"。就是让伙计把镖车盘个大圈,大家动手打他。通常是"鞭虎挡风",即把对方打跑就得,别把劫匪"青了""鞭土了",就是别杀死,别打死,免得结下更深的"梁子"。开办镖局的人多是希望通过"软镖"的形式走镖,只有到万不得已的情况下才会以"硬镖"形式即用武力解决。

明镖和暗镖

镖局的镖师们送镖所着的装束,看上去有些别致。他们一般都身着青色对襟服,头罩青帕,足蹬短靴或穿双梁布鞋,大有戏剧角色打扮的意味。镖师的护身武器,初期都是刀枪棍棒,到清末民初,才带有洋枪。运镖的车,在北京、河北保定和山东济南一带,都叫"京滑子车"。

镖车上路时,都插有镖局的三角旗帜,并写有镖局字号。每辆镖车,都由镖头和镖师押车起运。车与车紧紧相连,互相呼应,以防不测。镖客们坐在车上,都有他们的一定格式和样子,不能随随便便,这叫作"打镖腿"。至于镖车前进的时候,镖客们为了防止坏人拦劫和耀武扬威起见,常常要出声"喊镖",即喊号子。号子有长号子和短号子两种不同的喊法:短号子只喊"啊……唔"两个字,嗓音要喊得高而长;而长号子,则把"啊"字尽量拉长,而"唔"字落音,更要特别提高。这种做法,也叫作"撂牌子",在撂出牌子以后,看对方会不会接牌子,如果对方能以同样声调还声,答个"唔"字,这就可以知道是"自家人",否则就是来打抢的坏人,马上就得戒备迎敌。

镖车住店的时候,为了弄清店里的情况,也要喊号子,用"啊……唔"二字一喊,如果店里用"唔"字还声,也就可以知道里面有同行的人,住在一起,决然无妨。而且先到的人,还得帮后来的人照顾行李东西,这也是一种规矩。镖车在店里放置,必须车头朝内,车尾朝外,这也是规矩。内行不可不知。

再者,喊镖时系按镖师所学武术流派,有少林、武当等不同门派,而一路上所用的"言子话"各不相同;又因师傅传授不同,所喊号子也各不相同。

镖局和盗匪也并非势不两立,多数情况下两者还是朋友。即镖局要承认镖局的饭是"朋友"给的,每逢走镖路过"朋友"辖地时,必要备礼拜山。而盗匪认定镖师够朋友,不但不劫,还会护送出自己的辖地。逢至年节,盗匪要到城里逛逛,买点东西,必会投奔镖局。镖局不仅负责他的吃住,还要负责他的安全,全陪到底。盗匪走时,镖局一定会将他护送到安全地带。而官府对于投奔镖局的盗匪,即使是大盗,也不缉拿,给足镖局面子。另一方面盗匪进城自也不会生事犯法,甚至连酗酒、赌博、嫖娼的事也不去干。镖局与盗匪达成了默契一致的潜规则。

然而,如果某个地段的盗匪非常猖獗,既不让镖局队伍经过,镖师们硬斗又赢不了对方,这就需要"偷镖"了。此时,镖师们收起镖旗,将镖车的轮子抹上油,摘掉骡马的鸾铃,悄无声息地过去。通常情况下,走镖时要一路喊着自己镖局的名号,不喊镖就叫"偷"。不过也有例外,几乎所有走镖者路过河北沧州时

镖师们会夜行术，飞檐走壁

都要扯下镖旗，悄然而过，不再喊镖。清末，"镖不喊沧州"已经成了南北镖局约定俗成的规矩。为什么唯独在沧州不可喊镖呢？

《武术汇宗》里记载说，沧州一带"最出镖师，高人尽多也"，并且京杭大运河纵穿沧州。沧州、河间以及献县等均为南北水路交通枢纽，是京、津、冀、鲁、豫商品流通必经之地和货物集散中心，也是官府巨富走镖的要道。因此，沧州的镖行、旅店、装运等行业十分兴盛。各业相争，要掌握高强的武艺才可以立足。而且沧州历来是武术之乡，各地镖局为表示对沧州武界的尊重，一进入沧州地面就不再喊镖。

事实上，镖师们仅仅依靠自身的高强武艺要想在江湖上立足是远远不够的，镖局还要在绿林之间有过硬的关系。走镖过程中，趟子手喊着镖号，一旦发现远处有劫匪，就会大喊"合吾一声镖车走，半午江湖平安回"。据说这个"合吾"便是镖局鼻祖张黑五名字中"黑五"的谐音，是走镖时的隐语。镖师们以此告诫绿林盗匪，大家都是江湖中人，希望能够互相关照，不要伤了和气。

在镖局行内，类似"合吾"这样的隐语晦涩难懂，只有江湖中人才能明白是怎么回事。镖局从业者将这些隐语称为"春点"。北京会友镖局的第五代传人徐汉元保留着一本镖局春点手抄本，汇集了当时镖局的许多行话。例如数字从

1到10,镖局的人则用"幺、安、苏、缲(sao)、歪、射、麻、张、弯、腰"代替。通常,镖局春点语言具有极大的隐秘性,其中一些词句只有自己人熟悉。

黑白两道通吃的镖局

懂得黑话春点,还得会"点春",就是运用黑话和江湖中人拉关系。否则,走镖时会处处与人争斗,镖师的风险性就太高了,会用春点有几大好处:一是证明自己是江湖客,不是"空子",是"络子";二是与生人盘道,可察看对方是否身在江湖;三是能防外人掌握本行内的机密。

在镖局里有严密的等级制度,东家或总镖头(经理人),要称"掌柜的";对那些土匪头称"当家的";镖师则称"达官"。初入镖局或属徒弟辈分的镖师,不是保镖的主力,走镖时往往头前开路,称"趟子手"。负责押车、看护财物的一般从业者,称作"伙计"。一般在镖局中与黑道上的人物拉关系,是以东家或总镖头为主,"趟子手"和"伙计"是不能与盗匪在交涉中随便打交道的,否则就是犯了帮规。

走镖途中,如果发现道路中间摆着木头或者荆棘之类的障碍,春点称为"恶虎拦路",镖师们就知道前面肯定出现了意外。这些障碍物千万不可随便挪开,必须做好准备与劫匪交涉。总镖头会用隐语"轮子盘头"下令让所有镖车围成一圈准备御敌。不到万不得已,是不会硬碰硬地"破盘",也就是不会轻易撕破脸皮与对方交手的。有时,走镖者还要使用另外的隐语同绿林人物交涉。例如其中一种是表达情感,说一些彼此都能接受的话,甚至把威胁话用一种很幽默的语言表达出来,使对方把这件事软化下来,把它化解了。

从表面上看,镖局接镖之后是在为客户押运货物银两,而劫镖的盗匪目的在于抢夺这些财产,双方似乎处于水火不容完全相对的立场。实际不然,镖局与盗匪同在江湖,相生相克,相互依存,没有盗匪的存在,镖局也就没有必要存在,所以大多数镖局与绿林人物有着秘密往来。

镖局从业者来源于龙蛇混杂的江湖,他们的身份有时候很难界定,同一个镖局里镖师们彼此的关系通常比较融洽和谐。不过,假如一旦发生内讧,他们之间的关系便显得异常脆弱。

《北京乌林轶事》中记载,北京有个小镖局的当家人楚三胡子,因为一趟镖非常重要亲自出马,从北京出发将镖银送往苏州。途经山东时,投宿到了一家客栈。走镖路上绝对不能在陌生的客栈就餐的,因此,楚三胡子将自带的食物分给镖师们食用。当时正是夏季,食物因存放时间太久而有了异味,镖师们都要买客栈的东西充饥。楚三胡子却强迫镖师们吃那些发霉的食物,此举引起了镖师们的强烈不满。当第二天中午来到荒郊野外时,镖师们将楚三胡子与总镖头杀死后,分了镖银,逃之夭夭。这些本来应该保护他人生命财产安全的镖师竟然摇身一变成了盗匪。

综上所述,镖局和绿林盗匪之间的关系是相互利用、相互勾结和利益分享,如果没有绿林盗匪,也就不需要镖局护镖了;而没有镖局,绿林盗匪的利益分享也就不存在,他们那种打打杀杀的生活风险性极高,容易受到官府的追捕和镇压。因此在大多数情况下,绿林盗匪并不是要把镖局所有押送的货物财产全部抢走,而是要分割一部分利益。你吃在明处,我吃在暗处。所以,镖局护镖的过程中,总会留出一些余头来,将得到的利益分给某些绿林人物。

然而,镖师们自身具备武术硬功夫,在绿林里又有硬关系,只不过是走镖必备的基本条件而已,开办镖局还必须妥善处理与官府之间的关系。由于镖局行业的特殊性,在开张营业之前,首先需要得到官府的认可与支持。如果镖局在官府里有硬后台,那么其业务量和江湖地位就不是其他镖局所能相比的。像北京十大镖局之一的会友镖局,当家人是宋彦超,字迈伦,生平绝技是三皇炮捶拳。他们的后台便是北洋大臣李鸿章。

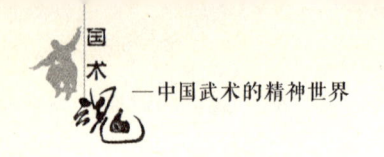

借助李鸿章这个强硬后台的支持,会友镖局的生意越来越兴隆。在南京、上海、西安、天津等地均设有分号,共有一千多人,逐渐成为了全国规模最大的镖局。其实在当时不仅是会友镖局,其他镖局也在官府有着自己的后台。如果说哪家镖局的后台最硬,恐怕非山西平遥的同兴公镖局莫属了,因为他们保过一次皇家镖。同兴公镖局是1849年由号称"面王"的王正清所创立的。

1900年,八国联军攻战天津打入北京,慈禧太后和光绪皇帝逃亡到西安。八月初九,慈禧到达平遥古城,盘点现银有93万两,这么大的数目,无人敢当此次皇银的保镖。据说,最后由同兴公镖局承接下来。现在的镖局遗址还有一块"奉旨议叙"的匾额,就是当年保完这次皇镖后,慈禧太后赏赐同兴公镖局的。

镖局就是这样一种奇特的产物,它可以说是封建社会民俗生活,政治经济发展状况的一种缩影,它把武学、功夫、经济商业、富豪、官府、权贵、盗匪、江湖绿林好汉都熔为一炉,形成一种举世罕见的"武商"历史文化现象。

保镖生涯中的传奇人物

清末民初内忧外患,在民族生死存亡的危急关头,很多镖局从业者已经不再单纯为客户保镖,而是以自己的武功绝技与侠肝义胆挺身而出,救亡图存。北京会友镖局的镖师李尧臣就是这样一个杰出的传奇人物。

据个人自述,李尧臣是在光绪十六年(1890年)即14岁那年来到北京,经人介绍加入会友镖局。他年少时在家乡务农,农闲时跟着有武功的老师傅练太祖拳,所以学会了一点武艺防身健体。

但他进镖局还得重新拜师学艺,必须练习一身的好武艺。李尧臣的师傅叫宋彩臣,而宋彩臣的师父叫宋迈伦,是清朝中有名的拳师。

1845年,宋迈伦来到北京城投奔神机营,准备报效国家。神机营是旧中国最早的火器部队,担负着内卫京师、外备征战的重任,管理神机营的都是清朝皇室的王爷。据说神机营的老七王爷命令宋迈伦与营中的教练比武,这些教练都是出类拔萃的武术名家。宋迈伦的拳法出神入化,这些神机营的教练纷纷败在了他的手下。老七王爷非常惊喜,赞叹"真乃神拳也",于是赐给他五品亮蓝顶戴。此后,"神拳宋迈伦"名振武林。

然而，宋迈伦在他的官宦生涯中，耳闻目睹了朝政的种种腐败，感到报国无望，愤然弃官从商，在北京前门外粮食店街创办了京都会友镖局，从事保镖生涯，以武会友。很长一段时期内，京都会友镖局同三皇炮捶名声远扬，就连李鸿章的家宅都请会友镖局保护。

李尧臣在家乡练得的太祖拳，属于外家功夫，然后跟随师傅重新学习武艺，其中的拳术就是三皇炮捶。

按李尧臣的自述，他先练习的三皇炮捶也叫作三才，就是天、地、人；接着练六合刀；随后又练大枪，三十六点，二十四式。十八般武艺，差不离都练到了。以后又练水上的功夫。水里得使短家伙，分水揽、雁月刺、峨眉刺、梅花状元笔之类，学了不少冷门兵器。水陆功夫学会了，就学使暗器。一般都知道，有些镖师能使飞镖，因此有人以为镖局的得名，就是因为使用飞镖的缘故，这实在是一种误会。所谓保镖是指保送的财货、银两，所以装着财货、银两的车辆就叫作镖车，财货银两被贼截去，就叫丢了镖。镖局的镖旗、镖号，都是因此命名。至于飞镖，不过是一种武器罢了。镖局的人未见得人人能使用飞镖。飞镖也叫斤镖，因为一个镖的重量足有一斤重。武侠小说上说什么金镖，那是谐音字。哪有用金子打镖的呢？斤镖比较笨重，身上不能多带。常用的暗器，还有紧背花装弩、飞蝗石子等。

学会了软硬功夫，还得练飞檐走壁，蹿房越脊。所谓蹿房，是攥着房椽子头，往上一翻，一丈多高，一蹿就上去。落到房檐上，要轻轻落下，不能有动静。越脊，是说越过房梁，在房梁上走，不能在屋瓦上行走。踩在瓦上，嘎嘣一声，把瓦踩碎，别人就发觉了。因此就叫作蹿房越脊、飞檐走壁。上了墙，照例要在墙上往下面瞭望。看看院子里或花园子里有没有沟、井、翻板，有没有狗；听听有没有大人说话、孩子哭。有时还要用问路石试探一下，要没有动静，才能翻身跳下；跳下去也要轻轻落下，不能有响声。

学会了"飞行"本领，还要练马上的功夫。古来作战，有车战、水战、步战、马战。保镖也得准备这四样和敌人打仗的技术。因为镖客在镖车上，拿着长枪，就和古时车战的情景相同。在船上、水里和敌人交手就是水战了。步战、马战，更是常有的事。

从李尧臣的自述看，当时做保镖不是件容易的事，除了一身过硬的本领，十八般武艺精通之外,还要有刻苦学习的精神和坚韧不拔的毅力,同时还要通晓在各种环境中单兵作战的能力,有点像今天的"特种兵"。

然而保镖光会武艺还不行,必得学习行话。当时买卖商家各行各业,都有行话,镖局也有镖行的行话,不过,镖行的行话,不仅是在同行之间应用,更主要是和江湖上的盗匪见面时的交谈必须用"黑话"。这种行话,保镖们称之为"春点",一般人就称之为"江湖黑话"。镖行和贼打交道,首先得会"春点"。彼此拉交情,镖师们必须和气,光凭武艺高强,想制服他们,那还是不行。李尧臣在他自传口述中做了以下精彩的描述。

当时会友镖局的规矩挺严,走路有走路的规矩,住店有住店的规矩。在李尧臣成为镖师走镖的时候,早已不推小车了。客人坐在车上,货物也分别装在车上,车上插上镖局的镖旗,保镖们骑着马跟在车前车后保护,一路上紧睁双目,时刻留神。当时地方上不安宁,遍地是盗贼,有数十人一伙的,也有三五成群的,还有一两个藏在树林后面,看见单身人走过就行抢的。最后这种人,俗语叫作"打杠子的",多半不是久惯做贼的,不懂贼的行话。他们见了镖局的大批人马,一般不敢出来行抢。

保镖的队伍到傍晚太阳尚未落山,就要找店房住下。进了店房,必须派人守夜,以免夜间有什么闪失。进店以后,可以喝水吃饭,但不能洗脸。因为常在外面走道,一洗脸,让风一吹,就要裂口子。吃完了饭,守夜的警戒守夜,不守夜的就去睡觉。第二天,天还不亮,就要起早赶路了。

既然当时遍地是贼,走在路上就免不了和贼打交道。盗贼隐藏在各处,冬天往往在地里趴着,夏天就在高粱地里藏着。有时打扮成种庄稼的、砍柴的,很难分辨出来。有些贼人往往在道路当中放上一些荆棘,拦住人马的去路。这些荆棘有横着放的,也有摆成十字的,不小心,马要让它扎着了,也就没法走了。保镖们一看见路上有这些荆棘,就知道有贼了。说句行话,这叫作"恶虎拦路"。这时,明知这些荆棘是贼人放的,还不能自己下马把它挑开,必须作好准备,和贼人见面。

这时,总镖头立刻吩咐手下的弟兄们,做好准备,举着枪,拿着刀,看住镖车;总镖头自己却要放下武器,紧走几步,向前准备和贼人答话。贼看见有镖车路过,也有个为首的头领上前,来和镖行办交涉。这时候,镖行的头儿就要满面笑容,抱拳拱手,先向贼人行礼,招呼一句:"当家的辛苦!"他也回答一句:"掌柜的辛苦!"按着镖行的规矩,"贼"是朋友,遇见了贼,就是朋友到了。如果是初次见面,他必问你:"哪家的?"镖师就说:"小字号,会友。"接着他又问:"你贵姓?"镖师就说:"在下姓×,草字××。"可是镖师不能问贼:"贵姓?"要一问,他就该疑心了:"你要拿我怎么着?"

"朋友"见面以后,必须拿黑话对谈,说明这一方确是镖行,对方确是"江湖上的朋友"。黑话的内容,不外两点:第一,彼此都是一师所传,应当讲江湖的义气。更重要的一点是,镖局必须承认,你这碗饭是贼赏给你吃的。他问:"穿的谁家的衣?"就答:"穿得朋友的衣。"要问:"吃的谁家的饭?"就答:"吃得朋友的饭。"这倒是句老实话,要没有做贼的,也就用不着保镖的了。做贼的,每天以打劫行抢为生,看着镖局的情面,有一部分"高高手,放过去"了,这不是做贼的给镖行留下的这碗饭么?所以镖局称贼作"当家的",跟称呼镖行的"掌柜"一样。

两下里拉了一阵黑话,平安无事,放你过去。有荆棘条子的,他就替你挑开,表示他同意"借路",让你通行了。临分别时,镖师还要客气几句:"当家的,你有什么带的?我到××(某处)去,二十来天就回来。"贼人一般说:"没有带的,掌柜的,你辛苦了。"

路上遇见贼,就要上前用好言应付。镖车平安放过以后,就算没事了。遇见贼人不听这一套,硬要和你比武较量分个胜负的,那就只好和他相拼了。真正动手的情形,一百次也未必有一次。可是干镖行的死在贼手里的,也不在少数。

此外,在当时河北、河南等地还有红枪会之类的组织,他们遇见镖局走过,必要找你比武。他们的目的不是抢东西,主要试试你的胆量、武艺,没有两下真功夫,遇见他们,并不容易过去。

以上这些描述,非常形象生动地刻画了保镖和江湖的盗贼之间是"朋友"关系,双方相互利用,正因为有了盗贼,他们又讲江湖义气,镖局才能站得住,开办得下去。然而,镖局的保镖和江湖上的盗贼又不能混为一谈,并不是一类人。江湖盗贼是黑道上的人,而镖局的保镖是利用自己"白道"或"官道"身份,来与黑道人物打交道赚钱盈利的"灰色地带"的人物。

按照李尧臣的说法,贼做的是没有本钱的生意,多半是些走投无路铤而走险的光棍；而镖局子的人多是有身家的人。会武艺的人，要进镖局，并不是那么简单，必须确实可靠，有人知底担保。所以做贼的人，尽管镖号称他做朋友，可是贼决不能进镖局。镖局的人，辞职不干了，去做盗贼，这种事当然也不是没有的，可是镖局子决不能容他。因为这种人离开镖局子去做贼，必然和镖局子作对。两者之间泾渭分明，角色不能互换。

李尧臣作为保镖一生有三件事堪称传奇。一是1902年，经过八国联军的侵略和义和团之乱后，慈禧太后与光绪皇帝逃难到西安后，终于在这一年又回到了北京，当时为了表示庆祝，北京城举办了一次热闹非凡的"皇会"。项目有：五虎棍、少林棍、秧歌、小车会、高跷……北京城里、关厢、顺天府各州县，都来参加。镖局子里有头有脸的都来表演拳术和各种武艺。慈禧在颐和园里看会，园子外面，搭着大棚，一共有200来起演艺节目。玩意多，慈禧看不过来，就由主事人开上单子，交给六部堂官让慈禧过目。她要看什么玩意儿，就按单子传进去，当着她的面表演一回。

李尧臣当时已是会友镖局著名的镖师，武艺高超，因此被慈禧太后钦点为武术表演者，所演的武艺节目叫"八仙庆寿剑"。为什么叫八仙庆寿剑呢？按照李尧臣的说法，兵刃都是凶器，在交战时要拼个你死我活的。一般都说什么断命刀、追魂枪，可是在慈禧太后面前表演时，非说些吉祥话不行，所以叫作八仙庆寿剑。据说后来梅兰芳演霸王别姬，他舞剑的手法，就是跟李尧臣学的；杨小楼演闹天宫（那时候叫安天会），也是从李尧臣这儿学会的猴拳。"八仙庆寿剑"之剑法现在成了一种武术文化遗产。

二是旧中国积弱已久，外国势力纷纷进入中国，中国民众在殖民地到处受欺侮，甚至在身体素质上也被侮辱为"东亚病夫"。这时李尧臣又做了一件振奋民族心情的大事。据他自述，有一年，日本的武士来中国摆擂台，在北京、天津、南京、上海四处和中国人比赛武艺。愿意参加的，随便报名。然后凭着抽签的顺序，和日本武士较量。李尧臣就去南京和他们比赛。

李尧臣的精彩叙述如下：

> 日本人功夫都不错，腿脚挺硬朗，但没有中国拳术那么灵便。我一上去，日本人看我是个老头儿，说："你还行哇？"我说："来吧，小子，我先让你三拳。"所谓让你三拳，其实是个阴招。让他三拳，就把他的路数摸清了。

我一看就知道他是刚力蛮拳,打过三拳,再出来就没多大劲了;我估摸着也够步数了,就大喝一声:你下去吧! 猛起一拳,打了他个冷不防,他一个倒栽葱跌下台去。

从上面的这段叙述看,情节之紧张动人颇有点像电影《霍元甲》《叶问》之类的影视武打片,令人喝彩。

三是李尧臣对抗日战争的贡献,到上世纪30年代初,日寇侵略者的铁蹄开始践踏中国关外的大片土地,李尧臣当时已是一位老人,但是他仍然以高超的武艺报效国家,将他自创的"无极刀法"传授给二十九路军的抗日军队。在1933年的喜峰口战役中,掌握了无极刀法的大刀队手刃近百名日本士兵,追杀日寇60余里,缴获大炮18门,在抗日战争史上写下了不可磨灭的光辉一页。

三、国术和冷兵器的遗产

> 千古江山,
> 英雄无觅,孙仲谋处。
> 舞榭歌台,
> 风流总被,雨打风吹去。
> 斜阳草树,
> 寻常巷陌,人道寄奴曾住。
> 想当年,
> 金戈铁马,气吞万里如虎。
>
> ——宋·辛弃疾《京口北固亭怀古》

我国有"三教九流"的说法,泛指宗教、学术、文艺和江湖各种行当、各色人物等,武术属民间技艺项目,属于中九流偏下等,地位不高。在封建社会中传统武术难登大雅之堂,被称之为"江湖玩意",习武人也被称之为"练把式"的。究其原因,是传统武术没有形成统一的"学问",也没有得到历代统治者的真正重视和推崇。

这种现象得到改善,源自民国初年1916年"中央国术馆"的成立。"国术馆"与"国术"是怎么回事,它是如何创立的,又是如何衰落的呢?国术馆建立后中国近代最大的比武擂台赛又是怎样一回事?加上江湖上林林总总的冷兵器,如何确定它们各自在文化遗产博物馆中的地位呢?这是我们在本章中着重要探讨的内容。

未来的非物质文化遗产——"国术"

在中国历史发展中,历代王朝在礼仪法典制度、政经科技、文学艺术宝库中遗留下来的、民族独有的传统学术,现在统称之为"国学"。它是针对上世纪五四运动后,国外的思潮涌入国内形成"西学"而出现的一个名词。"国学"也被称之为"国粹"。"国粹"是国家民族文化中的精华,是本国所独有而外国没有的文化现象,可以申请世界"人类口头和非物质遗产代表作",一经申遗成功,其中的一些文化现象就得到了世界的认同,由国家扶持,得到发扬光大的保证。

最早被公认的有三大国粹,即中医、中国画、京剧。既属国粹,便均冠以"国"字头。中医便称国医,中国画便称国画,京剧便称国剧。此后不断延伸,民族民间音乐被称作国乐,在巴拿马世界博览会上获奖的茅台酒被称作国酒,中国语文便称作国文,一些我国独有的工艺技术被称作国技,牡丹花便被称作国色。此时还有人提出要将孔教称作国教。然而,至今申遗成功的只是其中一些精华文化,如昆曲和古琴艺术等。

武术被改称,并冠之以"国术"之名,是在1927年的民国时期。当时西北军退役将领张之江先生发起成立"国术研究馆",意欲把习武作为"强国强种""保家卫国"的手段,达到激发民众爱国热情、拯救民族危亡的目的。"国术研究馆"的成立和改称的"中央国术馆"是国术一词的公开使用。

那么,在国人中是谁最先提出"国术"这个名词呢?查阅文献,现存的根据只有以下三种说法。

第一种说法,该词始于李烈钧。李烈钧又名协和,辛亥革命时期的元老。辛亥早期,曾任江西都督府参谋长、护国军第二军总司令,做过孙中山广州国民政府参谋总长。1925年,出任国民军总参议。1927年,被任命为江西省主席、国民政府常委和军事委员会常委。

据武史专家唐豪先生在20世纪40年代撰写的《武艺图籍考》中说:"查国术这一名词,始创于李烈钧,其何所取义?现在未能问之于地下。依吾个人推测,李先生曾经住过日本,他侨居的时候,或许见过日本的大相扑,到民国十六年,他与许多国府要人发起中华民国国术研究馆,大约他知道日本的大相扑名曰国技,所以他把中国的武艺改为国术,不久,又有人将其扩充。"

另一种说法,"国术"一词始创于张之江。理由有二:一是当时成立国术研究馆的建议是张之江提出来的,那么国术一词理应是他首创。二是张之江在《中央国术馆缘起》一文中写道:"我国技击之术,发达本早,代有传人。近年虽稍稍陵替,偶有能者,其方法途径,别具神妙,与国学同有优异之点,故正名曰国术,发扬光大,自不容缓。"然而,此处虽提出"正名曰国术",但并未指明该词的首创者是谁。

第三种说法是曾任中央国术体育专科学校(1933年成立)国术理论教授的吴图南先生。他在1936年写的《国术概论》中说:"民国十六年之后,始称国术。"又说:"民十六以还,全国统一,国基新立。国府有鉴于民族衰弱,国势日危。欲挽救颓风,非提倡中国固有之武术,不足以恢复道德,复兴民族。乃创中央国术馆于首都,设立中华国术协会于上海,风声所树,海内景从。分馆林立,会社丛生。加以褚民谊、李协和(烈钧)先生倡导于前,张子姜(之江)、李芳宸(景林)先生领导于后。大声疾呼,不遗余力。"

依吴图南先生的说法推测,"国术研究馆"在酝酿成立的过程中,"国术"一词已经在十数位发起者中达成了共识,才有李烈钧等倡导于前张之江等领导于后的结论。而拍板使用"国术"一词的人,似应是大权在握的李烈钧等国府大员。

为什么非要把"武术"改称"国术"呢?这要追溯到辛亥革命前的国粹主义思潮。这股思潮本是国学根底较厚的革命党人发动的一场"保存国粹"的自救运动。他们批判宣传中国落后、鼓吹全盘西化的错误倾向,认为西方道路不是解决中国问题的最好选择,应当到中国古代传统文化中寻找解救时弊的方法,因此提出"复兴古学、宣传国学、提倡国粹"的主张。

国粹主义思潮在当时影响颇大,它在配合宣传同盟会三民主义政纲、抵制盲目西化、改变学术风气等方面的确起了一些积极作用。但由于过分推崇古代学术思想,在一定程度上助长了封建复古主义逆流,并且全盘否定西方文化也会走向另一个极端,不利于中国人开放革新视野的发展。

然而,把中国武术列入国粹,定名为"国术",有着重要的历史意义,是中国武术在近代史上的一个里程碑,使得沦落在民间的各种武术技击学说,步入了民族文化的殿堂,得到了国家的认可。由于武术得到官方的支持、扶植和管理,其价值也能重新弘扬发展,能成为一种学术(武学)。

中国武术可称之为"国术",是因为它区别于世界上其他国家、民族的技击术,同时历史悠久,这其中人才辈出,中医、国画、京剧、昆曲、古琴等文化艺术,恐怕不一定比它源远流长,相反,中医、京剧等文化还会从武术中吸取营养,来促进它们自身的发展。

成立于1927年的"中央国术馆",其前身是"中央国术研究馆"。最初"国术研究馆"向国民政府的教育部申请备案时,并不为当时主管负责人认可,遭到了拒绝。后在辛亥元老李烈钧的帮助下,又联合了蔡元培、于右任、钮永建、戴传贤、冯玉祥、何应钦、林森等12人作为发起人,经蒋介石同意,才成立了"国术研究馆",归国民政府直接领导。

1927年3月15日,国民政府公报第41期刊载第174号令,是最早批准其成立的公文,确定其全称为"国民政府直属国立南京中央国术研究馆",简称"央馆"。3月24日,在南京内桥金陵大舞台召开成立大会。1928年6月更名为"中央国术馆",成为民国时期主管国术的中央行政机构之一。由此确定了中央国术馆的官办性质:国民政府的直属机构,财政部国库拨发经费,由政府要员担任主要领导人。

在其组织大纲中规定"省、市国术馆正馆长应推各省、市政府主席、市长兼任,或由省、市政府及董事会推荐资望相当者充之"。从现在来看,就是由各省市党政一把手兼任馆长,这在行政支持上是何等大的力度!在国民政府的统一要求下,这些各省市的行政大员一把手,即使违心也要做出扶持武术的样子,并且按时下拨经费,以"馆长"的身份来领导国术馆的发展,因为这关系到他们今后的政绩。

国术馆的建立,为中国的武术发展做出了几大贡献。一是在大中小学培养武术师资,普及武术教育,培养民众习武兴趣。1933年年底,当时的教育部曾发函给中央国术馆,请其协助编写初中、高中、大学三级武术教材。当时姜容樵先生负责国术馆的教材编辑委员会,在1934年1月3日的会议上,议定先编初中、高中两级教材。初中教材包括五行拳、弹腿、劈挂刀、三才剑。高中教材包括八极拳、八卦掌、梅花刀、昆吾剑。武术教育开始走向中小学课堂。

二是进行武术课程的设置和改革,这也是历史上少见的举动。中央国术馆的科目分为学科和术科。学科包括党义(国民党党义教材,即现在的政治课目)、国文、地理、历史、算数、国术源流、国术学、生理学、军事学、音乐。术科有腿法、拳术、器械科、竞技科、选修科、特别科、军事科。这七门学科中,包含形意拳、太极拳、八卦掌、查拳、新武术(拳脚科)、练步拳、杂拳、行拳、掇脚(戳脚)、劈挂拳等,以及刀、枪、剑、棍、鞭等长短器械,气功、红砂手、铁砂掌等功法,还有散打、摔跤、拳击、日本劈刺术等搏击项目。可谓突出专业,博采众长。

三是中央国术馆做了几件堪称中国武术发展史上里程碑的大事,值得我们今天仍有必要把它载入史册。

(1)制定了中国武术史上开天辟地的条例法规。如《中央国术馆组织大纲》《省市国术馆组织大纲》《县国术馆组织大纲》《国术国考条例》。依据《组织大纲》,国民政府通令各级行政区设立相应的国术馆。至1933年,全国省市、县建立国术馆300余个,形成一个自上而下的组织系统。为解决武术界一盘散沙的现状,整合纷繁复杂的各派武术奠定了基础。

(2)组织全国性武术比赛。中央国术馆主持了第一届(1928年)、第二届(1933年)两届全国国术国考,也就是全国性武术运动会,这也是首开先河的。这相当于中国武术的"奥林匹克大会",为繁荣武术,培养武学人才做出了一定的贡献。

(3)让武术走出国门。除了众所周知的派中国武术代表团出席1936年柏林奥运会之外,还曾多次派团赴新加坡、马来西亚等东南亚国家访问,让世界认识中华武术。

(4)编写了大量的教材,使武术教学完全摆脱口传心授的模式,使武术理论得以探讨、研究和发展。例如,中央国术馆编辑出版专业书籍《写真太师虎尾鞭》《达摩剑》《三十二势长拳》《石头拳秘诀》《查拳图说》《青萍剑图说》等,出版《国术旬刊》《国术周刊》等杂志,向大众宣传武术,介绍武术。这些书籍和刊物皆成为现代武学者写作的样本。由于中央国术馆的表率作用,使各省市国术馆纷纷效法。各地国术馆也编写了大量的武术教材、武术资料,这为十分缺乏文字档案的中华武术充实了许多可供参考、研究的资料文献。

我们应该如何评价"国术馆"呢?国术馆的建立是中国历史上第一次把民

间击技文化列入国家正式的文化学术保护行列,并进行科学研究、课程教育开发,并以法规的形式体现,这是史无前例的,功不可没。但是,由于它太依附于行政权力,变成一种政治产物,而缺乏了自由、独立的发展精神,因此一旦政治环境发生变化,它赖以生存的土壤没有了,也就只有消亡一途了。

从打擂台到竞技武术

在文学作品,影视剧中有关"打擂台"的描述与场景,常常是精彩紧张,扣人心弦,令人激动不已。比较著名的有《水浒传》中的燕青打擂台,影视剧《霍元甲》《方世玉》《叶问》中的擂台比武等,这是因为中国古代原有的侠义精神,在擂台上又有了一个新的表现方式。

特别是从清朝末年到民国初年国力衰败,列强更是称中国人为东亚病夫。此时中国大地上兴起了一股武术之风,民众希望通过武术灭列强威风,树国人志气的心愿由来已久。霍元甲、叶问、李小龙等在擂台上的胜出就如同民族英雄吹响了胜利的号角,一吐中国人淤积的闷气,让人们又重新看到了自强的希望。

从历史上看,两千多年的封建王朝社会中,全国性的比武打擂台,只是在武科举开考年间或者江湖上选拔武林盟主,以及民间的比武招亲时出现,但参加的人数有限,缺乏普遍意义;霍元甲、叶问、李小龙打的是国际擂台,是民族与民族之间技击术的较量,所以影响更大些。那时的擂台比武,都是真正意义上的"打擂台",具备了以下几个特点:

第一,参加打擂比武的人,都是抱了必死的决心,或者签了"生死状"的,没有商业娱乐竞技的成分在内,即打擂双方存在一种"博命"较量的气氛。

第二,打擂不分回合,没有时间限制,没有体重规定,也没有裁判从中调停。一旦开打,打到一方倒下或丧命,打擂才宣告结束,具有一定残酷性和刺激性。

第三,技击术是不对等,南拳北腿,摔打擒拿,各展所能,各尽其长,没有规定动作,也不计点数,以最终的胜负定英雄。

中国近代史上最盛大的一次擂台赛是 1929 年 11 月在杭州举办的"浙江省国术游艺大会"。这次大会是辛亥革命后第一次全国武术擂台赛。它总揽神州武林精英,是山南海北、各门各派的高手名家一较高下的盛会,也是武林史上规

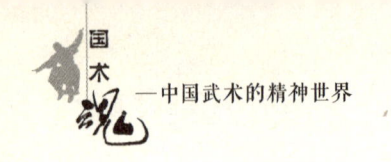

模最盛大的擂台赛,堪称千古一会。

辛亥革命后,第一次全国武术擂台赛

这次大会由中央国术馆发起。1929年初,中央国术馆副馆长李景林致函各地国术馆,目的是组织全国武术各门派实际较量,以辨查中华武术之精华。李景林的倡议得到各地国术馆的支持,武林人士纷纷进入准备阶段。

会长由当时的浙江省政府主席张静江担任,省民政厅长朱家骅、教育厅长陈布雷任副会长。大会另设顾问团,由军政委员钮永建、张群、程振钧三人担任。大会评判委员长由李景林担任,副委员长由著名武术家孙禄堂、褚民谊担任。还组织了29人的评判委员会和37人的监察委员会,这66人实际是这次大会的组织者。参赛选手来自河南、河北、山东、山西、湖北、湖南、福建、浙江、江苏、安徽、陕西、四川、云南等省以及北平市、南京市、上海市、天津市的武馆人士。中央国术馆也派出了最强阵容。选手身份涉及工、商、学、医、军、政、警、宪、宗教、游民等各界,盛况可谓空前。

大会会址设在杭州镇东楼旧抚署的空地上,面积30亩。擂台用水泥砌成,高4尺,长60尺,宽56尺。中间以白粉画出一个直径三丈的圆圈,作为比试范围。

比赛采取淘汰制,由抽签决定比赛对手。要求不准攻击双眼、咽喉和前阴,犯规者作失败论。比赛气氛相当紧张。但比试一天下来,进入第二轮的选手超过半数。原来是规则不合理,有一条是双方不分胜负的,均可进入下一轮比赛。于是,大会评判委员会紧急讨论将规定改为战平手者双双作负。这以后的比赛,双方均不留情,受伤人特多,而且大多是头部伤。评判委员会又做出补充规定,不准连续多次攻击头部。第三天的比赛,攻击下盘的动作多了起来,技巧性大大加强,气氛更为紧张。经过几天角逐,共决出30名优胜者,其中前十名被评为最优等。第一名王子庆获奖金五千元大洋。

"打擂台"到了现在又被称之为"散打"。1979年,随着中国武术热的再度兴起,国家体委按照竞技体育模式,首先在浙江省体委、北京体育学院和武汉体育学院进行了武术对抗性项目的试点训练,并于同年5月在广西南宁举行的全国武术观摩交流大会上做了首次汇报表演。同年,又进行了几次比赛。1982年制定了《散打比赛规则》,1987年,散打被国家体委批准为正式比赛项目,并设"团体锦标赛"和"个人锦标赛"赛制。1993年列为第七届全国运动会正式比赛项目,1998年列为亚运会正式比赛项目。在竞赛方法上采用三局两胜制,先赢两局者即为赢家。

经过十几年的发展,1999年国内散打比赛脱掉了护具,脱掉护具后运动员的击打能力和抗击打能力都有了不同程度的提高。2000年首届中国武术散打王争霸赛在湖南长沙市举行。这是中国武术散打发展史上的里程碑,使中国武术散打进入了专业赛制的时期,并有了商业化的运作模式,会员国也由开始的三十几个,发展到现在的近百个国家,成为世界级的竞技体育比赛项目。

现代的"散打",与传统的"打擂台"形式相比发生了很大的变化。有以下几个特点需要分析:

第一,散打不是传统的生死相搏的武术,而是现代竞技武术,它步入了体育的殿堂,可观赏性和品位高了,但离滋养它的民间土壤和民族传统文化却远了。

竞技武术专指武术竞赛的规定套路和自选套路。这种套路内容统一、结构统一、动作统一、风格统一,技巧性高、艺术性强,便于裁判按照统一规则评分。散打则吸收了许多外国搏击运动的竞赛原则和规则。运动员要赤脚、戴拳套,有时还要戴头盔。评判中的用点数计分、禁打部位有严格的规定,在体现激烈竞争的前提下,能保证得了运动员的安全,这无疑是应当肯定的。

第二，竞技武术风格单一，缺少传统武术风格多样特点鲜明的魅力。散打虽然保留了武术踢打摔拿的技术，但它给人总的印象更像是改良了的国外搏击术。

此外，推崇竞技武术，习练传统武术的人就会越来越少，掌握传统武术精髓的人也会越来越少，传统武术的丰富内容传下来的也会越来越少，那就不能排除其自生自灭的危险。如果再不引起重视，长此以往或许会像京剧、昆曲一样需要"拯救、振兴、弘扬"了。竞技武术是从传统武术中化生出来的，散打也是从传统武术中化生出来的，离开传统武术就成了无源之水，无根之木。

第三，竞技武术由于融入了商业运作模式后，有些比赛渐渐变得功利浮躁起来，甚至出现弄虚作假的风气。选手之间原先那种"豪侠""正义"的气概黯然退色，代之而起的是商业的炫耀和"铜臭味"增多了。这是值得我们反思的。

在传统武术中，武术的技击性是武术各种运动形式的核心内容，在武术的各种运动形式中（如套路、搏斗、功法等），都不能脱离武术的技击性。而与此同时，武术的技击性也正是为实战服务的。例如，戚继光汲取各家之长，创编了"势势相承、遇敌制胜、变化无穷"的三十二势长拳；陈王廷创编的陈式太极拳，"上打咽喉下打阴。中间两肋并当心。下部两臁合两膝，脑后一掌要真魂"（《太极拳谱》卷十二《杀手歌》）；中国三大内家拳之一的形意拳，"打法定要先上身，手脚齐到才为真；拳如炮形龙折腰，遇敌好似火烧身"。许多拳种都可在实战中达到非常的效果，或灵巧无比，或一击制敌。

其中传统武术中的擒拿术集中反映了中国武术技击的精华。其特点是不用兵器，而是在徒手格斗中，利用人体主要关节的活动规律和要害部位的弱点以及不同的穴位，拿其一点或多点而制住全身的一种技击方法。以后又随着武术技击的发展，擒拿技术逐渐成为中国武术中一种专门的技术大大地发展起来，融踢、打、摔、拿、点穴为一体。

然而，以技击第一的中国武术，并不排斥它在形式和意蕴方面以及套路和格斗过程中的艺术美感。

例如，武术套路运动的魅力，正在于它从攻防转换中提炼而得。它所提炼出的手、眼、身、法、步和精神、气、力、功，是对格斗技术进行的再创造、升华、提炼，使之与实用攻防拉开一定的距离。否则，把街头打架的动作编成套路就没法看，把散打动作连成一套也不会有魅力。武术套路是人们经过"琢磨""推敲"，对技击术进行提炼、加工而表现的一种战斗的"艺术"。

散打将格斗变为一种艺术,也是有其可取之处的。在技击技法上,散打主要体现"远踢、近打、贴身摔"的技术特点。中国人"灵""巧"的思维方式,赋予散打借力打力、巧摔快摔的技巧,通过精湛的拳法、凌厉的腿法、巧妙的摔法将其淋漓尽致呈现出来,给人以巧妙、灵活、机警之美感。准确、利索、敏捷、连贯以及快速的爆发力、富有节奏的散打组合动作,则给人以粗犷、自然的野性之美。

除了武术套路和技击所具有的视觉艺术外,作为一种文化,武术具有独特的精神意蕴也呈现出另外一种韵味。例如,武术中的抱拳礼,除了立身中正的外在美感外,更包含"谦虚不争大"的文化内涵。在服装方面,武术着装表现出了强烈的东方服饰特征,如太极拳的唐装服饰,强调服装与人体各部位保持一致,较宽松的装束使得人体与衣料之间空隙较大,具有一种"自然穿着的构成",从而体现了中国文化的特点。

然而,武术毕竟不能等同于艺术。"武"字谐音尽管通"舞",但武术不是舞蹈,如果真有一天把武术当作舞蹈艺术来发展,而取消了技击性和格斗精神,也就是它消亡的那一天到了。

称霸江湖、驰骋疆场的兵器

冷兵器时代,中国军队与江湖侠客手中的兵器形式甚多,令人眼花缭乱,目不暇接。除了十八般兵器之外,另有奇门杂兵器无数,甚至一片树叶,一把折扇,一支毛笔,一双吃饭用的筷子等都可以成为奇门兵器,各具杀伤力。有的一寸长一寸强,沉重厚大,极难驾驭;有的形状短小怪异,一寸短一寸险。在武侠小说和影视作品中,这些神兵利器,甚至可以逼得现代化火器也退避三舍,创造出令人叹为观止的武术神话。

"刀枪剑戟、斧钺钩叉、镗棍槊棒、鞭铜锤抓、拐子流星",这是中国古代常见的十八般冷兵器。对于每个习武者来说,能够熟练掌握这十八般兵器就意味着达到了极高的武术境界。其中刀枪剑棍等是将士们驰骋疆场、侠客们称霸江湖的主要兵器,"拐子流星"等则属于神秘奇门的杂兵器。

在中国武术漫长的发展历史上,兵器一直和拳脚功夫如影随形。弓箭可以让打击距离变得更远,刀剑可以使攻击更加犀利,而枪棍则令人以一当十。在中国古代由于伴随战争所产生的诸多冷兵器已经为战场的主角,甚至决定了战争的胜负,以后兵器渐渐流入民间,从而极大地丰富了中华武术的内容。有人做过统计,中国各式各样的兵器总共有一百多种。但是在那些令人眼花缭乱的兵器中,刀和剑最为重要,它们被称为百兵之首。

作为军事作战用的兵器——剑要比刀更早出现。从考古学上看,商周之时已有青铜剑问世。春秋战国的制剑技术,走在其他兵器之先。

剑是一种平直、细长、带尖、两边有刃的短兵器,是武术短器械之一,素称"百刃之君"。它由矛头和匕首演进而成。剑的名目很多,有龙泉剑、青龙剑、昆吾剑、工布、七星剑、万仞、大刑、小刑、水心剑、太康剑、巨阙、火精剑、玉凫、白虹、玉柄龙、永用剑、龙剑等。但剑的构造大体相同,一般由剑身和剑柄组成。剑身包括剑尖、剑刃、剑脊;剑柄包括格(护手)、剑柄、剑首。剑首系上比剑柄稍短的穗子为短穗剑;系上比剑身稍长的穗子称为长穗剑。

剑的基本技法有劈、刺、撩、抹、带、洗、拦、截、云、斩、点、崩、挂、腕花等。剑法的技击术,当以武当剑最为著名。

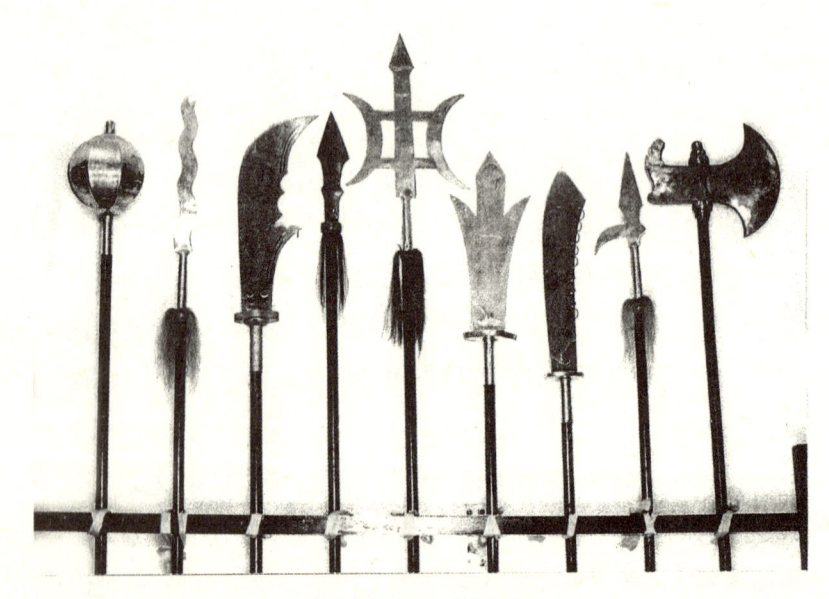

十八般兵器之奇门兵器

古剑的形制有三种。《周礼》中说:剑长3尺,重60两,为上等剑,上等勇士使用;剑长2尺5寸,重45两,为中等剑,中等勇士使用;剑长2尺,重35两,为下等剑,下等勇士使用。

春秋战国时期铸剑术极为发达,尤其在吴越地区。欧冶子、干将、莫邪都是史载吴越地区的铸剑名家。20世纪60年代在湖北江陵出土了越王勾践剑,半米多长,剑身呈现菱形纹,还有蓝色琉璃镶嵌的花纹,合金技术和铸造工艺均相当高超,历经两千多年,依然锋利无比。干将、莫邪铸造的雌雄剑,也是史载的名剑。还有巨阙、湛卢、鱼肠,两汉时期的青虹、倚天都是传说中的名剑。

然而,当时军队在车战、野战为主的战争形式中,主要兵器是弓箭以及枪、戟、槊、大刀等长兵。剑只能在近战和自卫时发挥作用,渐渐成为一种备用兵器,同时还成为一种佩饰物。武将佩戴显示尊贵,文人佩戴透着高雅。剑的演练也增加了艺术性。所以,楚汉相争时会有"项庄舞剑";西晋时会有祖狄"闻鸡起舞";唐时会有公孙大娘"舞剑器"。唐代士人将李白的诗歌、张旭的狂草书法、裴昱的舞剑并称三绝,说明舞剑已成为当时文人雅士钟爱的活动之一。

清代以来,民间武人把剑分作文剑和武剑,以剑袍长短为区分。文剑的剑袍由剑柄计算,与剑身等长。舞起来多用腕力,保证剑袍不能缠到剑身上,在演练剑的过程中,犹如一根半节硬半节软的长棍,软硬相宜,潇洒飘逸,若游龙狂舞。武剑的剑袍则仅有半尺多长,没有剑袍缠剑身的尴尬,招式多用点、刺、绞、崩、撩、挂等手法,比文剑刚猛,且灵巧多变,动作快疾,气势恢弘。文剑偏重于表演,武剑偏重于实战。

先秦时期,剑并非寻常之物,当时的法律规定只有士以上阶层的人才能佩剑,而贵族们更是把佩剑作为成年的标志。《史记》记载秦王政登基的场面时只用了6个字来描述"乙酉、王冠、带剑",意思是乙酉年戴上王冠佩带宝剑正式登基。而民间习武之人,或者侠客只能使用一种与剑在形状上相似,体积短小的兵器——匕首。

历史上,匕首与长剑最著名的一次对话发生在荆轲刺秦王的故事中,荆轲从地图中抽出30厘米长的匕首向秦王刺去,秦王边退边拔剑,但无奈剑佩太长,慌乱中竟无法拔出。紧急关头,一名大臣喊道"大王负剑",意思是提醒秦王将佩剑从腰侧推向背后,从而使右手容易拔出宝剑。经此提醒,秦王奋力拔出长达1米多的佩剑,终于刺死了荆轲。

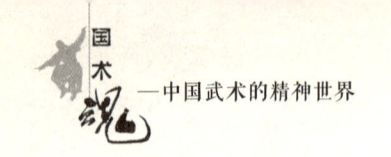

在匕首与长剑的这场惨烈的对话中,民间使用的匕首败在了君王手中的长剑之下。经历如此惊心动魄的刺杀,使得秦王更加明白兵器对于统治和权力的重要。在他刚刚完成统一大业之后,秦始皇便收缴天下之兵,铸铜人十二,显示政权的不可侵犯。以至于直到秦朝末年,陈胜、吴广发动农民起义时,只能揭竿而起,用木质的兵器向秦朝锋利的青铜兵器发起冲锋。

在秦始皇兵马俑里,我们可以看到当时士兵配备的兵器有远射武器——弓弩、箭镞,有安装长柄的矛、戈、戟等,还有用于近战格斗的青铜剑。这些青铜剑甚至长达一米,锋利无比。实战性能的大大提高使得秦长剑趋于更加的完美。

到汉朝的时候出现了一种超出兵器本身意义的武器,它发展成了极端权力欲的象征,那就是尚方宝剑。"尚方"有两种写法,一种是高尚的"尚",一种是上下的"上"。实际上它出现于王朝政权的中枢少府,少府有负责尚方令的尚方丞,他们主要负责皇帝御用的把玩器具和礼器。而尚方宝剑是皇帝赐给大臣,表示当他不在场时,大臣用这个剑内可杀伐,对于相当职位的官员进行处置;出外可定夺,在宫外执行皇帝的权力。它是一种皇权的象征,持有这"尚方"剑者可以代表皇权的意见。

正因如此,佩剑成为汉王朝的礼仪制度。官员不分文武,都要佩剑。这种风气影响到了民间,许多文人墨客更与剑术结下了不解之缘。西汉名士东方朔从15岁时就开始练剑;大文学家司马相如则不仅文章写得好,而且还是一位剑术高手。

相较于刀术、枪术、棍术等在战场征战的作用,剑术更具有表演性、观赏性,久而久之,各家剑术多朝着动作优美的方向发展,于是民间便称"刀走黑,剑走秀"。意思是刀术气势猛烈,风声如吼,大劈大砍,硬挡硬搪,刀锋过处,如滚瓜切菜。而剑呢,由于本身轻、短、细、薄,只可逢坚避刃,遇隙削刚,不封、不架、不沾而进,以巧为先,以快为先。所以也说"刀如猛虎,剑如飞凤"。

刀的种类很多,根据宋代《武经总要》和明代《三才图会》等书记载,长柄刀有屈刀、掩月刀、眉尖刀、凤嘴刀、笔刀、二郎刀、钩镰刀、挑刀、宽刃刀、片刀、虎牙刀、陌刀、三尖两刃刀、掉刀、戟刀等,短柄刀有环刀、长刀、手刀、腰刀、佩刀、短刀、鬼头刀、响环刀、象鼻刀等。在中国历史上以汉刀、唐刀和宋刀最为有名,在近现代武术运动中的"单刀",是以清代的"腰刀"为基本形而制成的。

第三编 武学的职业化与衰落

刀术的特点是勇猛快速,气势逼人,刚劲有力。武术中的刀术练习可分为单刀、双刀、长柄大刀三类。

单刀刀法主要有劈、撩、扎、挂、斩、刺、扫、架、腕花、背花等。双刀,即两手各持一刀,左右配合,圆转灵活,主次分明,繁而不乱。刀法与单刀基本相同,但其中刀花较多,并与身法、步法相协调。大刀即双手舞刀,气势雄伟,威武凛严,古有"百兵之帅"之称。按照江湖武林说法,刀乃短兵领袖,与长兵领袖——枪并称为"龙枪虎刀"。

汉代最常见的刀被称作环首刀,这些环首刀都是直刀,刀柄刀身之间没有护手相隔,刀柄后面是一个圆环。

汉朝的军队把匈奴赶到漠北,环首刀可以说是功不可没。它具有相当的长度,目前仅存的一些作为实战用途的,配饰比较简单的环首刀,很多都达到了1.2米的长度。后世的马刀,也就是现在的军用马刀也不过在1米左右,因此当时能够达到1.2米是非常惊人的。同时,它的厚度也比较惊人,在刀背处可以达到8毫米左右。由于它的中间并没有脊线,而是一个三角形的剖面,因此它的劈砍能力也是相当强的。

经过汉代以后四百多年的实战洗礼,尤其是为了抵御北方游牧民族骑兵的作战需要,到了唐朝以直刀为代表的制刀技术发展到了顶峰。在唐朝的骑兵中,直刀的装备数量高达百分之三十。唐朝的直刀不同于汉朝的环首刀,它去掉了在汉刀尾部的环,并延长了短柄,改为可以双手把握的长柄。唐刀制造精良,堪称是一款艺术品。它的刀刃采用来自中亚的优良钢材制造,而一把唐直刀的成品必须要经过30次左右的反复锻造。因此,它是一款十分可怕的武器,一般的铠甲根本无法阻挡唐刀的劈砍。

完美的唐刀成为当时世界上最为顶级的兵器。日本贵族以拥有一把舶来的中国刀为特殊荣誉,连当时的日本天皇也羡慕不已地赞叹道"刀剑还是中国的精"。唐刀技术后来传入日本,成为今天日本刀的鼻祖。

关于中国枪刀的发源,最普遍的说法是"始自黄帝大战蚩尤时期,蚩尤作五兵(戈、殳、戟、酋矛、夷矛)以对抗黄帝时,又发明了多种兵器。他'以龙为主、以虎为将',发明枪和刀,称龙枪虎刀。又以十八罗汉之法(降龙伏虎带十六尊者称十八罗汉)作成十八般兵器,为九长九短,枪为长之领袖,刀为短之领袖。长

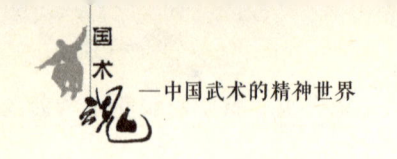

者以竹竿削尖为枪,短者以竹劈作两半,镞刃为刀"。

　　武术界流传的枪法甚多,但年代久远之后,许多枪法都失传了。清末民初,民间武林常见的枪法大至分三类,乃是"杨家枪"(称传自杨家将)、"岳家枪"(称传自岳飞)、"罗家枪"(称传自罗成)。少林门的枪法多用中平枪,有"七枪""十八名枪""二十一名枪""三十一豹花枪"等。此外,鸳鸯门的"葵花枪"、查拳门的"锁口枪"、梅花桩门的"棋盘枪"等都是有名的枪法。

　　枪被称为百兵之王,它的制作材料也是特别,枪杆的材料是白蜡杆,这是专门为制枪而栽种的树种,成材率很低,现在已十分少见。白蜡杆不仅密度要比一般的木材大很多,而且柔韧性极好,使用时可以随招数的节奏而反复颤动。南宋抗金名将岳飞就是一位使枪的大师,他持有一把名叫沥泉的大枪。沥泉大枪长达3米,却在岳飞手里使得出神入化,舞动时犹如蛟龙出海,令敌人魂飞魄散。史书记载,岳飞曾经提着一杆单枪杀入敌营,在万军之中取敌将首级,岳家军也因此威震敌胆,从而获得"撼山易,撼岳家军难"的赞誉。

　　棍是最原始的兵器,也是最普通的兵器。它制作容易,只要木棍结实,就可上阵使用。为此,无论是军中武艺还是民间武艺,对棍无不重视。明代棍法大家程宗猷(冲斗)在《少林棍法阐宗》中说:"凡武备众器,非无妙用,但身手足法,多不能外乎棍。"明代何良臣在《阵记·技用》中说:"拳、棍者,为诸艺之本源。"武籍中说:"棍乃百兵之尊。"

　　棍本来就是一件低成本的兵器,满世界的树杈随便砍下来一根都是"形神兼备"的兵械。就杀伤力而言,无尖无刃的棍似乎不足以做到一击必杀的凶狠致命,然而,直接取材于自然,不需复杂加工的特点使棍具有一个巨大的优势,那就是它的辈分和历史年龄。人类如何用棍的历史,怕是要比刀剑的加起来还要长得多,从而使这根直棒子作为兵器的潜能得到充分的发挥。

　　棍的用法一直以来都备受军旅和民间武术的重视。棍的价值不只在于其本身的格杀能力,更在于绝大多数兵器,不论刀剑也好,枪矛也好,都可以看作是棍的发展与进化。

　　在《水浒传》中,许多好汉出门不是拎把朴刀,就是带根哨棒,既可以作赶路登山时的手杖,又可以作武器自卫。打虎英雄武松在连喝十八碗酒后,夜闯景阳冈时,也是随身带了根哨棒防身。

拳谱云："纵枪横棍。"这是指枪扎一条线，棍打一大片，强调出枪、棍技击特点的区别。但棍法中夹杂着枪法，枪法中夹杂着棍法的技击术并不少见。说到棍法，都认为少林棍为最，早有唐初十三棍僧救唐主的传说，后有明代程宗猷写的《少林棍法阐宗》，使少林棍法著称于世。

明代棍法首推俞大猷传的"俞家棍"。他撰写的《剑经》专讲棍法。抗倭名将戚继光夸赞"俞家棍"专讲"短兵长用之法，千古奇秘"，"不唯棍法，虽长枪各色之器械，俱当依此法也。近以此法教长枪，收明效。极妙！极妙！"同时期的名将何良臣则说："棍法之妙，亦尽于大猷《剑经》。"

又经几百年之发展，近现代著名棍法有少林门的"少林棍""五虎擒羊棍"，太祖门的"盘龙棍""腾蛇棍"，八极门的"震山棍"，炮锤门的"飞龙棍""五虎绝命棍"，花拳门的"齐眉棍"，南拳大师黄飞鸿所传的"五郎八卦棍"，还有"六合棍""疯魔棍""四门棍""梅花棍"，以及象形拳中的"猴棍"，太极门的"太极大杆子"，等等。

各家棍法，各有所长，但技法不外乎劈、砸、横、扫、分、拨、扎、滑、挑、磕、抽、打等。实战中则多注意长兵短用，短兵长用。敌近，则手握棍腰，犹如使用两支短棍；敌远，则手握棍端，可抡可扎，以棍当枪。

此外，还有"三节棍"和"双节棍"（双截棍）等，后者即一段木棍与另一段短木棍用铁链连在一起，形成兵器。在李小龙主演的许多电影中，这种兵器能软能硬，能长能短，杀伤力惊人。

奇门迭出的杂兵器

由于现代的科学技术取得巨大的发展，冷兵器必然处于被淘汰的地位。然而冷兵器中一些奇形怪状、异想天开的武器，也为现代兵器的推陈出新提供了一些创意。

在中国历史上真正出现兵器并用于战争中，是在夏殷商的青铜时代。在那个时代里人们把发明青铜兵器归功于一个历史传说人物——蚩尤。传说蚩尤用青铜制造出了戈、矛、戟、弩，他用这些先进的兵器先后灭掉了 21 个诸侯。为了夺得整个中原，他开始向那里的领袖黄帝宣战，双方在涿鹿爆发了一场生死攸关的激战，这就是中国神话故事里著名的涿鹿大战。最终，黄帝借助上天的力量击败并处死了蚩尤。至此，蚩尤的故事便结束了。但是后人并没有忘记他，因为他发明了众多的兵器，蚩尤被尊为"军神"。

刀术图

奇门兵器图

蚩尤的戈、矛、戟成为青铜时代的主战兵器。战国时期著名的楚国诗人屈原在他的《国殇》中生动描绘了先秦一场相当惨烈的战争，交战双方首先使用弓箭对敌阵进行远程打击，而后动用战车向敌阵冲击，士兵站在车上手持戈、矛、戟等长杆武器，展开了血腥的厮杀。用兵车作战一直是先秦时期战争的主要形式，而在战车的主要兵器配备中，刀剑的作用显然远不如矛、戈、戟等长杆兵器有实战价值。

在西汉初年，弓弩、戟构成了汉朝军队的主要武器。在常见的汉代作战序列里，它们有着明确分工，在平原首先用弓弩进行覆盖性打击，在两军厮杀时多用长戟来攻击敌人，而在狭隘的地带则用剑配合盾来进行近身搏杀。

到了三国时期，以刀剑为首的兵器业出现了空前繁荣的局面。之所以会这样，和当时的乱世格局是分不开的，由于汉皇室衰微，群雄逐鹿，为了夺得天下，除了大量征召士兵入伍外，魏、蜀、吴三国纷纷研究新型兵器，这成为他们实现统一霸业的重要手段之一。

例如，槊是青铜矛样式的基础上产生的一种铁兵器。东汉的许慎在他的《说文解字》里谈到长约3米的矛就是槊。这样长的兵器倘若在奔驰颠簸的马背上使用的话，毫无疑问只有力大过人并且受过严格训练的武将才能做到。除了槊以外，今天的人们还能在《三国演义》中找到许多奇形怪状的兵器，像吕布用的方天画戟、甘宁用的双戟、董卓用的手戟、典韦用的长刀、公孙瓒用的双头矛，等等，它们都反映出三国时期兵器业的繁荣。

锏最早出现在隋朝，隋末的著名大将秦琼使用的就是两把铁锏。但是锏最广泛的应用却是在宋朝。它用熟铁做成，每把约重5公斤，需要有一定力量的习武者才能使用。

如果说锏是一种用来对付重装甲的轻武器的话，那么锤则是能瞬间置敌于死地的重型兵器。京剧中有一出戏叫《八大锤》，说的就是抗金名将岳家军的故事。由于岳飞的儿子岳云和另外三名将领都双手使锤，因此戏名定为《八大锤》。实际上当时的锤就是宋朝兵器中的骨朵。骨朵是在一根棒的顶部安装一个多面体的锤头，但是流传至今的则更多的是有着圆形锤头的骨朵。

《水浒传》中呼延灼则以善使双鞭闻名。鞭是一种像铁棍一样的兵器，与锏有棱有角不同，鞭是通体浑圆的柱状体。呼延灼的两条水磨钢鞭，左手的重十二

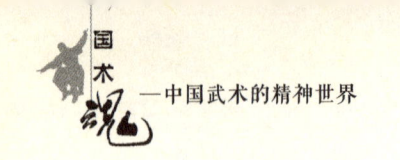

斤,右手的重十三斤。鞭不像刀剑拥有锋利的刀刃,它主要是靠力量来打击,所以使用者必须是大力勇士。

然而,提起板斧这两个字,人们立刻就想到了黑旋风李逵。在《水浒传》里,李逵性如烈火,力大如牛,他打法骁勇,一往无前,斧头砍起来势大力沉。斧,十八股兵器之一,属于重兵器。刃薄背厚,杀伤力很大,舞动起来显得十分粗犷,颇有劈山开岭的威武雄姿。

《水浒传》里的徐宁是一名使用钩镰枪的战将,这种带钩长枪的始祖是戟,把戟横向的锋刃向内侧弯就成了钩镰枪。这种改变最早出现在唐代,但在宋代钩镰枪的使用发展到了顶峰。在宋朝官军用连环马进攻梁山泊之时,梁山人马依靠徐宁训练出的钩镰枪队大破宋军的铁甲连环马阵。当梁山好汉被朝廷招安,钩镰枪这种兵器也引起了官军重视,它被列入到宋军的标准兵器中。在宋代的《武经总要》里,钩镰枪的种类就有三种之多。后来南宋著名将领岳飞就是用钩镰枪击溃了金国的拐子马。

明朝抗倭时,军中常用一种类似"牛头镗"的兵器,叫作"镋钯"。它长7尺5寸,重5斤,柄粗约1寸;中为枪尖,两翅左右平分,向上弯,似三股叉;两翅四棱,磨削锋利。中间枪尖必高出两翅2寸,如中锋太长两横太短,则不能架拿敌之兵器;如中锋与横翅一般齐,则不能深刺。当时,"镋钯"被认为是能够长以救短、短以救长,可击可御、矛盾兼用的利器,还可以临时充作发射"火箭"的箭架。

公元1556年,戚继光接任浙江海防参将,他在浙江沿海招募士兵进行严格训练,组建了著名的戚家军。同时他还针对倭刀的特点,对明朝军队的作战阵法和兵器配备进行了改造,并创造了一种新的兵器,叫"狼铣"。

狼铣,实际上就是利用竹子改造而成的一种奇特兵器。戚继光命人把长达5米左右的竹子砍下,保留上面茂密的枝丫,并在顶端安装枪头。这样狼铣就像巨大的长矛一样,将敌人阻挡在5米以外,而狼铣上面的枪头和竹子本身的枝桠可以攻击倭寇,令他们不敢逼近。史料记载,戚继光在东南沿海抗击倭寇共10年,终于在1566年荡平了多年横行无忌的倭寇。戚继光也成为流芳百世的民族英雄。

值得一提的是软兵器,它泛指各类以环、链和绳索为中间环节串联而成的兵械。

软兵器

软兵器是冷兵器家族中最具性格的成员,它们鲜有上阵充当主力的机会,因为操作它们需要极高的技巧,但效率却相对低下。软兵器较普遍的缺点在于其速度有余而操控不足,所以很多时候被用来做一锤子买卖——突然袭击。尽管如此,软兵器凭借与普通兵械大不相同的特性,成为高手手中一种令人恐惧的利器。

软兵由于可以折叠,可长可短,使它成功地解决了硬兵器缺乏空间适应性的缺陷,几乎在任何条件下都能应付自如,而隔挡软兵器无疑是一场噩梦,因为它们会转一个圈照样击中目标,这对于习惯了对抗硬兵器的人而言是相当可怕的。软兵器主要有绳镖、流星锤、飞抓、九节鞭、七节鞭等。

此外,在中国武术中,任何物件都可以改造成武器,一通百通,特别是一些生活用品被武术家加以改造,使其变得坚硬、小巧、尖锐、锋利,具有杀伤力,久而久之,也变成了兵器。如铁、铜质的烟袋(称为"拦面叟")、铁扇、铜笛、判官笔、拂尘、铁铲、铁尺、雷公锤、铁锤、六尺钯、九尺钯、猎叉、渔叉、方便铲、铁禅杖、金钱镖、鹅卵石、绣花针,等等,举不胜举。

四川的峨眉派其代表兵器之一是极其古怪的峨眉刺,它又被称为玉女簪,是由女子的发簪演变来的。舞动时左右手各持一支,在实战中,峨眉刺常常出其不意成为峨眉派令人畏惧的独门兵器。

重兵器

在武侠小说和影视作品中,常常可以看到对于暗器的精彩描述。那些飘忽即逝、变幻莫测的暗器在关键时刻往往能出奇制胜,置人于死地,威力甚至超过了火器。其中最为阴险的暗器要数血滴子,这种传说中的暗器可以远距离取人首级。实际上血滴子在历史上并不存在,与其最为接近的暗器应该是乾坤圈,它的外圈上有很多尖刺,重量在两公斤左右。这种暗器据说是蒙古骑兵的配备,他们利用奔驰中的速度大力投出乾坤圈击打敌军,使得这种暗器异常凶狠。

然而,在正统武林人士的观念中,暗器是没有资格被列入十八般兵器的,使用暗器会被看作没有武德、阴险的小人。但是,它们也的确是中国冷兵器中一个极小的门类。在历史上曾经流传过的暗器中,有飞镖、飞刀和袖箭等,不过现在它们都难以寻到踪迹。

著者得到的一本武功秘籍《练打暗器秘诀》(由民国时期的上海武侠社出版),记录的暗器有三十六种之多,比较有名的有梅花袖箭、柳叶飞刀、金钱镖、飞蝗石、如意珠、梅花针、乾坤圈(血滴子)、鹅卵石、铁莲花、弹弓等,秘籍撰写者认为,各种暗器在武术史亦有其相当之价值,可以应变于燃眉之急。

例如,在古时候,弹弓曾是十分厉害的一种暗器,这种类似弓箭的兵器使用的是铁制或泥制的弹丸,原本是狩猎之用。由于圆形的弹丸在飞行时悄无声息,不会像弓箭射出的箭镞那样,由于速度快而和空气有剧烈的摩擦而发出声响。因此,弹丸更不易引起对手的警觉,弹弓曾经成为江湖上用来偷袭的常用暗器之一。

随着近现代科学技术的发展,导弹、坦克、先进战机及核潜艇等武器出现,冷兵器自然退出了历史的舞台。许多兵器,也许今后我们只能去博物馆才能一睹其真面目,而一些奇特的冷兵器,更是成为人们争相收藏的高价物品。

然而,当我们面对这些冷兵器时,能理解其中蕴含着的独特的文化符号和精神内涵吗?它们永远是中国传统文化的重要组成部分,并且也极大地丰富了中国武学博大精深的内容,展示了历代战争的特征和习武者的心理特质,回首中国五千年文明史,我们无法不对那些书写历史,助人改朝换代的冷兵器肃然起敬。